アルパインクライミング

保科雅則 著

ヤマケイ登山学校

山と溪谷社

Contents

ヤマケイ登山学校

アルパインクライミング

Part 1

Part 2

Part 3

応用技術

Part 4

冬季クライミング

Part 5

アイスクライミング

北穂高岳
クライマー＝大堀泰祐
撮影＝高柳 傑

patagonia

ヨーロッパアルプス
トリアングル・デュ・タキュル
クライマー＝稲田千秋
撮影＝高柳 傑

谷川岳 烏帽子沢奥壁大氷柱
クライマー＝岡崎広士
撮影＝高柳 傑

北穂高岳 滝谷第4尾根
クライマー＝津田 暢
撮影＝高柳 傑

カナダ・アンクライマブルズ圏谷
ヒューイスパイヤー "Riders on the Storm"
クライマー＝大薮晧平
撮影＝高柳 傑

アルパインクライミングとは

それは登山の原点

山の頂上をめざして登るのにもいろいろな方法がある。いちばんやさしいルートを歩いて登る方法もあれば、難しいルートから、クライミング的要素を必要とする登り方もある。

北アルプスの前穂高岳を例にとって考えてみよう。岳沢から重太郎新道を登って頂上へ行くのが一般的な登山である。涸沢から北尾根を経由して登れば、岩登りの技術を必要とする岩稜登攀となる。北尾根の末端に位置する屏風岩を登るには、厳しいフリークライミング技術からエイドクライミングの技術まで必要になる。これらに加えて、積雪期ならば雪山技術も必要な厳しい登攀となる。

さらに場所を移してヨーロッパやヒマラヤを舞台とすれば、高所という要素が加わってくる。

このように、登山といっても目的によってさまざまな種類、ジャンルに分けることができる。そのなかでも、特に岩や雪や氷を攀じ登るという登攀行為（クライミング）は、時代とともに変化してきた。

■リードクライミング

ロープを使って安全確保を行ない、高さ10～50m程度の壁を登る。ボルダリングと並んで人気の高いジャンルだが、ボルダリングと区別するために「ルートクライミング」と呼ばれることもある。道具は安全確保のためだけに用い、前進手段としては使わない

【必要な技術】

・クライミング技術
・ロープワーク技術

■ボルダリング

もっともシンプルなクライミング形態。高さ数メートルの岩で、ロープなどの確保用具を使わずに行なうことで、純粋な登る技術だけを追求することができる。手軽に始められることから、近年最も人気の高いクライミングジャンルとなっている

【必要な技術】

・クライミング技術

■アルパインクライミング

元来はヨーロッパアルプスで発展した、岩と氷雪の壁を登攀して山頂に達するためのクライミング技術とシステム。その背景となる考え方（＝アルピニズム）は、近代以降の登山・クライミングの中心となり、その後の世界の山岳登攀史に多大な影響を与え続けてきた

【必要な技術】

・クライミング技術
・ロープワーク技術
・支点構築技術
・エイドクライミング技術
・セルフレスキュー技術
・雪氷登攀技術
・一般登山技術

■マルチピッチ・クライミング

2ピッチ以上にわたる大きな岩壁を登ること。専門用語では「コンティニュアス・ロッククライミング」といわれる。エイド（人工登攀）技術を用いることもあるが、フリークライミングで登ったのか人工登攀で登ったのかは、明確でなければならない

【必要な技術】

・クライミング技術
・ロープワーク技術
・支点構築技術
・エイドクライミング技術
・セルフレスキュー技術

アルパインクライミングとは

アルパインクライミングとは、元来、ヨーロッパアルプスなど、氷河や雪のある山岳地域での岩稜・雪稜の登攀や、岩壁、氷壁などの登攀をいう。本来の意味からいえば、日本においては積雪期の山岳地帯での登攀があてはまるが、実際には、フリークライミングに対して、山岳地帯で行なわれているクライミング全般を、日本では「アルパインクライミング」と呼んでいる。

アルパインクライミングといえば、落石や雪崩の危険、濡れた岩場を登るなど、地味なものをイメージするかもしれない。しかしアルパインクライミングには、登山の原点といえるものがあるはずだ。

気の合ったパートナーと、天気もよく順調で快適なクライミングのときもあれば、悪条件のなか自分の技術と体力を総動員して立ち向かわなければならないときもある。アルパインクライミングは、自然の条件をそのまま受け入れ、それに対し人間がどのように対処できるかを試す、クライミング本来の冒険性にあふれたものかもしれない。

【細分化するジャンル】

■ビッグウォール

1000mスケールの巨大な岩壁を登るクライミング。ピッチ数は数十ピッチにも及び、壁の途中でビバークを繰り返しながら登る

■マルチピッチ

ロープ1本で登れる50〜60mの単位を繰り返して、複数ピッチを登るのがマルチピッチ。クライミングルートの基本となる形式だ

■ミックスクライミング

岩と氷雪が混じった岩壁、氷雪壁を登る。本来のヨーロッパアルプスの登攀条件に近く、アルパインクライミングの原型ともいえる

■アイスクライミング

アイスアックスとアイゼンを使い、特殊なテクニックで氷を登る。近年大きな発展を見せ、クライミングの新たな世界を拡大した

アルパインクライミングの歴史は、現代になってやっと完成されてきたように思える。

1970年代から80年代にかけて、ラインホルト・メスナーが超人といわれ、次々に14座の8000m峰を登っていった。彼はあるときは単独で、またあるときは難しいラインから、スピーディに頂上まで往復した。確かに当時の常識を覆す登山スタイルであった。しかし、それは彼がそれまで行なっていたアルプスでの登山形態（＝アルパインスタイル）を、ヒマラヤで、または世界中の山で実践しているにすぎなかった。超人的体力と優れた登攀能力を兼ね備えた、ひとりのクライマーとしての挑戦だった。

今日、世界のアルパインクライマーが実践していることは、基本的にはメスナーの延長といってもよいだろう。フィジカル面でよりハイレベルを達成したことに加えて、今までの登山の情報とノウハウが、さらに限界を押し上げている。

【世界のアルパインクライミング】

■ヨーロッパアルプス

アルパインクライミング発祥の地。標高4000m前後で、岩壁・氷壁・氷河が発達し、総合的なクライミング技術が必要とされる

■日本の冬壁

古典的なルートの冬季初登はほぼ成し遂げられ、現在は新しい発想とテクニックによる冬壁登攀が行なわれてきている

■ヒマラヤ・カラコルム

ビッグウォールやアイスクライミングのテクニックを生かして、6000～7000m級のバリエーションルートが活発に登られている

■パタゴニア

近年、クライマーに人気が高い。標高は3000m前後と高くないが、大岩壁が立ち並び、高度なクライミングテクニックが要求される

　国内に目を移してみよう。日本は資金力をバックに大遠征隊を組んだ時代があった。それに対して、一部の社会人の山岳会が、少人数でヒマラヤの困難な壁を登ることに成功した。しかし、それでもなお、純粋な個人のレベルではなかった。そして登場したのが山野井泰史だった。彼は当初、ヨセミテのフリークライミングとビッグウォールでのクライミングの技術を学んでいた。そして、のちにパタゴニア、ヒマラヤにおいて個人の強さを証明していったのだった。

　現代の日本の山は、北アルプスなどの有名な山に人気が集中し、クライミング雑誌もスポートクライミングの記事で彩られている。そんななかでもしっかりと流れを受け継ぎ、したたかに実践している若いクライマーは絶えることはない。むしろ、2010年ごろから以降、日本のアルパインクライマーの世界的評価は高まっている。

　登山とは思想だ、という言葉があるけれど、なにを選んでどう実践していくのか、これから先のクライマーを見届け、評価できることが大切である。

アルパインクライミングを始めるには

段階を踏んでステップアップ

■クライミングジムでの基礎練習

室内に作られた安全な環境のため、クライミングに必要な体の動きを効率的に身につけることができる。平日の短い時間を利用して、恒常的にトレーニングできるメリットは大きい

■アルパインルートの実践

山のアルパインルートそのものを登ることで、クライマーとしての総合的能力を身につけることができる。ルートを登りきったときの喜びは大きいが、事故には充分に注意しなくてはならない

■岩場での練習

アルパインルートに近い環境でクライミングを楽しみながら、プロテクションや確保システム、ルートファインディングなど、多くのことを学ぶことができる

アルパインクライミングに興味をもち、これから始めたいと思っても、どこでどのように技術を学んだらよいのかわからない人も少なくないだろう。フリークライミングならば、クライミングジムで始めるのが手っ取り早いし、そこで行なわれている講習会に参加する方法もあるだろう。また、ジムで知り合った仲間からビレイの方法などを教えてもらい、いっしょに外の岩場に出かけることも可能かもしれない。

しかし、アルパインクライミングを習うには、多くの技術を覚えなければならず、事故のリスクも考えると、そう簡単にだれかに頼ることはできないだろう。昔ならば、山岳会に入会して、そこで合宿などに参加することで技術を学ぶことができたのだが、最近はどこの山岳会も指導者が不足しているようだ。また、中高年の山歩きの会は数多くあるが、アルパインクライミングを精力的に行なっていて、技術習得もカリキュラムを組んで行なっているところと

■雪山登山の経験

冬季クライミングの基礎として、雪山登山の経験が重要だ。雪上をアックス・アイゼンで登り下りする技術、冬季の環境のなかで寝泊まりする技術をしっかりと身につけたい

■ガイド山行や講習会の活用

ガイド山行や各種講習会では、自力では登れない憧れのルートを登ったり、正確な技術を教わることも可能だ。自分のクライミングスタイルに合わせて上手に利用していきたい

なると、もはや皆無ともいえるような状況ではないだろうか。大学の山岳部も同様で、どこも慢性的な人員不足に陥っているようである。

　では、どうしたらよいだろうか？まず考えられるのは、少ないなかでも比較的しっかりした山岳会を探して、またはだれかに紹介してもらって入会することだ。クライミング雑誌を注意して読むと、記録欄や寄稿に、所属グループや山岳会の名前が載っていることがある。名前を覚えておけば、岩場やクライミングジムなどでつながりができるかもしれないし、直接連絡をして入会することももちろん可能だ。

　次に考えられるのは、山岳ガイドや山岳団体（東京都山岳連盟など）の講習会に参加する方法だ。どのレベルまでクライミングを行なうかによって、講習会やガイド山行をずっと続ける方法もあるし、ここでひととおりの基本技術を身につけてから、あらためて山岳会に入会するのもいい。

　講習会などに頼らなくても、自分ひとりで学べる内容もあるだろう。ビレイの技術やレスキュー技術は教えてもらったほうが習得が確実でか

アルパインクライミングで学ぶ要素

1 クライミング動作（ムーブ）

クライミングジムで練習するのが効率的だが、クラックなど岩場でないと体験できないものもある

2 ロープワーク　確保支点の知識

クライミングの基本的な確保システムを理解し、さまざまな環境で確保支点を構築できるようにする

3 エイドクライミング技術（人工登攀）

フリークライミングで突破できない難しい箇所を、アブミなどの道具を使って越えていく技術

4 雪山の歩行技術

アックスとアイゼンを使った基本的な雪山行動技術。気象判断やビバークの技術も身につけたい

5 雪山でのロープワーク

雪や氷を使って確保支点を構築する技術。岩場とはまた異なる知識とノウハウが必要になる

6 アイスクライミング技術

アックスを使用して氷壁を登る技術。岩登りの技術と並んでアルパインクライミングでは欠かせない

7 すべての技術の総合化

以上のすべての技術がアルパインクライミングには必要。ヒマラヤなどではさらに高所技術も必要

つ早いが、地形図の見方やコンパスの使い方、山の気象、山歩きの基本などは独学で身につけることもできる。独学で覚える部分と教えてもらう部分とを上手に組み合わせながら身につけていき、その過程でよき仲間を見つけて、ともに学びあいながらステップアップしていくという方法もある。

ただしクライミングは、一歩間違えると致命的な事故を起こしてしまう危険もはらんでいる。安易な独学や無謀な挑戦は避けて、段階を踏むことが大切だ。まずはクライミングジムでの練習から始めて、次の段階として、岩場でさまざまな登攀に移行する。岩場ではスポートルートだけでなく、クラックの登り方やマルチピッチ、エイドクライミング、セルフレスキューの仕方まで身につけよう。その次には、アイスクライミングやミックスクライミングなど、独自な技術が必要な冬季登攀へと進んでいく。

段階を追ってできることを増やし、登れる範囲を広げていくと、その先にはきっと、ヨーロッパアルプスやパタゴニア、そしてヒマラヤへと夢は広がっていくだろう。

Part 1

ギアとウェア

道具についての一般的注意点

安全性に充分な注意を

アルパインクライミングでは多くの専用道具を必要とする。それぞれの正しい選び方や使い方、そして強度などの知識を身につけることも大切だ

カラビナなどにはこのような記号や数字が記されている。それぞれがどのような意味をもつのかも頭に入れておきたい

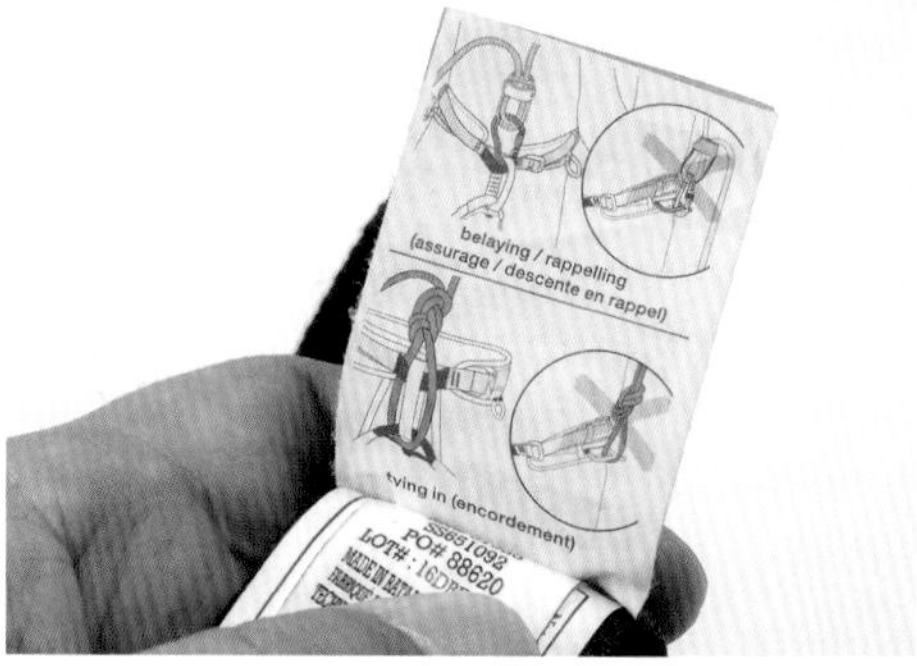

クライミングギアには、正しい使い方の説明タグが付いていたり、取扱説明書が付属しているものもある。必ず目を通しておこう

クライミングギアは、基本的に墜落の負荷に耐えられるように作られている。それを明確に示しているのがCEやENなどの国際規格だ。これはUIAA（国際山岳連盟）の基準に則ったもので、このテストにパスしたものは、そのマークとともに強度が明記される。たとえばスリングに「22kN」と記されているならば、それは正しい使い方をすれば22kN（キロニュートン）の強度が出ることが保証されているのである。

これに対して、自作の道具や自分で結んだロープスリングなどはどうだろう。強度についてのデータはなく、どれだけの墜落に耐えられるかは不明だ。注意を怠ると結び目がゆるんだり、ほどけたりすることも起こる。強度が保証されているものと不明なもの、あなたはどちらに命を預けられるだろうか。

強度をクライマー自身で判断して使わなくてはいけないものもある。岩場に残置された支点がよい例だ。アルパインクライミングの現場で遭

山の岩場は開拓されてすでに50年以上たっているところも多い。長年、過酷な環境にさらされてきた残置支点は果たしてどれだけ信用できるのだろうか?

岩場にある残置支点。いつ、だれが設置したものなのかはわからない。これらの強度をどう判断するか。それは使う人次第だ

ヘルメットもクライミング用として販売されているものは、必ず国際規格を通っている。これがないものはクライミングでは使えない

遇する残置支点は、フリークライミングの岩場にあるものとは比較にならないほど貧弱だ。30年も40年も前に設置されたものが墜落に耐えられるかは、使用する本人が判断し、そのリスクを負うしかない。

　また、クライマーが使っているロープ、スリング、ハーネスなどのナイロン製品は、紫外線や酸などに弱く、劣化する。どれだけの耐久性があるのか、常に注意をはらいながら管理し、使わなければいけない。クライミング道具に記されている強度表示は、「正しく管理されている」ときの数値でしかないのだ。

　さらにいえば、クライミングギアの使い方の常識は時代によって変わる。かつては正しいとされていた使い方が、後年、危険性が指摘されて変わっていった例はいくつもある。実際、本書の前身となる2007年版『アルパインクライミング』に掲載していたものを今回改めた箇所も随所にある。

　常に道具の強度や安全性に対しての視点をもとう。そして、最新の正しい使用法について研究し、厳しい目をもち続けることが、クライマーには大切なことである。

ロープとスリング

ダブルロープが基本

クライミングのまさに命綱となるロープ。アルパインクライミングでは2本使いのダブルロープが基本だ

上から径10.5mm、8.6mm、8.1mm。細いものは7mm台も登場しているが、日常的に使うものとしては、8.5mm前後が耐久性と軽さのバランスに優れている

ダブルロープは色違いのものがなにかと使いやすい。よくいっしょに登るパートナーとは違う色をそろえよう

ロープ

ロープは用途によって、1本で使うシングル、2本で使うダブル（ハーフ）、2本を合わせて1本のように使うツインロープがある。また、伸縮性をもつダイナミックロープと、ほとんど伸縮性のないスタティックロープがある。スタティックロープはクライミング用ではなく、荷上げやフィックスロープなどに使う。

最近のロープはかなり細くなり、ダブルロープは8㎜台が中心である。長さは、アルパインクライミングでは60ｍのダブルロープが主流になっている。

ロープは無雪期と積雪期とで使い分けたほうがいい。無雪期の岩登りで表皮がけば立ったロープを冬山に持っていくと、凍りついて扱いづらいからである。

スリング

地味な道具だが進化し続けており、年々よいものが登場してきている。

■ダイニーマスリング

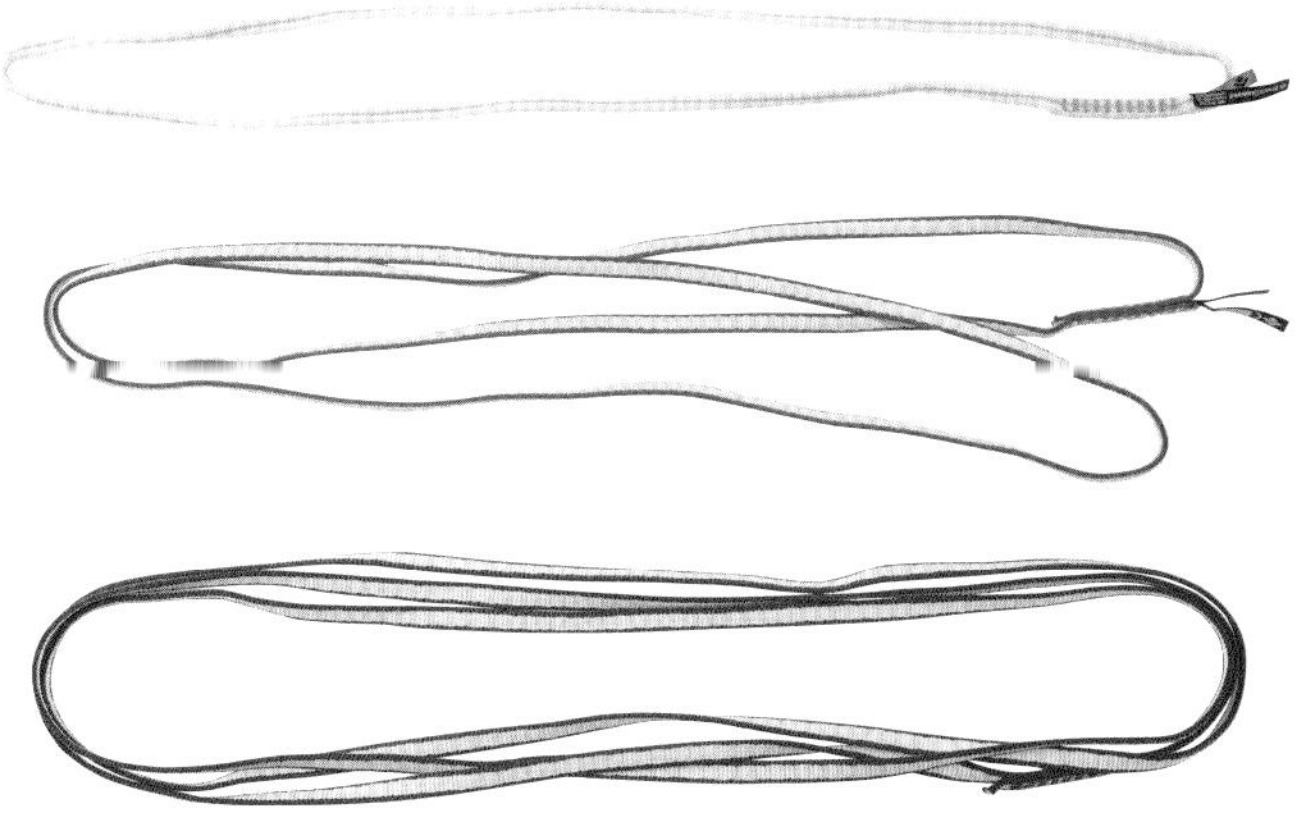

現在のスリングの中心となるもの。10mm幅ほどのものが中心で、細いものだと6mm幅もある。強度はほとんど変わらないので、細いものもそろえておきたい。長さは上から60cm、120cm、240cm。長さも各種そろえておきたい

■ナイロンスリング

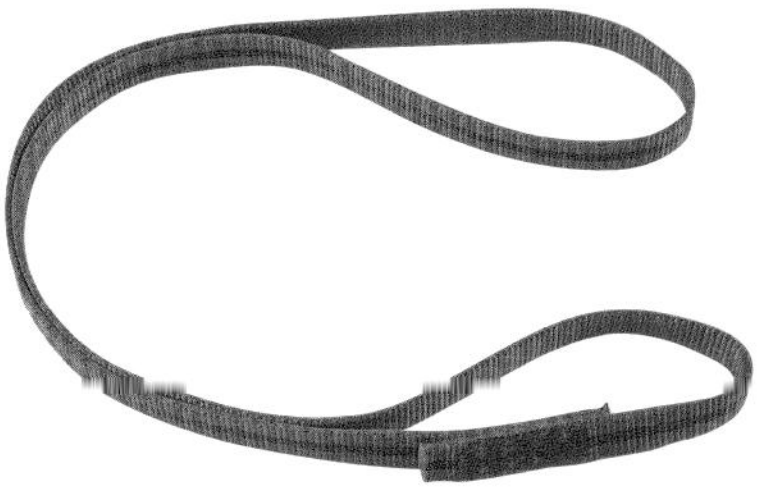

ダイニーマは擦れに強くないので、ガースヒッチなどで締め上げるときのためにナイロンスリングも1〜2本は持っておきたい。岩角に巻くときもナイロンのほうがフリクションがあるので安定する

■コードレット

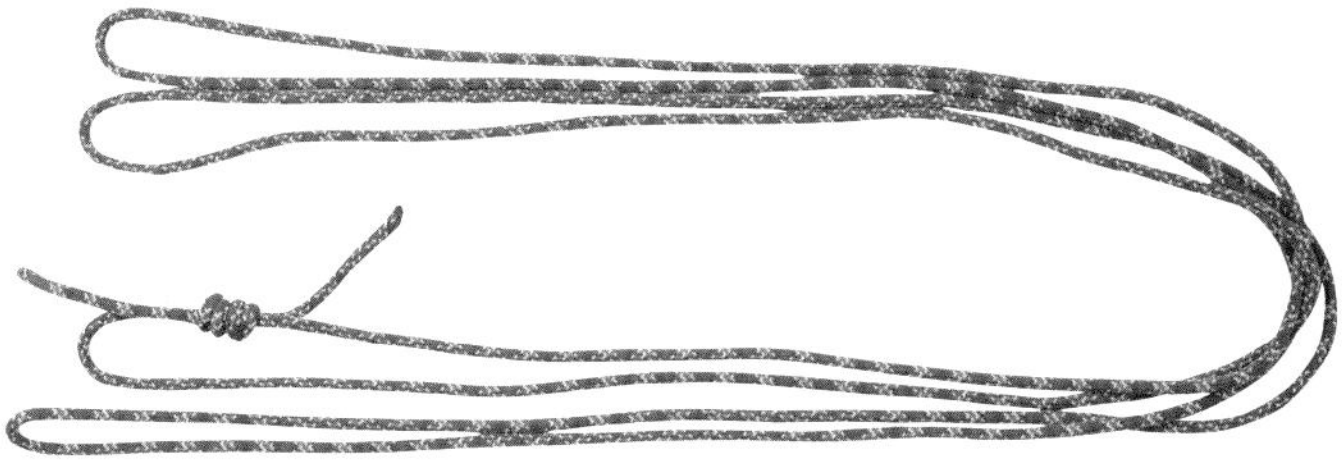

いわゆるロープスリングだが、芯がケブラーなどのアラミド繊維で作られている高強度のもの。径5〜6mm×長さ5mほどでループを作っておくと、クアッドアンカーに利用できる

■プルージックスリング

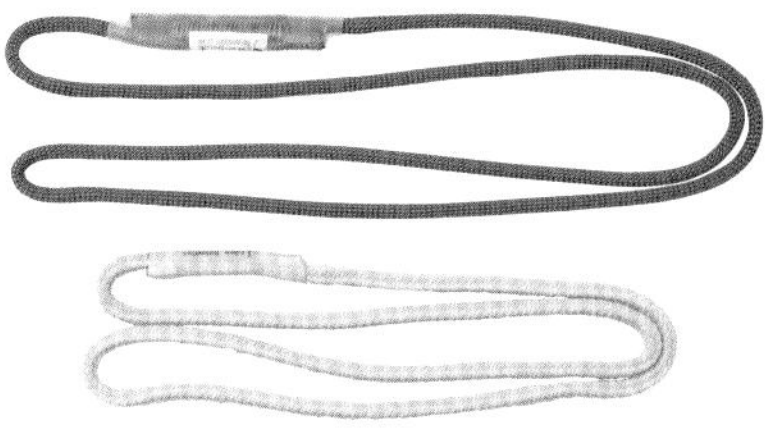

フリクションヒッチ用のスリング。フリクションヒッチに向いた素材と編み方で作られている。かつては自作していたが、現在は専用品が販売されている

■PAS（パーソナル・アンカー・システム）

セルフビレイなどに使用する。デイジーチェーンより優れているので、現在はこちらが主流。PASというのはメトリウス社の商品名で、他社製でも同様のものがある

主流のダイニーマ素材のものは、細くて強度が高く、濡れてもすぐ乾き、雪が付着しにくいなど、非常に扱いやすい。かつて幅20㎜だったナイロンスリングが、現在は幅6㎜のダイニーマと同強度である。また、奥まったピトンの穴に通したりするためにかつては細いロープスリングが必要だったが、現在は細いダイニーマスリングで代用可能である。

スリングは輪にした長さが60㎝、120㎝、180㎝、240㎝の4サイズが中心で、ルート内容によって数をそろえる。アルパインクライミングでは、フリークライミングで使うクイックドローより、オープンスリングのほうが使いやすい。オープンスリングは、折りたたむとクイックドローのように使え、伸ばすとスリングとして使える。長さの調節もできるので用途が広い。180㎝や240㎝の長いスリングは主にアンカー用で、2本ぐらい持っているとさまざまな状況に対応できる。

セルフビレイに使うPASは、デイジーチェーンに代わるもの。あらゆる点でデイジーチェーンより優れており、現在のスタンダードといえるだろう。

カラビナとビレイデバイス

冬季とダブルロープに対応するものを

■カラビナ

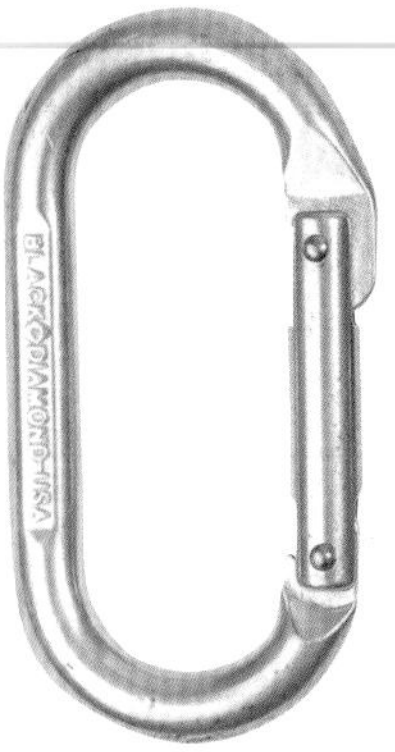

ほぼ左右対称形のオーバル型。トップロープの支点構築やユマーリングなどに使いやすい

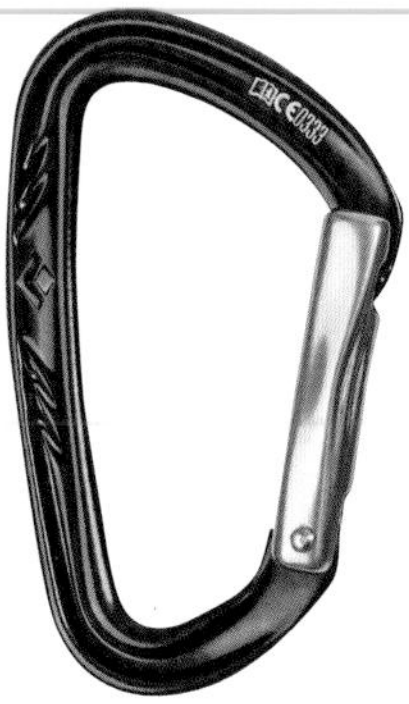

最も一般的な形状。変形D型と呼ばれる本体形状に、ストレートゲートが備わっている

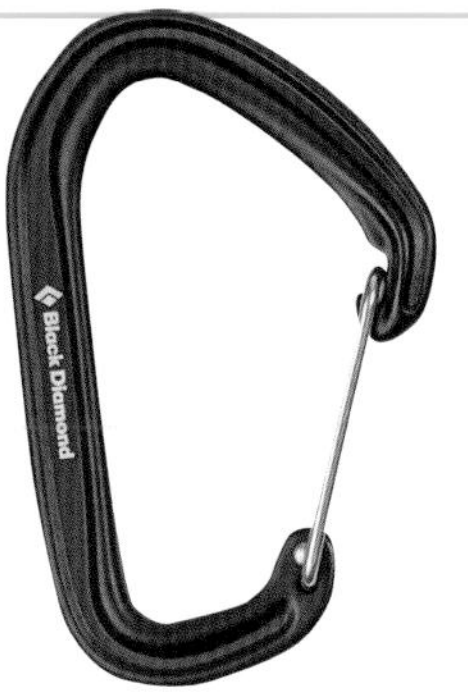

ワイヤーゲートタイプ。大きさのわりに軽量にでき、ゲートの凍結も比較的しにくい

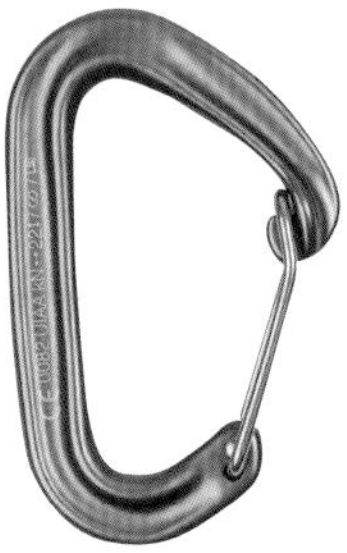

超小型軽量タイプ。通常のカラビナの半分ほどの重量しかないが、強度の規格は通っている

■安全環付きカラビナ

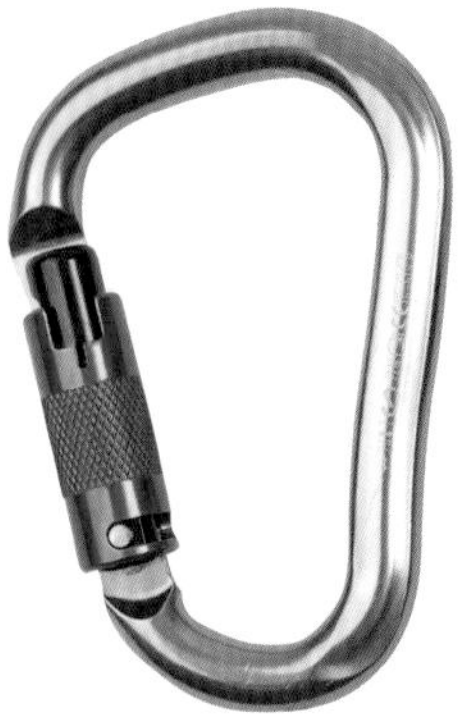

手を離すだけで自動的に安全環が閉まるオートロックタイプ。ゲートが凍りやすいのが難点

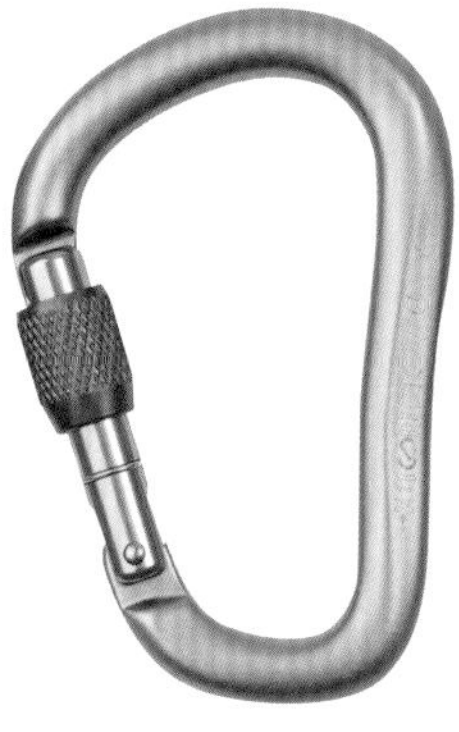

一般的なスクリューゲートタイプ。HMSと呼ばれる本体形状で、ビレイなどがやりやすい

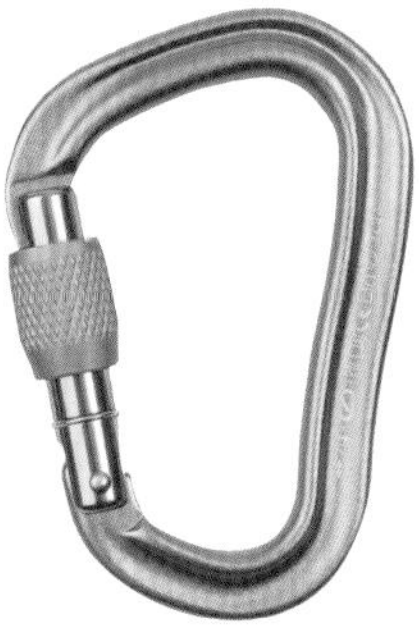

小型軽量に作られたHMS型。一般的なHMS型の半分近い重量だが、扱いやすさはやや劣る

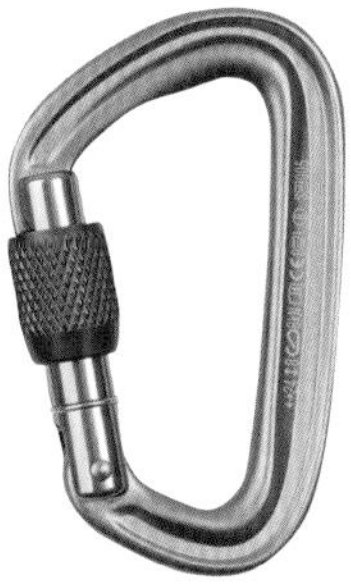

ノーマルな変形D型の安全環付きタイプ。ユマーリングなどにはこの形状が使いやすい

カラビナ

カラビナはできるだけ軽いものがいいが、小さすぎても扱いにくい。そのなかで、ワイヤーゲートのカラビナは軽く、冬に凍結もしにくいのでアルパイン向きだ。

安全環付きのカラビナは、スクリューゲートとオートロック式のものがある。オートロックは冬には凍りやすいので、スクリュー式のほうが無難だろう。ひとつのカラビナに2本のロープをかけたり、ダブルでクローブヒッチを結んだり、また冬に手袋をして扱うことからも、大きめのほうが使いやすい。ビレイと懸垂下降用に2個、フリクションヒッチ用に2個、計4個の安全環付きカラビナが最低でも必要である。

カラビナは正しい使用法が特に重要な道具である。長軸方向に荷重されれば充分な強度が出るが、横方向への荷重や、ゲートが開いた状態では、強度が極端に落ちてしまう。軸にテコの力がかかると簡単に折れて

■ビレイデバイス

支点にセットしてフォローのクライマーをビレイできるブレーキアシスト機能がついたものが、アルパインクライミングではスタンダードだ

■クイックドロー

左から、ノーマルタイプ、ワイヤーゲートタイプ、小型軽量タイプ、アルパインドロー。アルパインドローは市販品はあまりなく、好みのカラビナとスリングで自作する

■細径ロープ対応タイプ

ロープ径がデバイスの対応幅に適合していない場合、充分な制動力が得られないことがある。細いロープを使うときはこうした専用タイプが安心

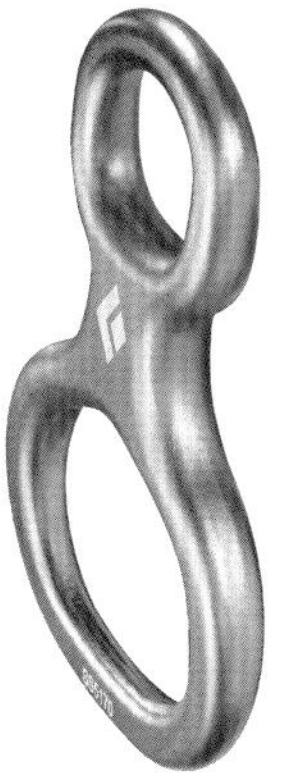

■エイト環

ビレイデバイスとして使われることはないが、下降器としてはいまでも使いやすい。下降中の仮固定が非常にやりやすいのも有利な点

アルパインドローの作り方

❶60cmスリングの両端にカラビナをかける

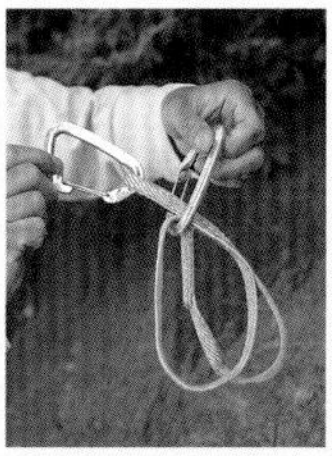

❷一方のカラビナに他方のカラビナを通す

❸通したカラビナをスリングのループにかける

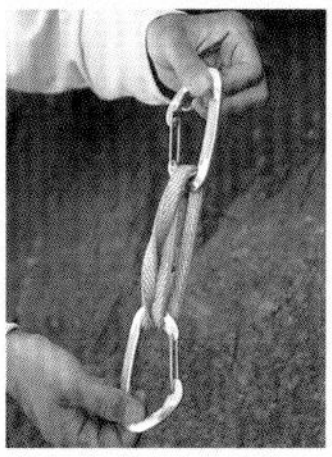

❹完成

しまうことも知っておきたい。

ビレイデバイス

ビレイデバイス（確保器／下降器）に必要な機能は、リードのビレイ、フォローのビレイ、懸垂下降の3つである。アルパインクライミングで必要な機能は、まずはダブルロープ対応であること。この点で、ペツル・グリグリに代表されるシングルロープ専用デバイスはアルパインクライミングには向いていない。もうひとつは、フォローのビレイ機能（ブレーキアシスト機能）が備わっていること。ペツル・ルベルソの登場以来、各社がこの種のデバイスを開発し、機能的にも洗練されてきて、ほぼ現在のアルパインクライミングのスタンダードとなった。

注意点としては、ロープとの相性。最近は8㎜など細径のロープが使われることが多く、デバイスによっては充分な制動力が得られない場合がある。デバイスの対応ロープ径をよく確認しよう。

エイト環は、下降器としてはいまだ性能は見劣りしない。予備のデバイスとして、あるいはレスキューなど限られた条件下では使える。

プロテクションギア

ルートによって各種そろえたい

■カムデバイス

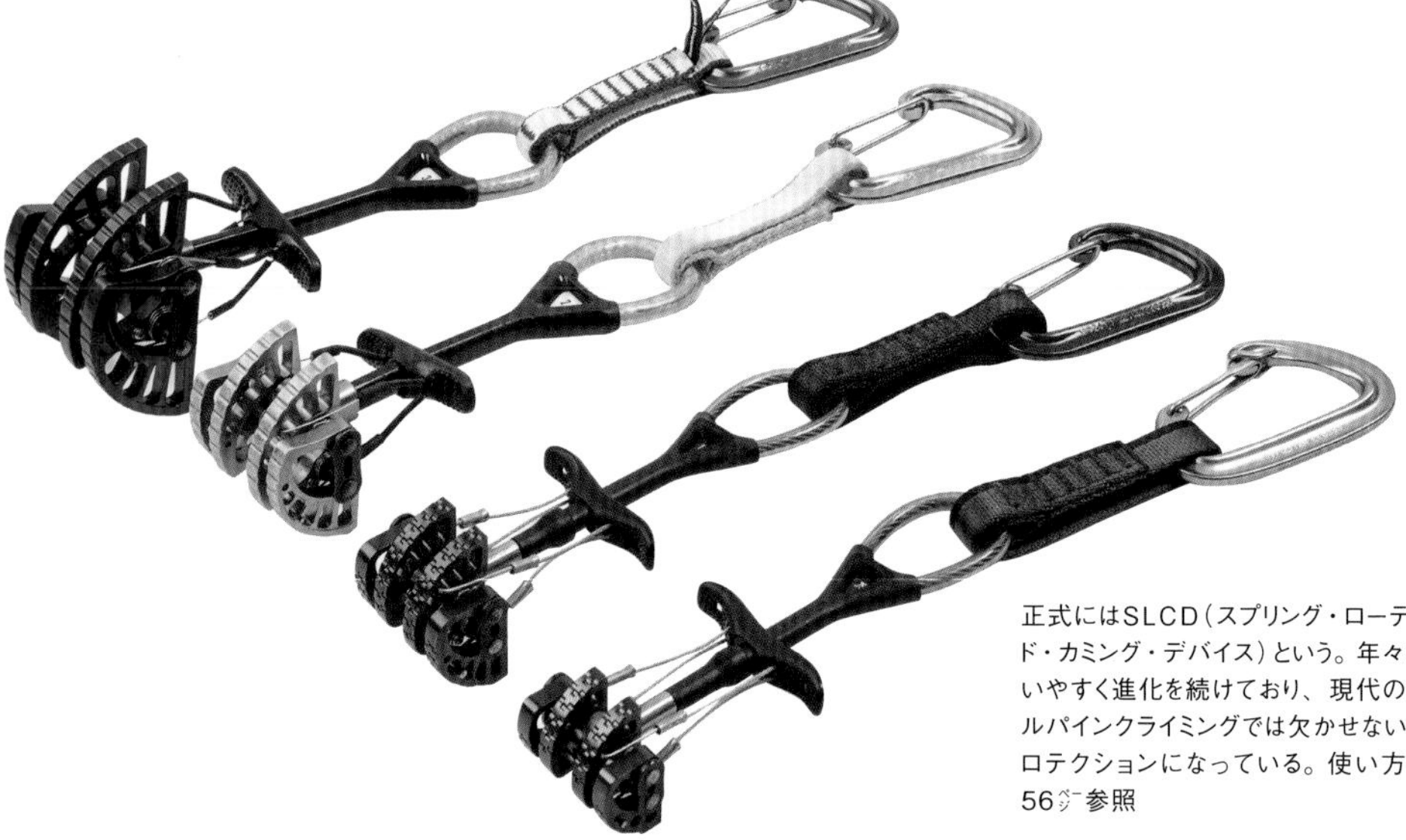

正式にはSLCD（スプリング・ローデッド・カミング・デバイス）という。年々扱いやすく進化を続けており、現代のアルパインクライミングでは欠かせないプロテクションになっている。使い方は56㌻参照

マイクロサイズのカム。フィンガークラックから、指の入らない細いクラックまで対応する。小サイズは墜落の衝撃荷重には耐えられないものもあるが、エイドクライミングの支点として使える

プロテクションギアにはいろいろな種類があるので、クライミングの目的に合ったものを選ぶ。たとえば夏のマルチピッチか、アメリカンエイドか、冬のミックス（氷雪壁）かで、準備するものは異なる。ルート内容によっても変わってくる。

カムデバイスやナッツは、クラックに挟み込んで使う。ピトンはクラックにハンマーで打ち込む。ボルトは岩に小さな穴をあけて設置する。カム、ナッツ、ピトンとも、さまざまなクラックのサイズに合わせて使えるように、多くのサイズがそろっている。また、材質もさまざまなものがある。

カムやナッツは設置しても岩を傷つけることはなく、登ったあとは完全に回収されるクリーンなプロテクションである。これに対し、ピトンは打つと岩を傷つけるし、残置される可能性もある。さらにボルトは、半永久的に岩に残置されてしまう。クライマーは基本姿勢として、ピトンやボルトを打つ前に、代用できる

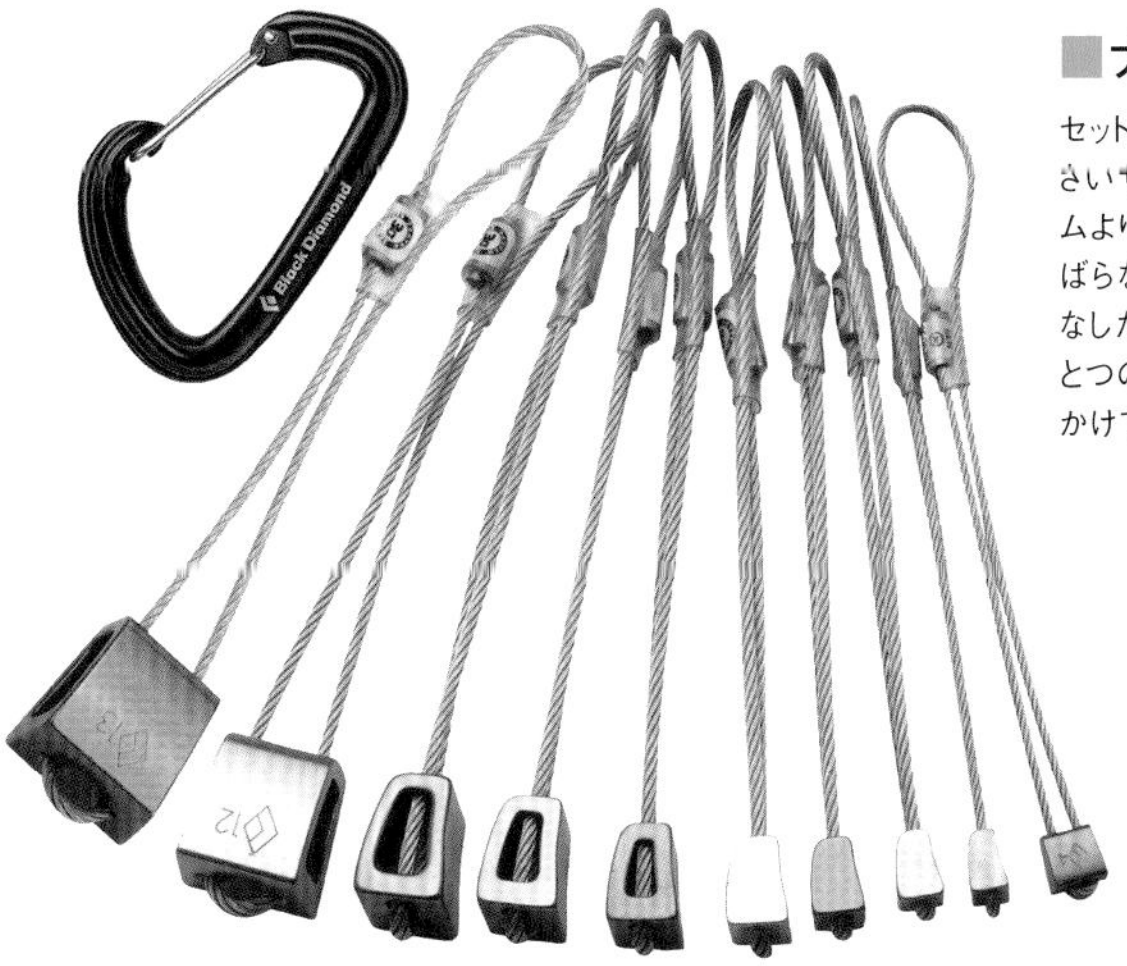

ナッツ

セットに慣れが必要だが、小さいサイズは支持強度がカムより高く、しかも軽くてかさばらないので、うまく使いこなしたい。5〜7本ずつをひとつのカラビナにサイズ順にかけておくと使いやすい

ナットツール（ナッツキー／ナッツ回収器）も必要。セットで持っておきたい

ピトン（ハーケン）

ピトンはさまざまな形、材質、サイズ（長さ、厚さ）のものがあり、岩質やクラックの形に応じて使い分ける。上の白いピトンは軟鉄製で、クラックの形に応じて変形する。下の黒いピトンはクロモリ製。いちばん右は太めのクラックに対応するアングルピトン

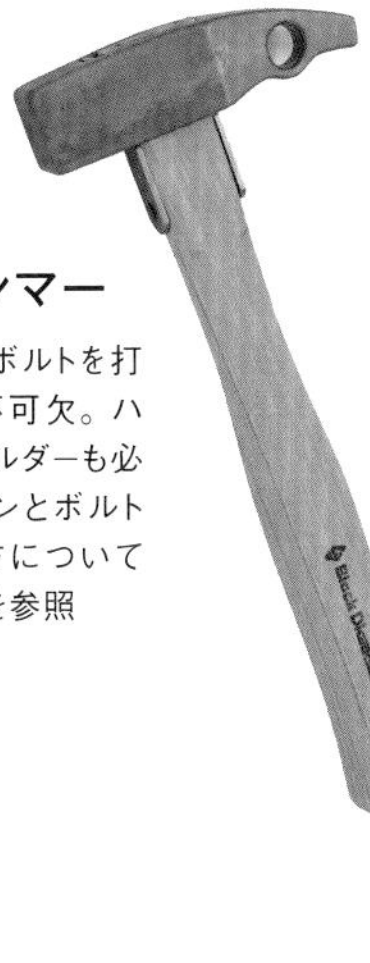

ハンマー

ピトンやボルトを打つのに不可欠。ハンマーホルダーも必要。ピトンとボルトの打ち方については58ページを参照

ボルトキット

コンパクトなボルト打ち器。写真はペツルのボルトセットで、アンカーの先端がドリルになったものを取り付けて使う

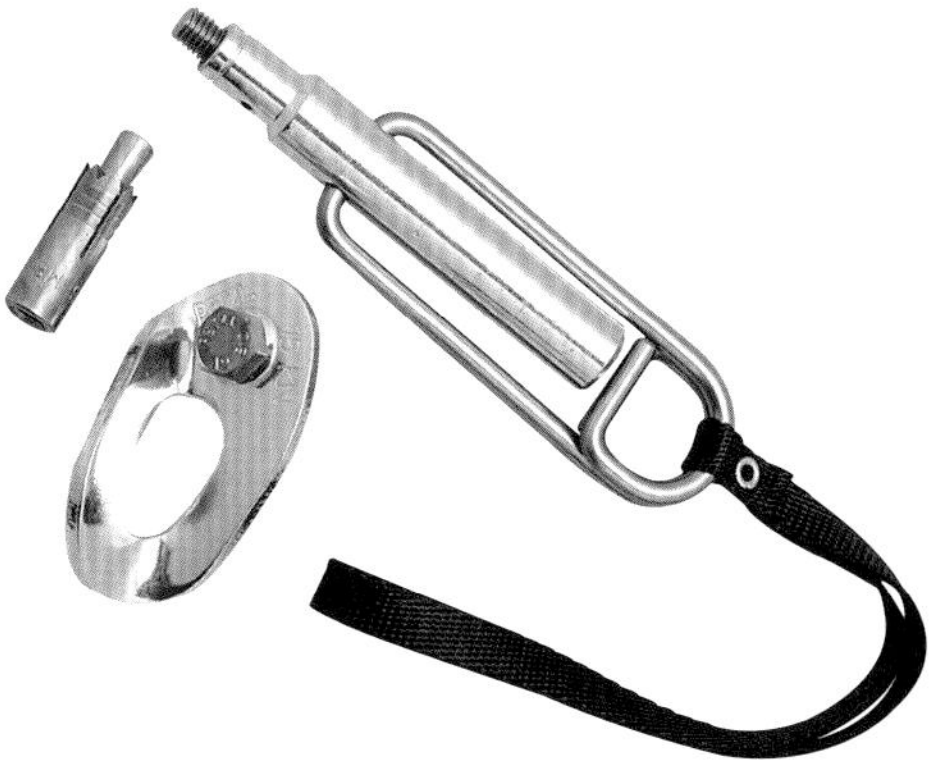

ものがあればそれを使うという心構えをもたなくてはいけない。カムは近年大きく進化しており、昔ならピトンを打ったところでも、マイクロサイズのカムで代用できるようになっている。

アルパインクライミングは、自分でプロテクションを設置することが重要な部分を占める。いろいろな種類のプロテクションを設置して、それが効いているか見極めができるようになりたい。それには経験が必要で、実際に落ちてみなければわからない部分もある。練習のときから、少しずつ買い足したプロテクションを持っていって、いろいろ使ってみるという姿勢が重要である。

最初にそろえるときは、たとえば三ツ峠のマルチピッチを登る場合でも、まだピトンを打つことはない。カムとナッツが数本あればいいだろう。練習を続けながら少しずつ増やしていって、何回目かの練習ではピトンも使ってみるといい。また、瑞牆山などでクラッククライミングに取り組むのであれば、大サイズのカムも必要になってくる。そのころには、基本的なカム、ナッツのセットがそろっているようにしたい。

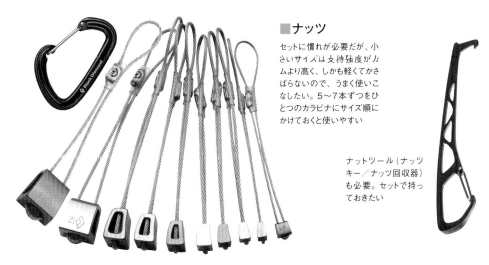

ハーネスとヘルメット

命を守るふたつのギア

■ハーネス

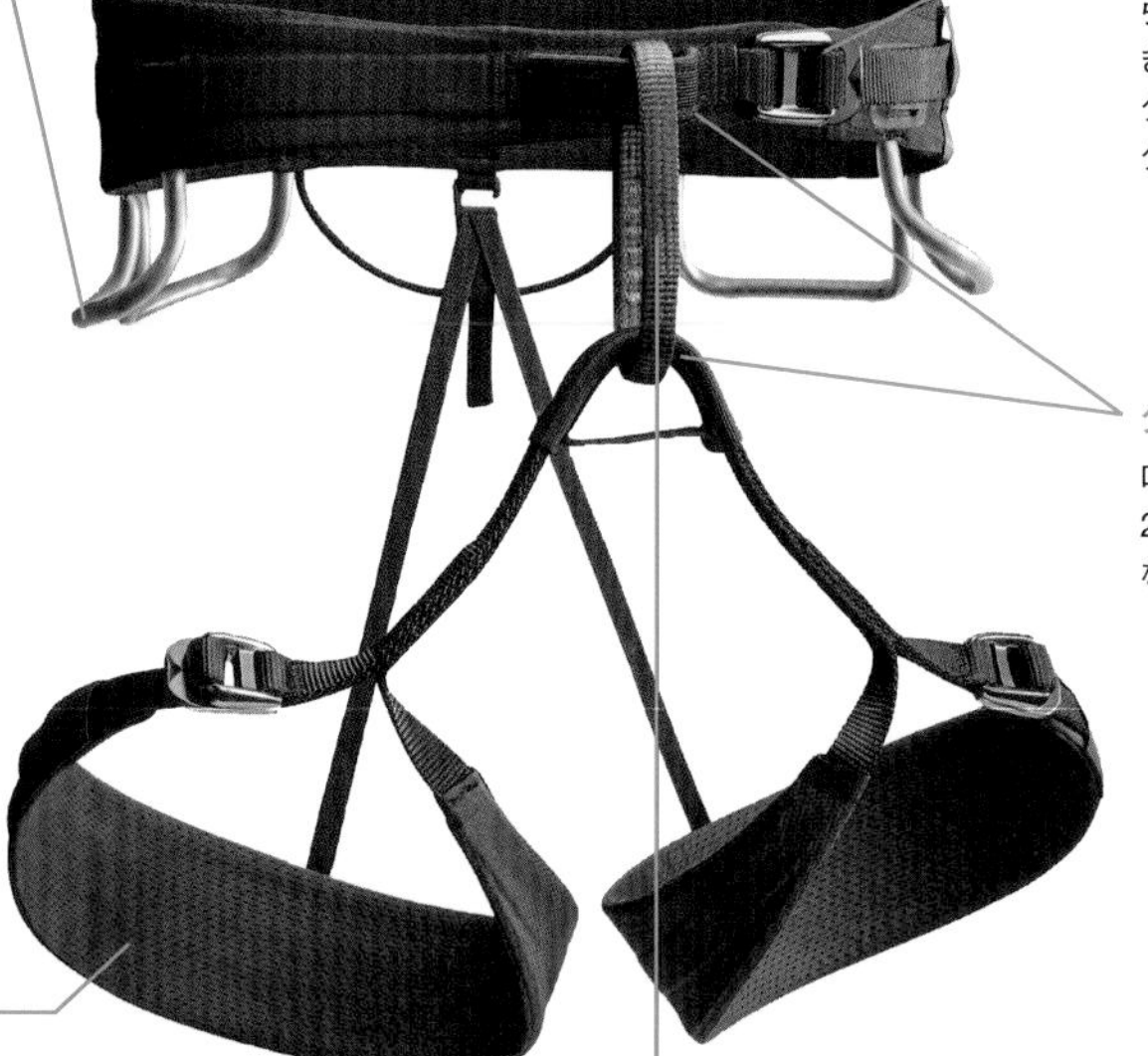
ギアラック
カラビナやクイックドローなどのギアを下げておくラック。アルパインクライミング用には数が多いほうがいい
バックル
引くだけで締めることができるタイプが主流。1バックルのものと、左右2バックルのものがある
タイインポイント
ロープを結ぶ場所。この2カ所に通さなくてはいけない
レッグループ
衝撃は腰とここで受け止める構造。サイズ調整バックルがあるものがアルパインクライミングに向いている
ビレイループ
ビレイデバイスなどをセットする場所。ロープをここに結ぶのは間違い

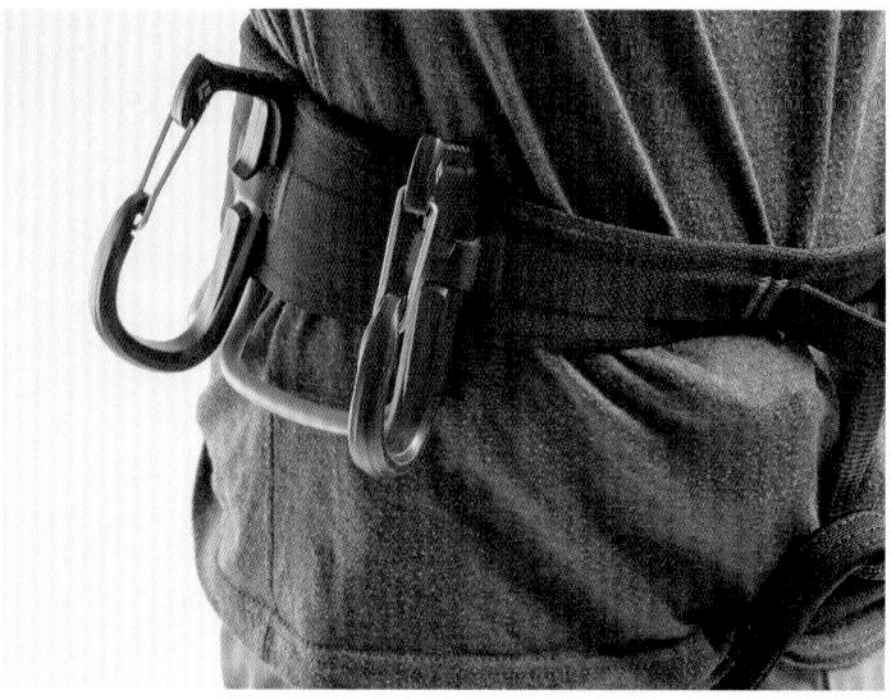

アイススクリューなどをかけるツールホルダーをセットできるスロットが設けられているものは、多くのギアをラッキングでき、冬季の使用にも便利だ

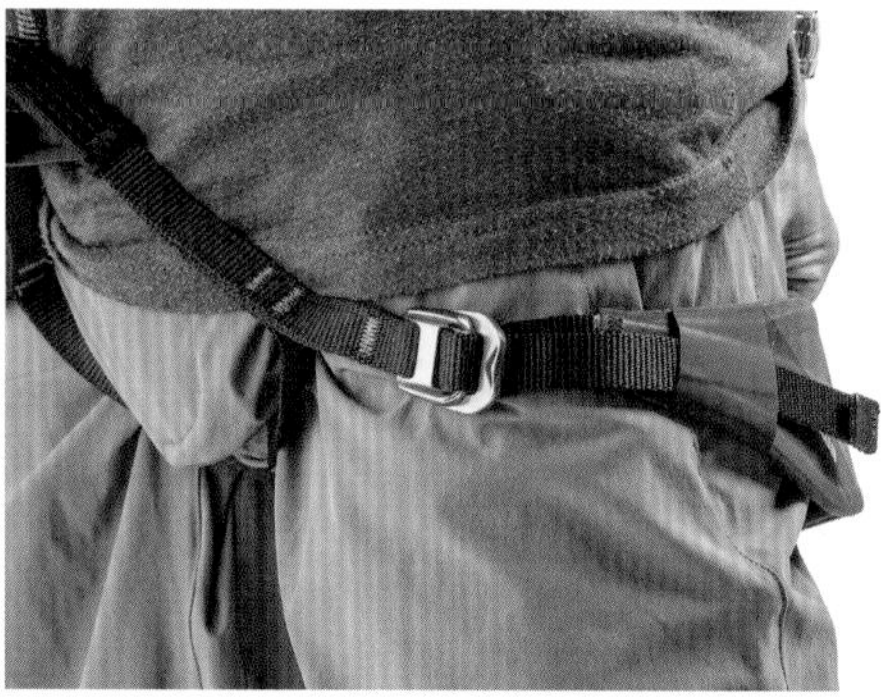

アルパインクライミングではレインウェアを着ることもあるし、冬季には着ぶくれもするので、レッグループの調整機能が付いているものが使いやすい

ハーネス

アルパインクライミングで使用するハーネスは、レッグループのサイズが調整できるものがいい。ウェアを重ね着するためウエストのサイズは変わるし、レインウェアを着て登ることもあるため、ウエスト部分やレッグループの調整が必要になるからだ。さらに、夏と冬とではサイズが大きく変わるので複数持っていたいところだ。

ハーネスはサイズの合ったものを選ぶことが大切。きちんと試着してウエストベルトを締め、レッグループのサイズも合わせる。ウエストは、ウエストベルトとおなかの間に手のひらがやっと入れられるくらいのサイズがいい。一方、レッグループは、太ももとの間にやはり手のひらがちょうど入るぐらいが適当なサイズである。

ウエストベルトの末端は、ベルトを締めたときに原則として10㎝は残っていないといけない。冬などに

■ヘルメット

帽体自体が発泡素材でできている軽量タイプが現在の主流となっている。発泡素材がむき出しのものは、耐久性では樹脂製シェルタイプに劣るが、衝撃吸収性は遜色がない。発泡素材は尖った落石に弱いので、写真のように頭頂部を硬質なシェルで覆って、強度と軽さを両立したものも増えている

ABS樹脂などの硬いシェルで構成されたタイプ。内側に衝撃吸収性の高い素材が使われている。重量が重くなりがちなので発泡素材タイプに人気を奪われているが、壊れにくくて長く使え、比較的安価というメリットがある。尖った落石に対しても、一般的にこちらのほうが強い傾向にある

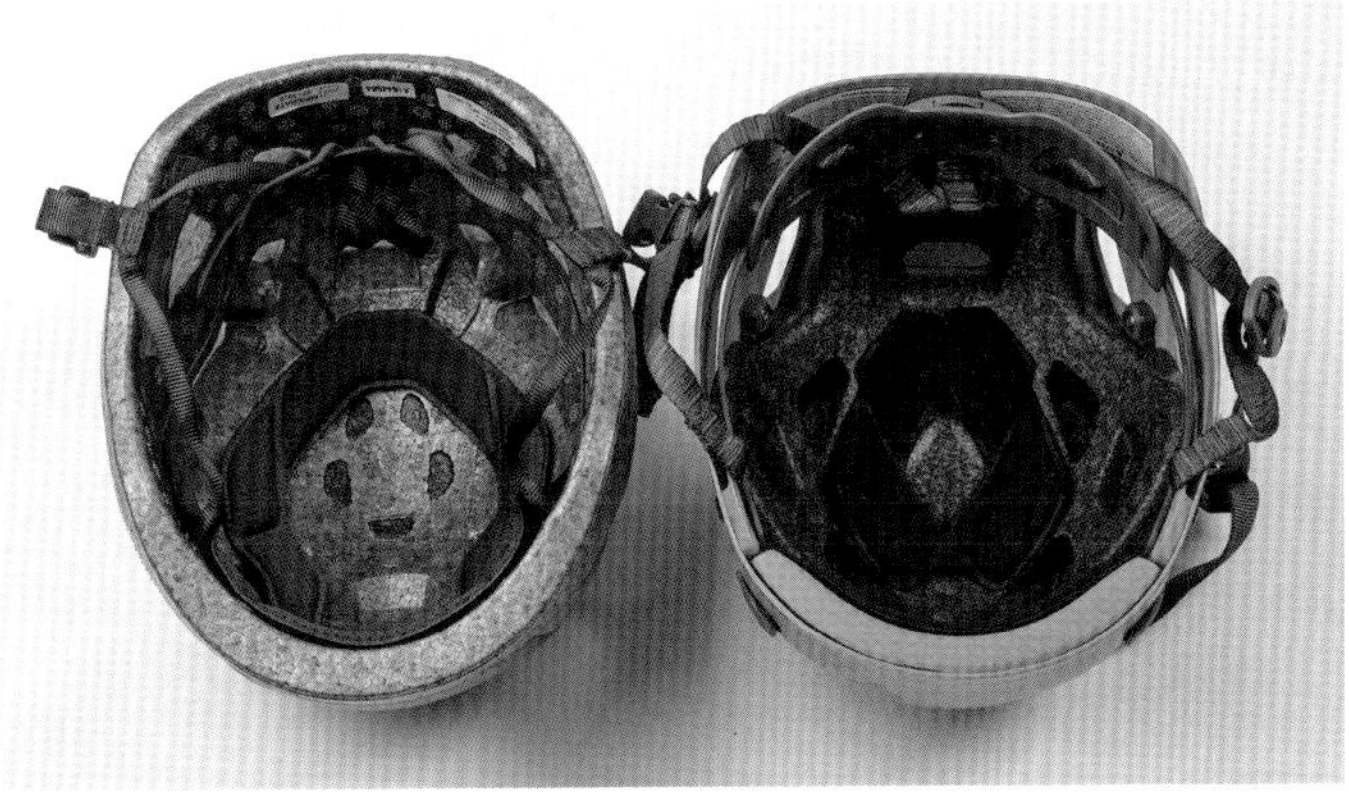

内側を比較したところ。左が発泡素材タイプ、右が樹脂シェルタイプ。左はヘルメットそのものが発泡素材でできており、右はシェルの内側に衝撃吸収材が仕込まれているという構造の違いがわかるだろう。かぶり心地や調整機能の差はないが、重量的には発泡素材タイプが樹脂シェルタイプの3分の2ほどと軽い

着ぶくれしたときでも安全な末端の長さが出るようなサイズを選ぶようにしたい。

上半身が重いなど、バランスによっては、ハーネスにぶら下がるとひっくり返ることがある。アイスクライミングのときには、両手にアックスを持って重心が上になるため、筆者はチェストハーネスを利用して荷重点が上になるように工夫している。チェストハーネスはギアラックにもなるのでその点でも便利だ。

ヘルメット

ヘルメットは多様な種類に細分化され、フリークライミング用から登山用、アルパインクライミング用など多くの製品を見かける。

アルパインクライミングに適したヘルメットは、堅牢で耐久性のある強化プラスチック素材のハードシェルタイプのものと、衝撃吸収性に優れた発砲素材を使用した軽量のものとに大別される。写真のように、頭頂部を落石・落氷から守るハードシェルと、墜落による前後左右への衝撃から頭部を保護する発砲材を組み合わせたハイブリッドタイプも増えていて、人気を得ている。

シューズとウェア

長時間身につけるので快適なものを

■クライミングシューズ

レースアップタイプで、足首がある程度覆われているものがアルパイン向きだ。一日履き続けても痛くならないサイズを選ぶ。クライミングシューズ用のソックスも使用すれば、長時間履いたときの不快感も軽減できる

■登山靴

アプローチに雪渓があるルートでは、アイゼンがつけられる靴が必要になる。キックステップができるソールの硬さがあり、なおかつ全体に軽量な靴を選ぼう

■アプローチシューズ

ルートの取付までと下降時に履く靴。持ったまま登る場合も多いので、できるだけ軽量・コンパクトなものが望ましい。滑りにくいソールを備えたものが理想だ

シューズ

アルパインクライミングの靴は、一日履いていても痛くならないサイズで、ある程度ソールのフリクションがよく、そのうえ細かいフットホールドにも立てるものが欲しい。靴全体のつくりがしっかりしたレースアップのものがよい。クラッククライミング用として作られているものが一般にアルパインクライミングには向いている。ベルクロやスリッパタイプはやわらかいので、足の力が充分にできていない初心者は疲れてしまうだろう

アプローチ用の靴は、ザックに入れて登る場合があるので、できるだけ軽量・コンパクトで、なおかつ滑りにくいソールを備えたものがよい。一方、剱岳のようにアプローチに雪渓がある山岳地帯のルートを登る場合は、アイゼンがつけられて、しかも軽めの靴が欲しいところだ。キックステップができるくらいの硬めのソールを備えた靴なら理想的だ。

■ウェア

上半身は、厚手のものを1枚着るより、薄手のものを重ね着するほうが、さまざまな気温やコンディションに対応しやすい。基本的には長袖で、襟のあるもの、そしてストレッチが効いて動きやすいものがいい

パンツは、ストレッチ性が高く足上げがしやすいものがよい。軽量・速乾素材のものが体にまとわりつかず、クライミング時に快適だ

■レインウェア

雨に降られたときのために、軽量なレインウェアを持っておきたい。レインウェアには防風性もあるので、防風・防寒着にもなる

■防寒着

フリースや薄い中綿入りジャケットなど。登攀中に冷え込んだときに羽織れるもの。軽くてコンパクトなものがいい

ウェア

近郊の岩場で練習するときの服装は、基本的には動きやすいものであればなんでもいい。とはいえ、ケガから体を守る意味から、シャツとパンツは長めのもので、軽く、速乾性のあるものが適している。ほどよく伸縮性のあるウェアなら、クライミングの動作が妨げられることもない。また、シャツは首すじを保護してくれる襟付きのものが安心だ。

標高の高いところにある岩場や、山岳地帯のクライミングルートを登る場合には、登山の服装に準じたものが必要になる。基本的には、薄手で保温性のあるウェアを2枚ほど重ね着したうえに、寒いときに羽織るウェアを1枚、さらに防寒・防風も兼ねたレインウェアを持つといい。

場所によっては、夏でも急激な天候の変化に対応した装備が必要となり、保温性も大切な要素となる。ときには岩壁の途中で雨に降られ、そのなかで行動することだってあるかもしれない。短パンにTシャツではやはり不安だ。どんな状況にも対応できる服装や装備が、精神的に余裕をもたせてくれるものである。

一般登山用具

本当に必要なものだけを厳選すべし

■ザック

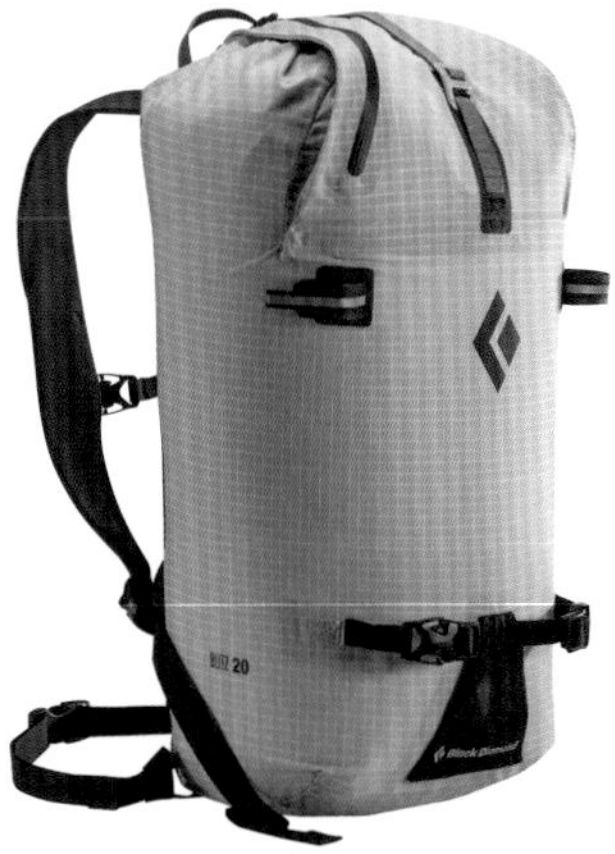

容量20ℓのアタックザック。ワンデイのクライミングにはちょうどいい容量。クライミングを想定して作られているモデルなら、ロープやアイスツールも持ち運べる

容量38ℓのクライミングザック。ビバーク用具などを含めて、ほぼすべての荷物を収納することができる。ロープやアイスツールなどのホルダーの有無にも注目したい

■ビバーク用具

左から、小型コンロ&コッヘル、シュラフカバー、ツエルト。シュラフカバーは夏ならば省略してもビバークはできる

ダブルギアラックと小型パックが一体になったもの。行動食と水くらいは入る容量があるので、3〜4ピッチ程度のマルチピッチルートを登るときは最適だ

アルパインクライミングをするうえで必要な一般登山用具について、簡単にふれておこう。

■ザック　1日のクライミングに適した容量は20〜25ℓ程度。できるだけ軽く、クライミングギアのキャリー機能が充実したものが便利だ。背面のマットを外してビバークマットとして使えるものもある。幕営用具も入れるときや、冬季の使用ではこれでは足りないので、30〜40ℓほどのザックが必要になる。こちらも、ギアの携行機能が充実したクライミング用のものが各メーカーから多く発売されている。

■軽量コンロとコッヘル　できるだけ小型のもので充分。超軽量ツエルトとともに、ビバークがずいぶん楽にできるようになった。

■ビバーク用具　万全を期するならツエルト、シュラフカバー、コンロ、コッヘルがあると安心。季節や経験に応じてシュラフカバーは省略してもいい。最低限必要なのは、ツエルト、コンロ、非常食、飲み物関係ぐ

■一般用具

主な装備一例。❶地図&ルート図　❷コンパス　❸水筒　❹日焼け止めクリーム　❺サングラス　❻ヘッドランプ　❼ナイフ　❽ライター（電子着火式は不適）

■携帯電話

事故のときなどの救助要請に欠かせない。予備のバッテリーや、通話範囲を調べておくことも忘れずに

■救急用品

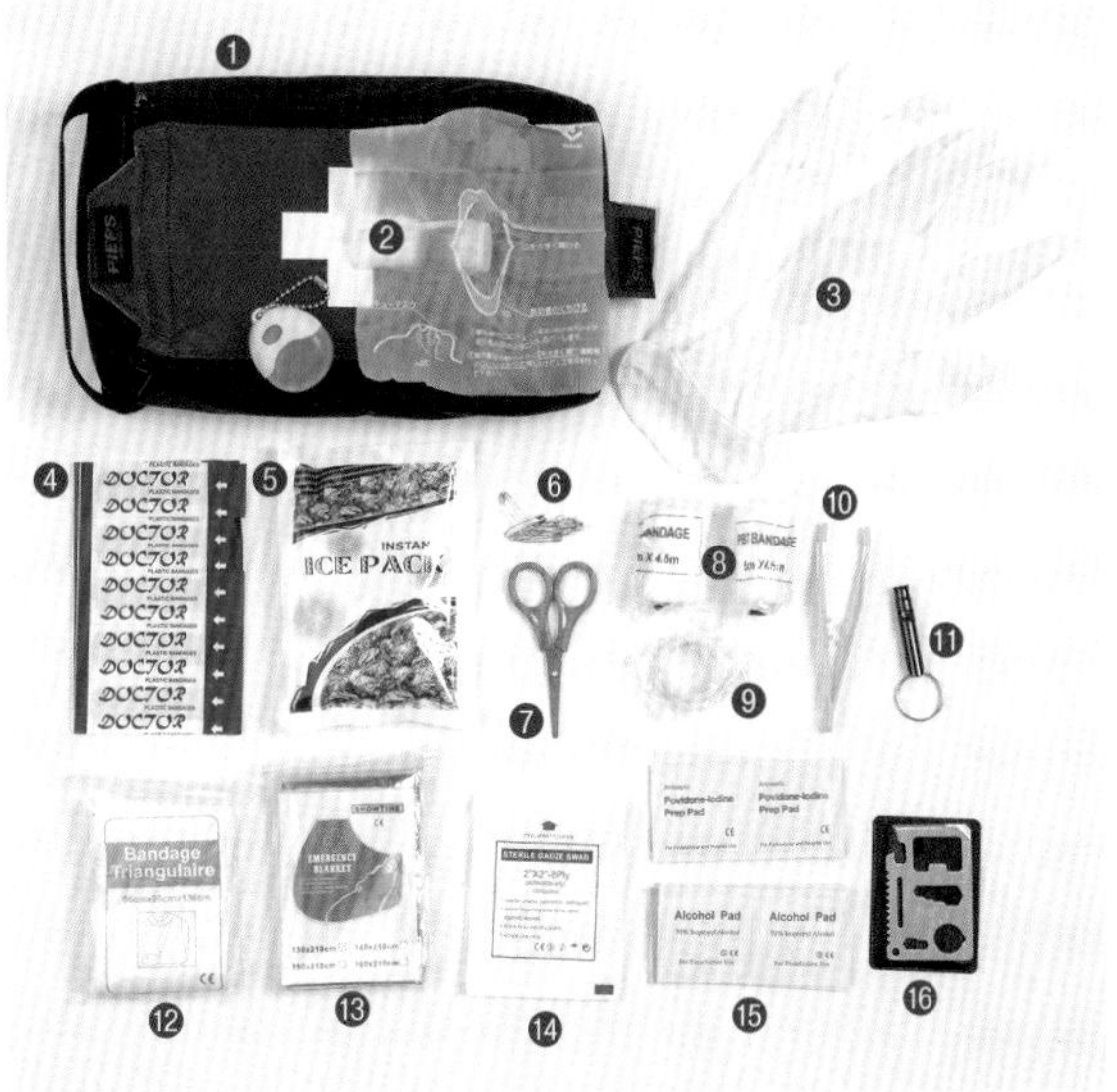

救急用品の一例。❶収納ポーチ　❷人工呼吸用マウスシート　❸医療用手袋　❹絆創膏　❺冷却剤　❻安全ピン　❼小型ハサミ　❽包帯　❾サージカルテープ　❿ピンセット　⓫ホイッスル　⓬三角巾　⓭エマージェンシーシート　⓮滅菌ガーゼ　⓯消毒パッド　⓰マルチツール

■テーピングテープ

ジャミング用としてだけでなく、ケガの手当て、壊れたものの修理など多目的に使える。幅40mm程度のものを1個常備しておくとよい

らいだ。

■ヘッドランプ　どんな場合でも欠かせない。LEDの進化により、クライミング用ヘッドランプなども開発されている。

■ナイフ　なんらかのアクシデントがあったときにロープやスリングを切断できるものを持っておいたほうがよい。小型のもので充分である。

■救急用品　救急用品はメンバー各自が持っていることが大切だ。三角巾は2個使うことが多く、大きいケガなら、包帯もすぐに2～3巻使ってしまう。負傷者が救急用品をザックの奥に入れていて取り出せなかったり、ザックを落としてしまうなど、さまざまなシチュエーションが起こりうるので、やはり多めに用意しておいたほうがよい。エマージェンシーシートなどといっしょにポーチにまとめておこう。

■通信手段　携帯電話は電池切れにならないように、予備のバッテリーを忘れずに。また、目的とする山域の通話可能範囲を、あらかじめ調べておこう。通信手段を用意しておくことは、一般クライマーがすぐに実行できる遭難対策として重要なことである。

エイドクライミング・レスキューギア

さらに高みをめざすために

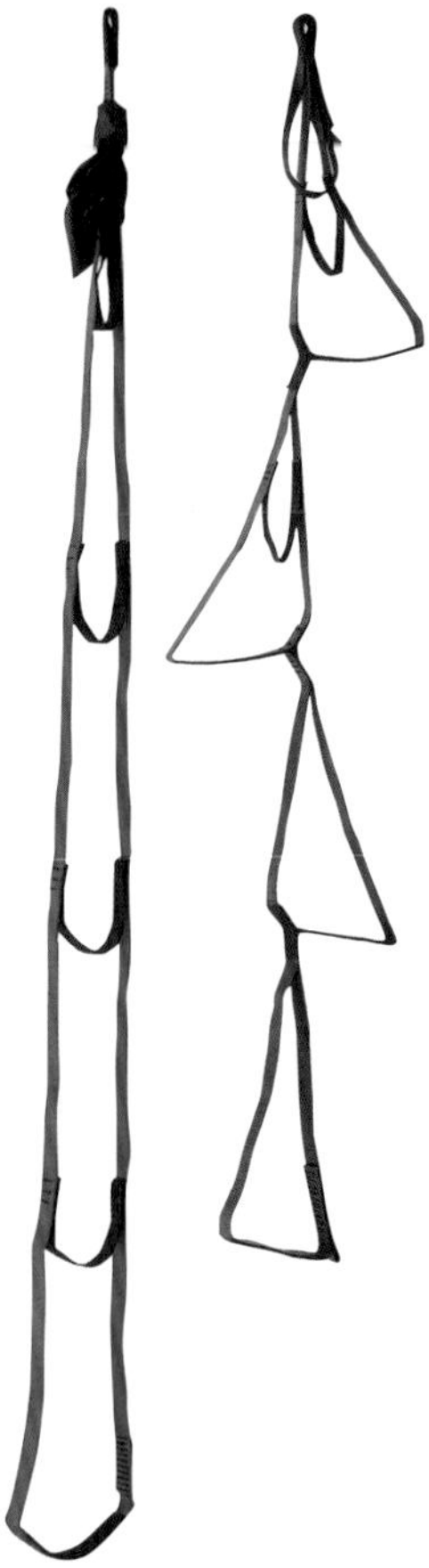

■アブミ（エイダー）

エイドクライミングで使う簡易ハシゴ。振り分けタイプ（右）とラダータイプ（左）があり、日本ではラダータイプのほうが一般的。時間がかかるビッグウォールでは、段数の異なる振り分けタイプを使うと登りやすい

■フィフィ

これをハーネスに取り付けておくと、エイドクライミングのときに素早く支点にかけてレストすることができる。アブミとセットで使いたい

■トライカム

エイドクライミング用というわけではないが、上級者に愛用者が多いプロテクションギア。カムとナッツの中間的な機能をもち、シンプルでコンパクトだ

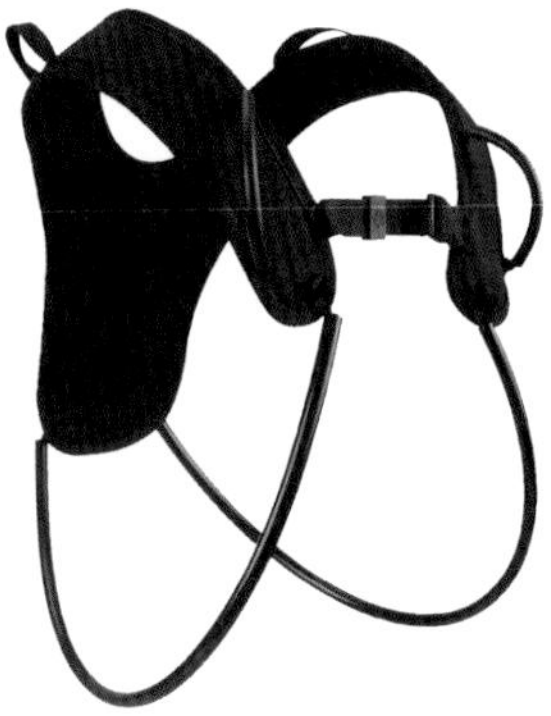

■ギアラック

多くのギアを使うビッグウォールクライミングや長いクラックルートなどでは、ギアを左右に振り分けてラッキングできる背負い式のダブルギアラックが便利だ

■アッセンダー

フィックスしたロープを登るための器具。ビッグウォールクライミングなどでは、フォローはこれを使って登り、時間短縮を図る。左右で対になっており、セットで使う。また、左下のような超小型タイプもある。これは非常に小さくて軽いので、万一のとき用に常時携行するクライマーもいる

■ビレイグローブ

素手より確実なビレイができるので、エイドクライミングに限らず一般的に使われている。懸垂下降のときも、これを着用しているとかなりラクに下降することができる

エイドクライミング（人工登攀）では、ピトンやボルトなどの支点にアブミをかけて、それに乗って登る。ここで必要な装備はアブミとフィフィが中心。フィフィは、アブミに乗ったときハーネスと支点を連結し、支点にぶら下がって休めるようにするためのもの。このふたつだけで登れるルートもあるが、さらに進んだエイドクライミングでは、さまざまなプロテクションを選びながら自分で支点を設置し、それにアブミをかけて登っていく。

ビッグウォールやセルフレスキューとなると、さらに専門的な用具が必要になってくる。活躍機会は多くはないかもしれないが、より高度かつ専門的なアルパインクライミングを志す人は、これらのギアの使い方にも習熟しておこう。

そのほか、ビレイグローブのように、かつては一部の人しか使っていなかったが、すっかり一般的になったものもある。道具は常に進化している。研究を続けよう。

Part 2

基本技術

ロープの結び方

クライミング技術の土台

ロープを結ぶにはいろいろな方法があるが、ここでは特にアルパインクライミングで使うものについて取り上げていきたい。

大きく分類して、1本のロープで結び目を作ることを「ノット」といい、異なるロープ同士を結ぶことを「ベンド」、そしてロープをカラビナや木などほかのものと連結することを「ヒッチ」という。ポイントは、その状況による結び方をしっかり覚えるということである。ボウライン（ブーリン）ノットのように、間違えた場所に荷重をかけると重大な事故を引き起こす結び方もある。

ロープの結び方には多くの種類があるが、アルパインクライミングの現場（冬山の自然条件が厳しいなかやレスキューの場面など）でスムーズに使うことができなければ意味がない。それには、まず自宅で練習し、そして岩場でも練習して、手順を考えずとも結べるくらいになるまでマスターし、完全に自分のものとして身につけたい。

■8の字結び

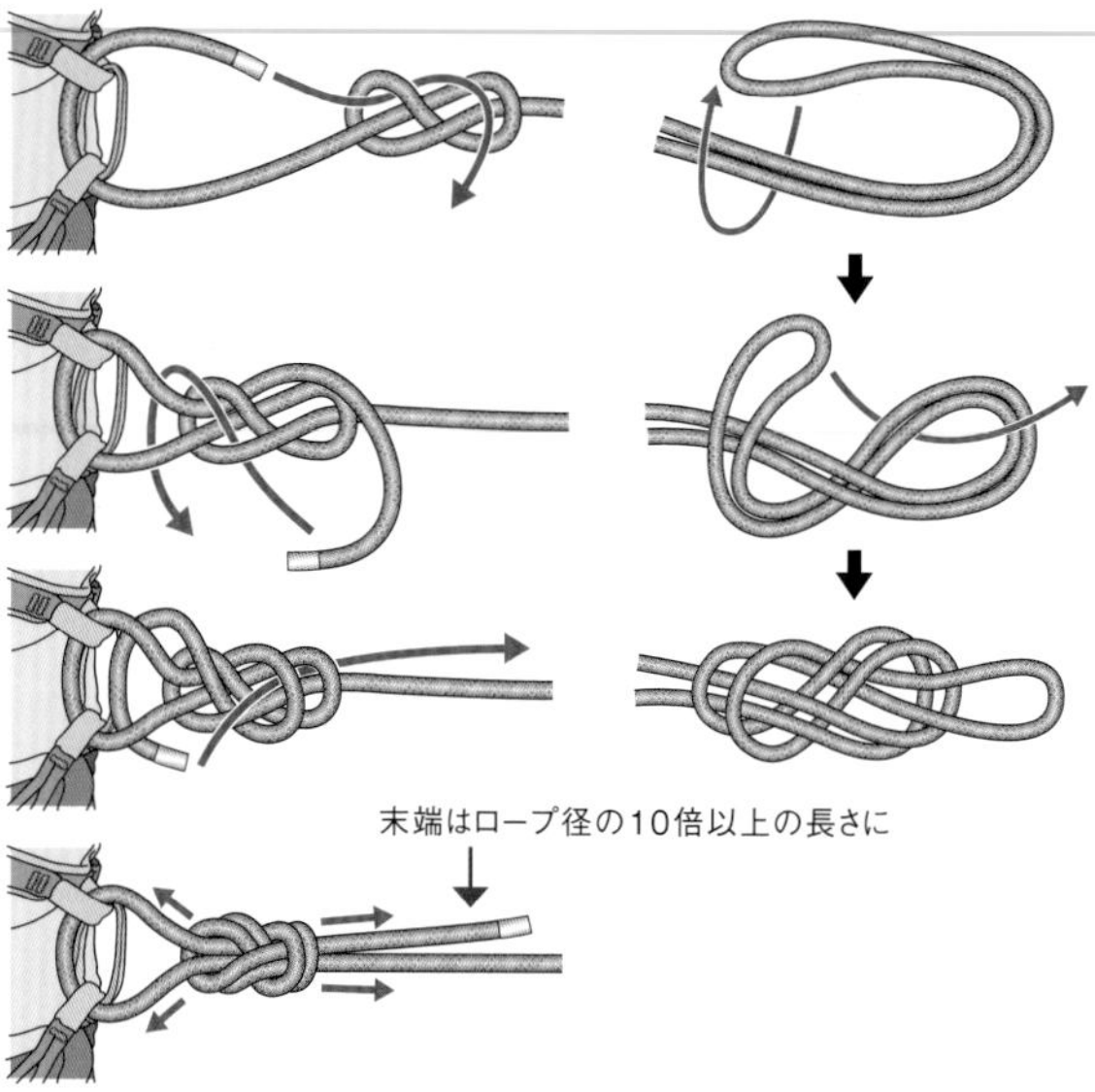

用途
- ロープをハーネスに結ぶとき
- アンカーを作るとき

ロープの固定やアンカーの固定分散などに用いられるのが右（フィギュアエイト・オン・ア・バイト）。ハーネスとロープの結束に用いるのが左（フィギュアエイト・フォロースルー）。2本のロープがねじれずにきれいに並んだかたちに結ぶのがポイント

■クローブヒッチ

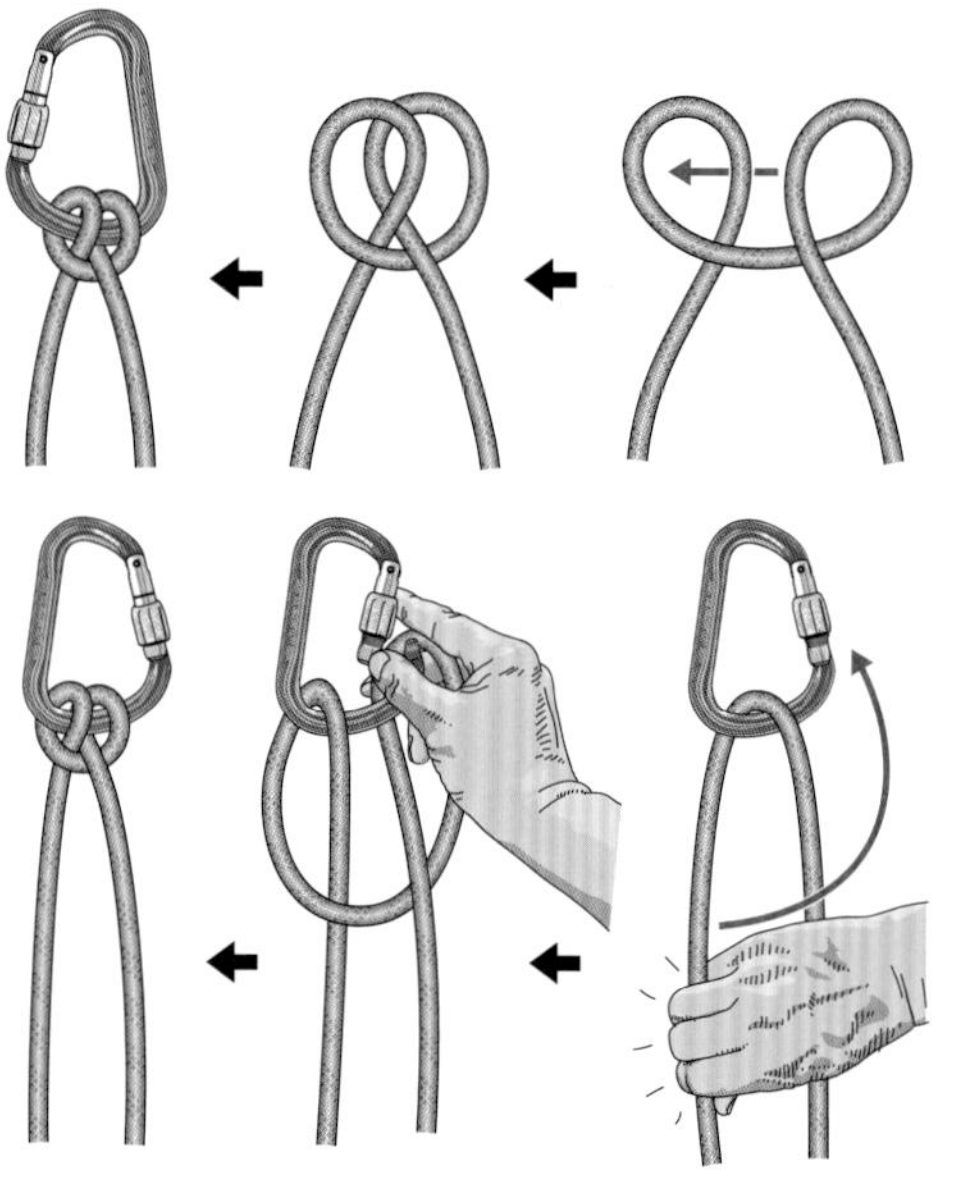

用途
- セルフビレイをとるとき
- アンカーを作るとき

マルチピッチでのビレイポイントで、メインロープを使ってセルフビレイをセットするときに用いられる。結んだあとでも長さ調整が簡単にできるので多用されている。慣れれば下の図のように片手でも結ぶことができるので、狭くて不安定な場所でも素早く結べて便利。インクノットともいう

■ダブルフィッシャーマンズベンド

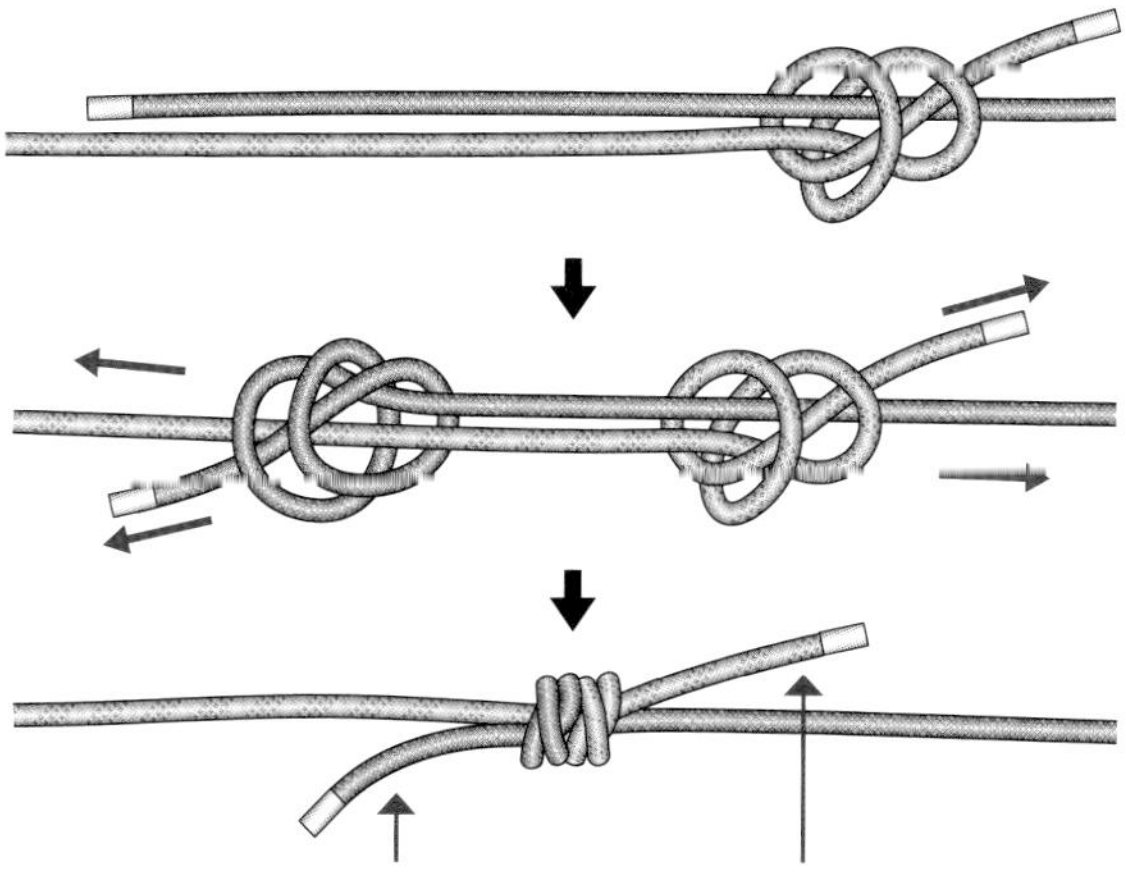
末端はロープ径の20倍以上の長さを残す

用途
・ロープを連結するとき

ロープでループスリングを作るときや、レスキューなどでロープとロープを強固に結ぶときに用いられる。懸垂下降で、径の違うロープ同士を結ぶ場合にも用いられる。確実な連結ができるが、欠点は結び目がほどきにくくなること

■フレミッシュベンド

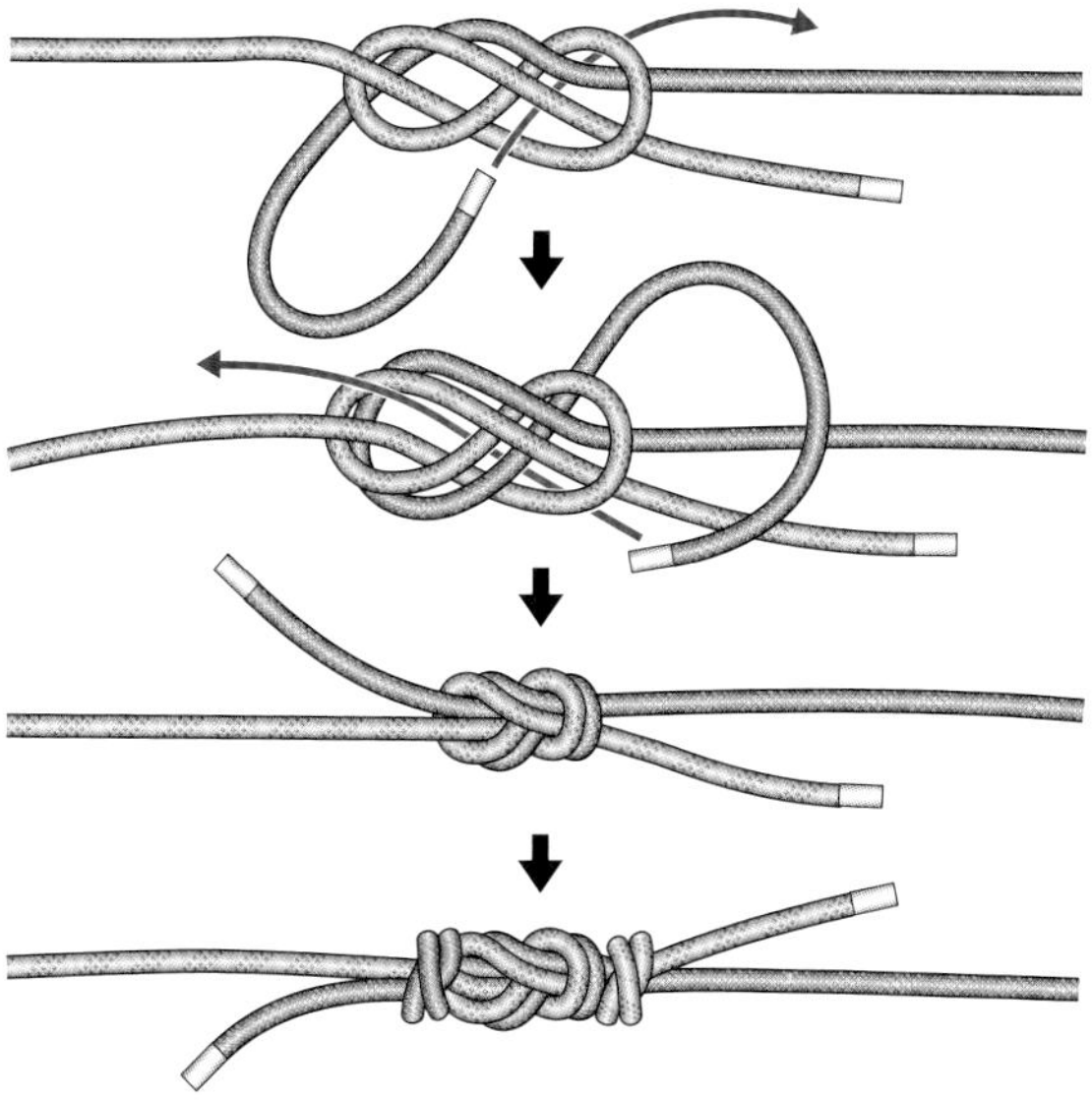

用途
・懸垂下降時に2本のロープを連結するとき

2本のロープをエイトノットで連結する方法。一方のロープで8の字を作り、他方のロープの末端を結び目に沿わせるように通し、ダブルフィッシャーマンズノットでバックアップする。冬季登攀で凍っても比較的ほどきやすく、また信頼性も高い

■フラットオーバーハンドベンド

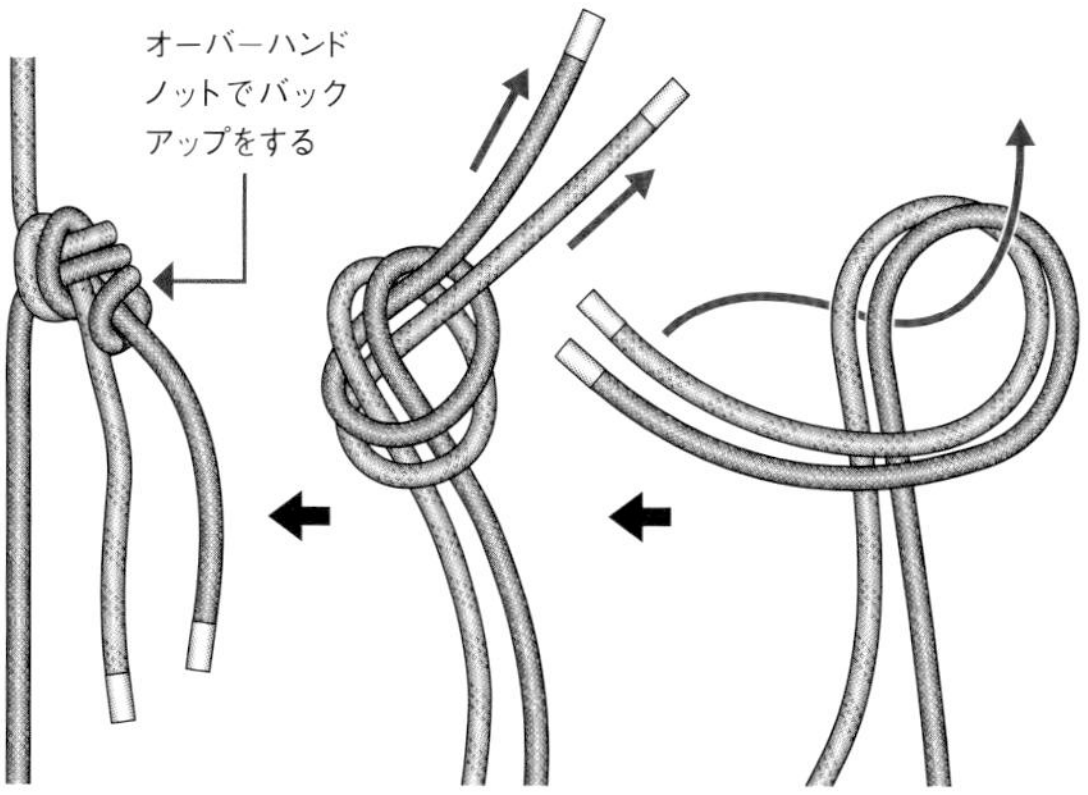

用途
・懸垂下降時に2本のロープを連結するとき

懸垂下降で2本のロープを連結するときに用いる結び方。回収時に比較的引っかかりにくく、結び目もほどきやすいので、通常の懸垂下降ではこの方法が近年一般的になっている。結び目のゆるみ防止にオーバーハンドノットでバックアップを作る

■フリクションヒッチ

用途
- ロープ登高をするとき
- 懸垂下降時にバックアップをとるとき
- レスキューのとき

レスキューや懸垂下降でのバックアップで利用する結び方。メインロープにスリングを巻きつけることで、移動も固定もできるというもの。使用するスリングは、フリクションヒッチ用のロープ（プルージックコード）をダブルフィッシャーマンズベンドで作成するか、市販されているソウンスリングがよい。2本あると便利

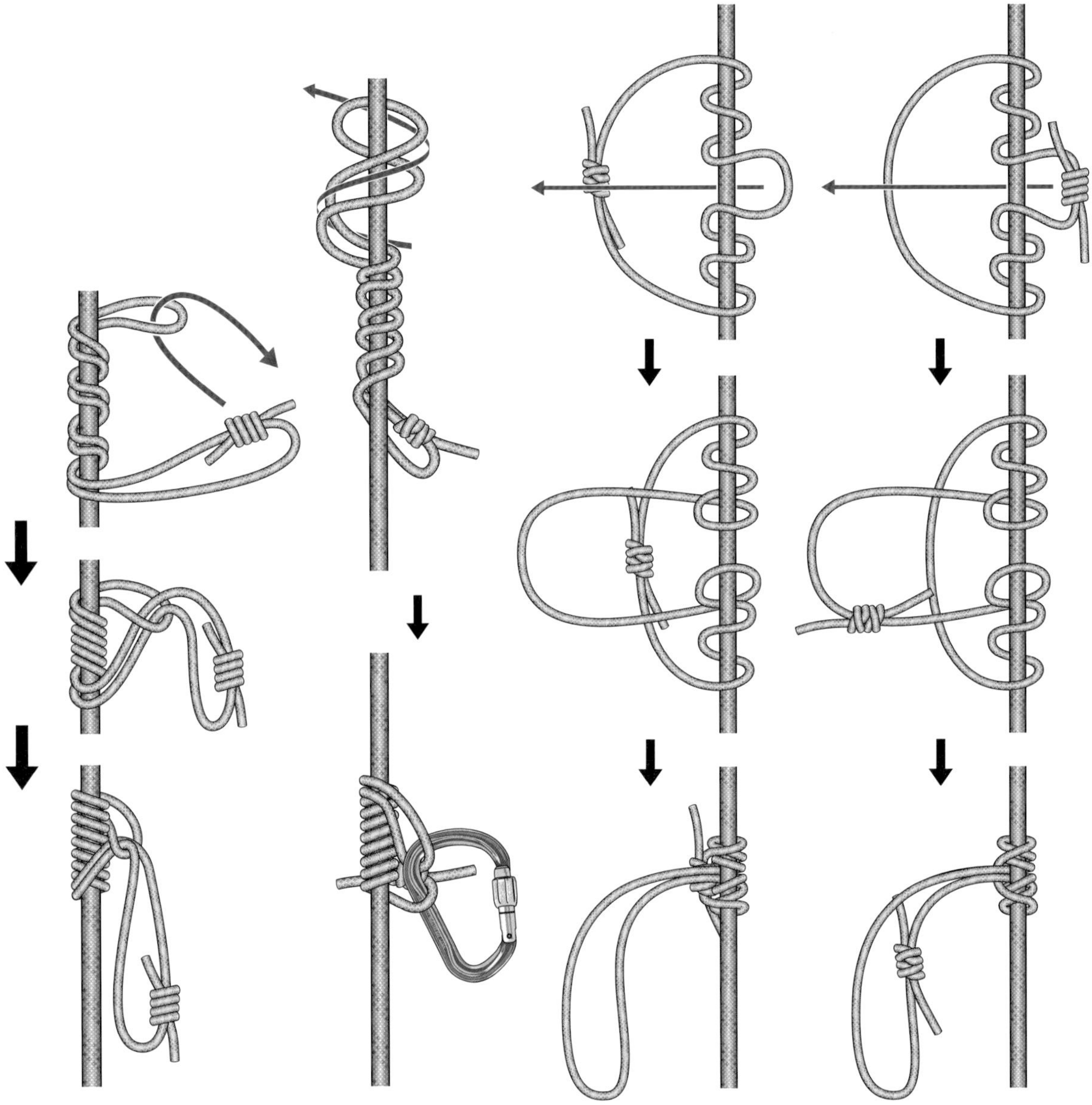

■クレムハイスト

オートブロックと同じ巻き方だが、最後はループを通して引き締める。フリクションヒッチのなかではいちばん強いフリクションが得られるが、動かしやすさでは劣る。レスキューや自己脱出など、しっかり止めたいケースで用いられる

■オートブロック

スリングを4〜5回巻きつけ、両側のループをまとめて安全環付きカラビナをかける。巻き数を調整することでフリクションを変えられる。懸垂下降や自己脱出など、動かしたり止めたりを頻繁に行なうケースに用いられる

■ブリッジ プルージック

普通のプルージックとは結び目の位置を逆にして巻きつけたもの。結び目がメインロープに密着するような位置にくるのが特徴。巻くのに慣れが必要だが、普通のプルージックより結び目が締まりやすく、かつ動かしやすい利点がある

■プルージック

スリングの結び目を持ってメインロープに3〜4回巻きつけ、反対側のループに通して引き抜く。慣れると片手でも結ぶことができる。締め込むときに結び目の位置を図のように少しずらしておくと、カラビナがかけやすくなってスマート

■リングベンド

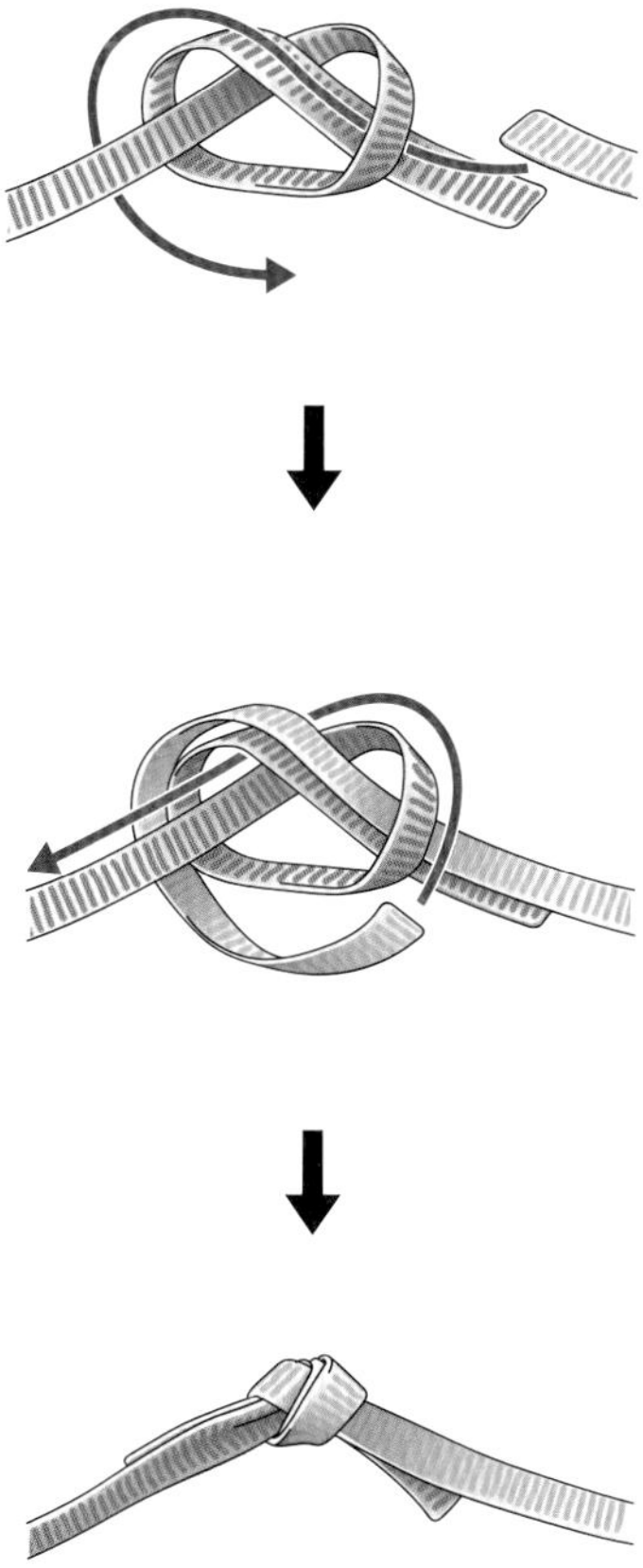

用途
・テープを結ぶとき

テープでスリングを作る結び方。止め結びを作り、もう一方を沿わせるようにして結ぶ。ロープで作ると少しずつゆるんでくるため、ロープでリングベンドを結んではならない

■バッチマン

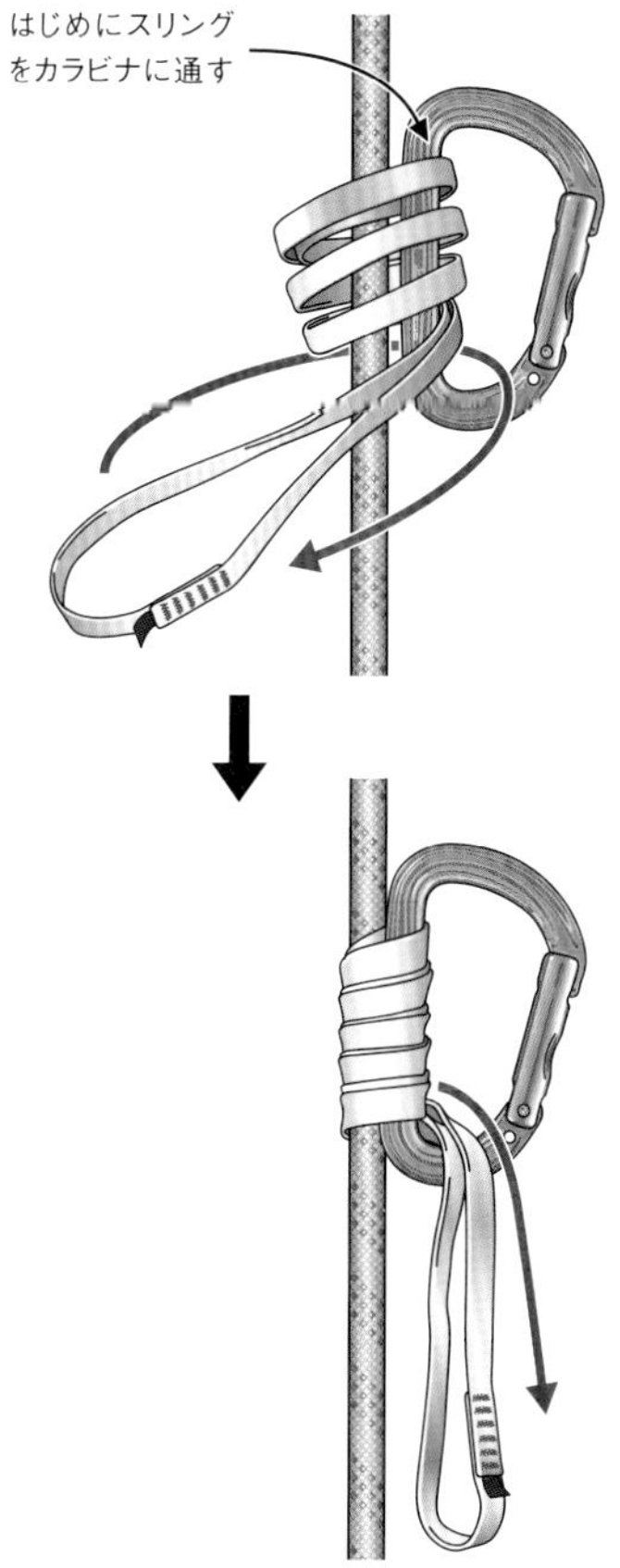

用途
・ロープ登高をするとき

フリクションヒッチの一種。メインロープとカラビナの長軸を合わせて、スリングを巻きつけて固定する。引き出したスリングの末端を引くと下方向にのみ制動がかかり、カラビナを持って結び目を動かすことができる

■ガルダーヒッチ

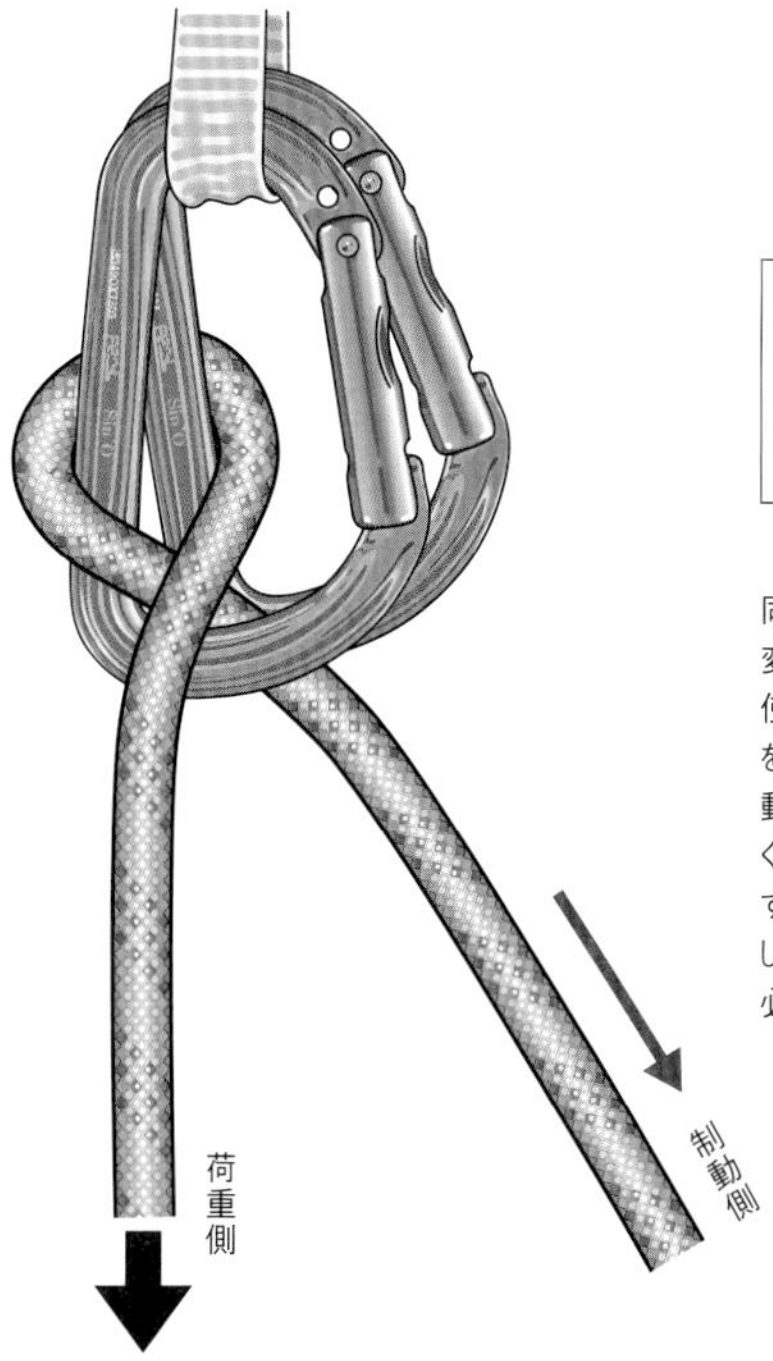

用途
・ビレイ
・荷上げ

同じ大きさのD型または変形D型カラビナ2枚を使い、カラビナでロープをはさむことによって制動を得る。セットが素早くできて引く動作はしやすいが、ゆるめるのは難しい。操作には熟練が必要

■ムンターヒッチ

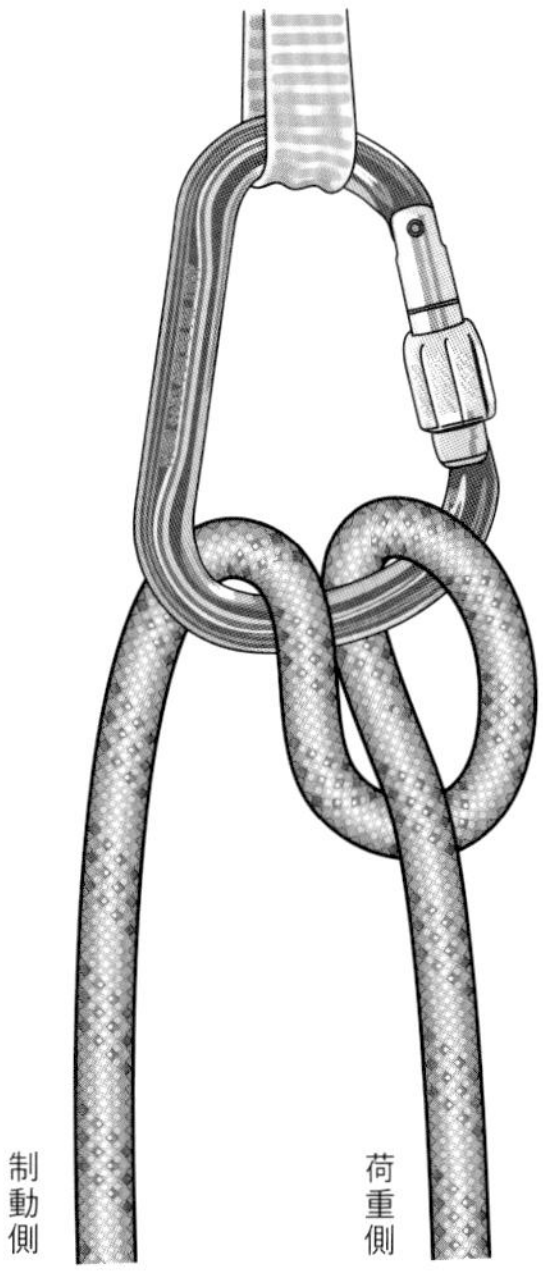

用途
・ビレイ
・懸垂下降

ロープを図のようにカラビナに結ぶことで、ビレイデバイスなしでフォロワーのビレイや懸垂下降をすることができる。強い制動力を得られるが、ロープが傷みやすくキンク（よじれ）しやすいのが欠点。イタリアンヒッチともいう

ロープの収納の仕方

現場で意外に重要だ

■ロープの巻き方

ロープを持ち手の両側に交互に振り分けて巻いていく。簡単に巻くことができて、ロープ特有のキンクが生じることがない。写真のように肩にかけて巻くと、長いロープでも腕が疲れにくい。コツは、親指と人さし指の間にロープを持って、滑らせるように巻いていくことである

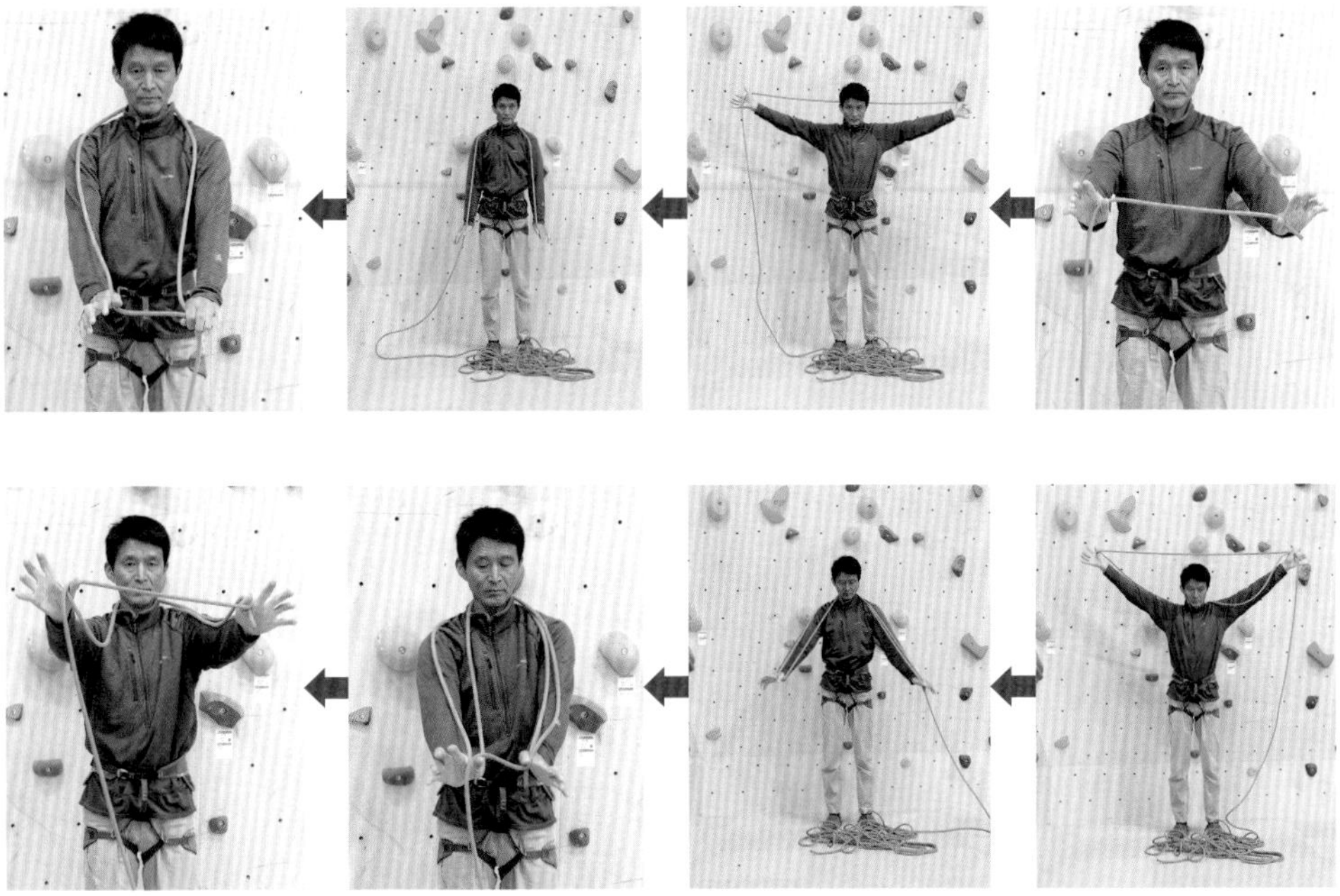

■末端のまとめ方

巻き終わりの先端を1回折り返し、その上に、巻き始めに残しておいた末端を直角にクロスさせて、ロープの束全体を巻いていく。4～5回巻いたら、折り返したループに末端を通して締め、本結びで留める

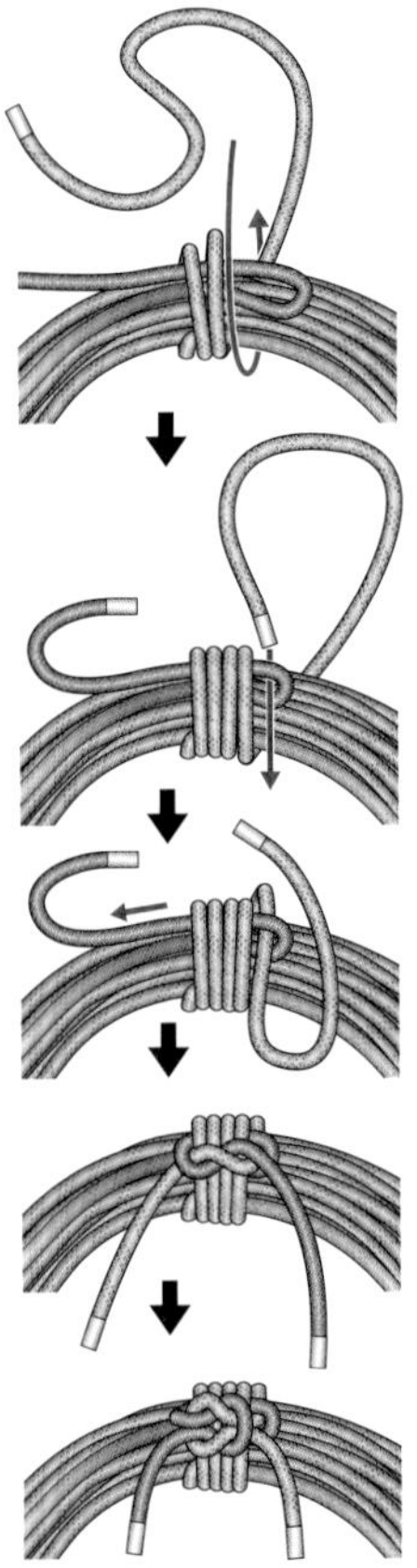

ロープを素早く出したりしまったりできることは、アルパインクライミングの現場で意外と重要なことである。ロープはからまりやすいので、きれいにしまっておけばスムーズにロープが出せてタイムロスも少ない。

ロープを巻くには、振り分けて巻く方法とループに巻く方法があるが、ループ状に巻くとキンク（よじれ）が起こりやすい。通常の収納時は振り分け式が望ましく、コンティニュアスで行動するときなどにループ巻きを使うことが多い。ロープが傷ついていないか、指と目で確認しながら巻いていくのも大切である。

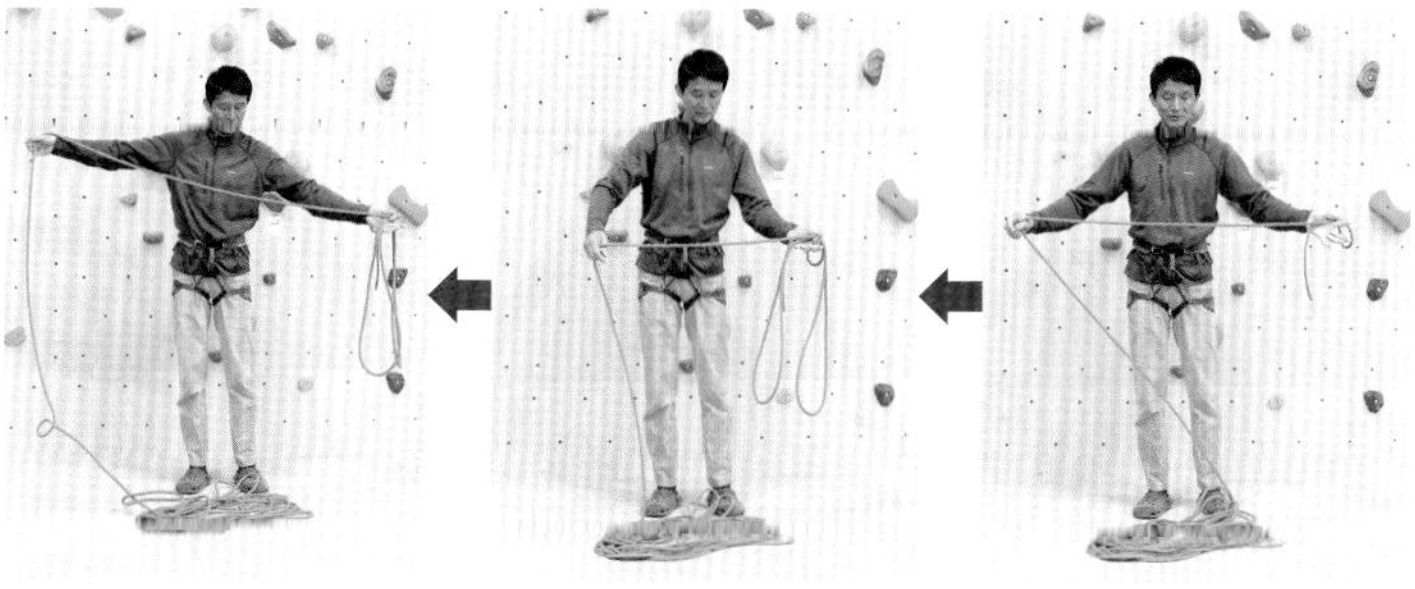

■片手に持つ巻き方

肩にロープをかけず、片手に持ったまま巻いていく方法もある。ロープが重いと腕が疲れてくるが、肩にかけるより若干動作がコンパクトで素早く巻けるというメリットがある。両腕を広げた長さで左右に振り分けながら巻いていく。末端のまとめ方は肩掛け式と同じ

■ループにする巻き方

レスキューやコンティニュアスで使うときが多いが、キンクさせないできれいに巻くにはコツが必要。まずはロープの末端を50cmほど残して巻き始め、キンクしないようにひねりながら80cmぐらいの直径になるように巻いていく。末端のまとめ方は振り分け式と同じ

束のほうにねじりながら乗せる。数回おきにコイルの向きを入れ替えるとキンクを解消できる

■中間から巻いて背負う方法

ロープ長の半分のところからロープを巻いていき、末端が3～4m残ったところで、ロープの束全体をぐるぐると巻いてまとめる。残った2本のロープ末端を利用してロープを担ぐことができる。ルート途中で長い距離を移動したり、終了点から歩いて下りるときに便利だ

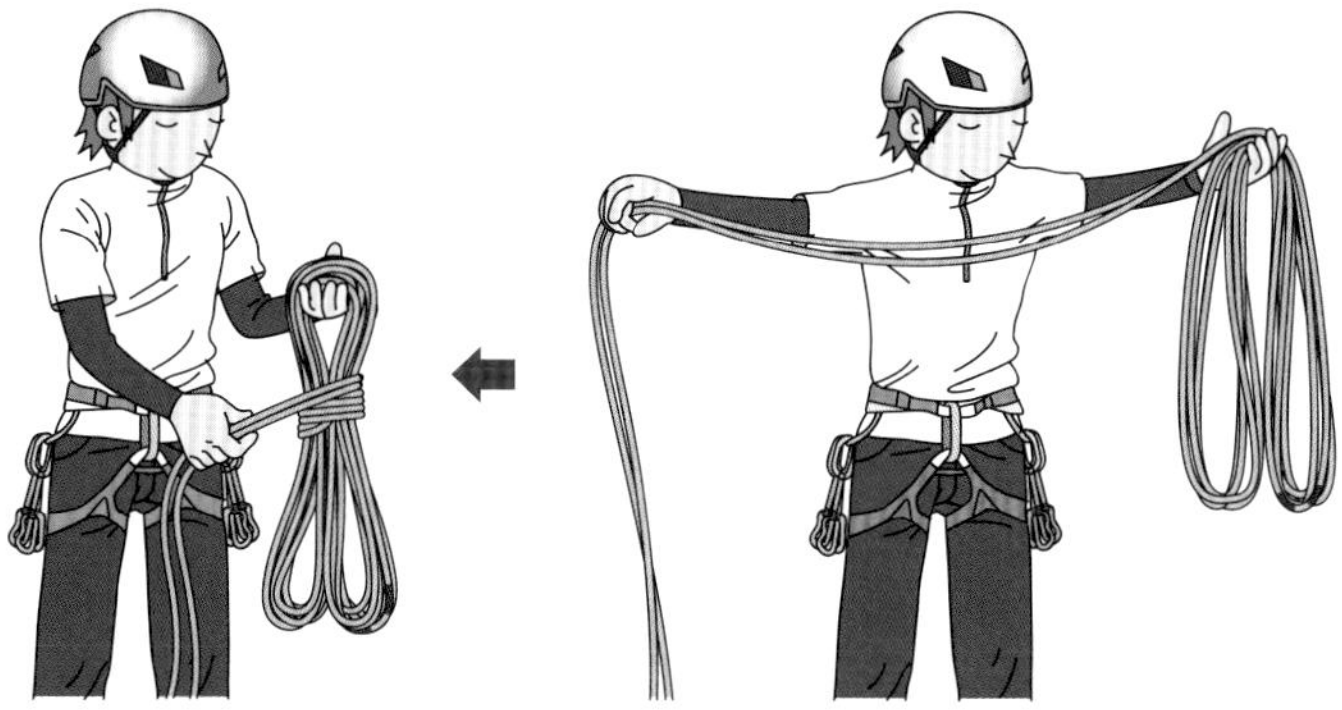

最後の3～4mになったら、ロープの束全体をぐるぐると巻く

ロープ中間から二重にして巻いていく。振り分け式、ループ式どちらでもよい

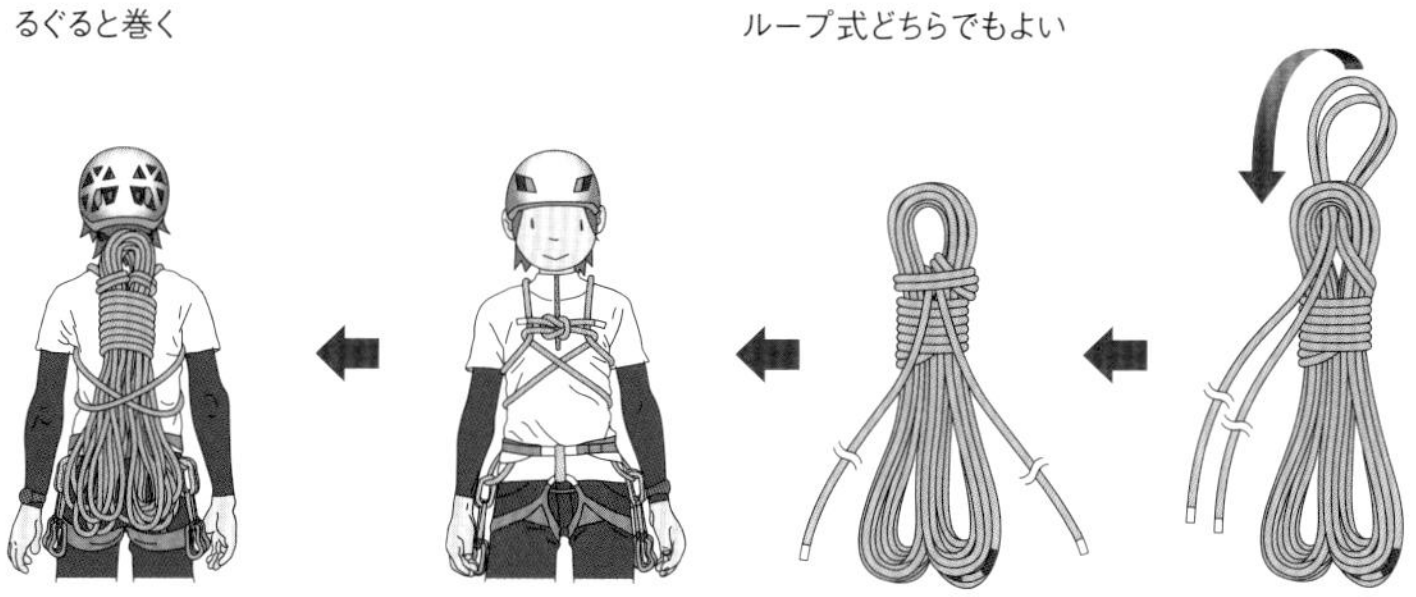

背中に回したロープで束の下部分のブラつきを抑える

ロープの末端を肩から背中に回し、再び前に持ってきて胸の前で結ぶ

束の上の輪に末端を通し、引き締めてまとめる

クライミングの基本動作

本番ルートに行く前に

【ホールドの持ち方の基本】

同じホールドでも、指の位置や持つ深さによって、腕への負担はかなり違ってくる。指のそろえ方を変えたり、手首やひじの角度を変えるだけでも、持ちにくいホールドが保持できるようになる

ハンドホールドの持ち方の基本は、いかに力を使わず保持できるか。はじめはまったく持つことができなかったホールドでも、練習を続けているうちにやがて保持できるようになってくる

【足の置き方の基本】

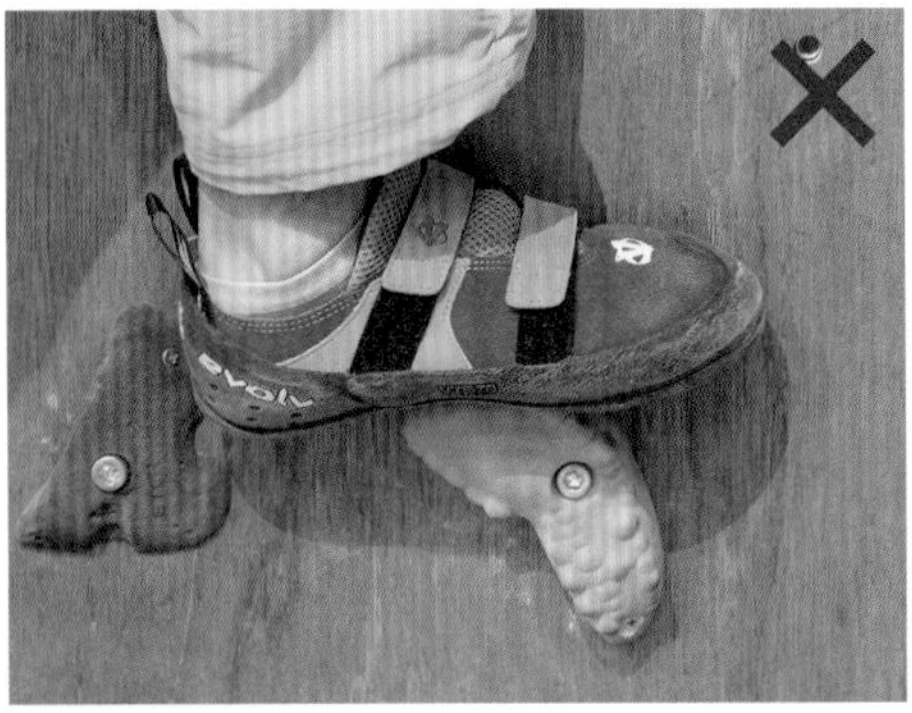

土踏まずの部分でベタッとホールドに立つと、一見、安定するように思えるが、体勢全体としては左の写真のようになり、身動きがとれなくなってしまう。初心者がやりがちな間違い

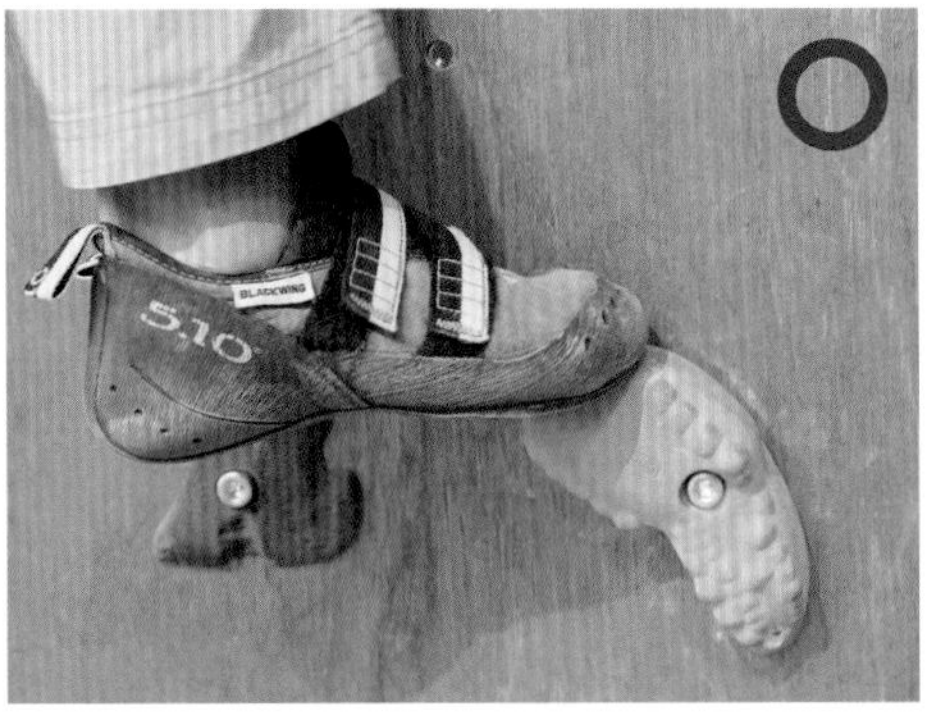

シューズの先端部分で立つ。これができないと、壁のなかで体を自由に動かすことができない。日常生活では、つま先で歩いたり立ったりするとはあまりないが、クライミングではこれが基本

クライミングを始めるにあたり、ホールドを持って保持できるか（体を支えられるか）、ホールドにしっかり立つことができるかが、登る動きを練習する際にまず重要な要素になる。ホールドをしっかりと持ち、クライミングシューズで安定して立つことが、クライミングの基礎の基礎。それがあってはじめてムーブ（動き）の練習ができるのである。

持ち方や立ち方にはそれぞれ特有の技術（コツ）がある。少しの工夫やトレーニングを行なうことによって、今まで持つことができなかったホールドや、立てなかったホールドが使えるようになる。しかし、ここに紹介することは、読んですぐに実践できるわけではない。筋肉が発達し、体全体の使い方も覚えていくうちに、徐々にできるようになっていくもの。焦らず上達をめざしていこう。ここではわかりやすいように人工壁で例を示しているが、岩も基本は同じ。ときにここに立ち返って基礎を確認しよう。

【 さまざまな持ち方 】

■パーミング

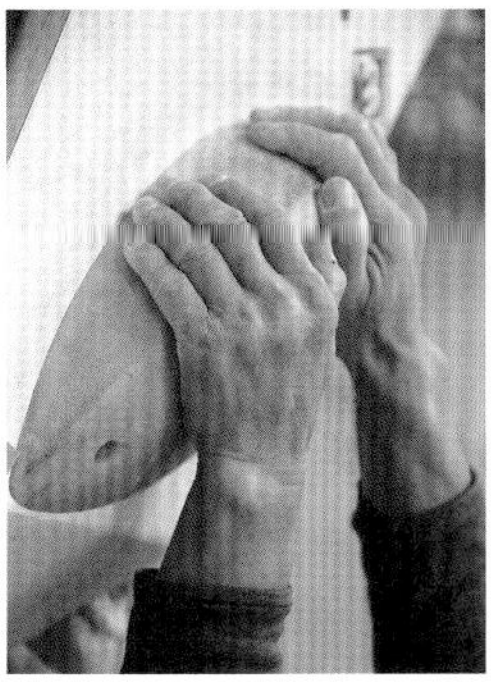

指のかかる箇所がない丸い形状のホールドの持ち方。手のひら全体のフリクションを利用して、押さえつけるようにする

■オープングリップ

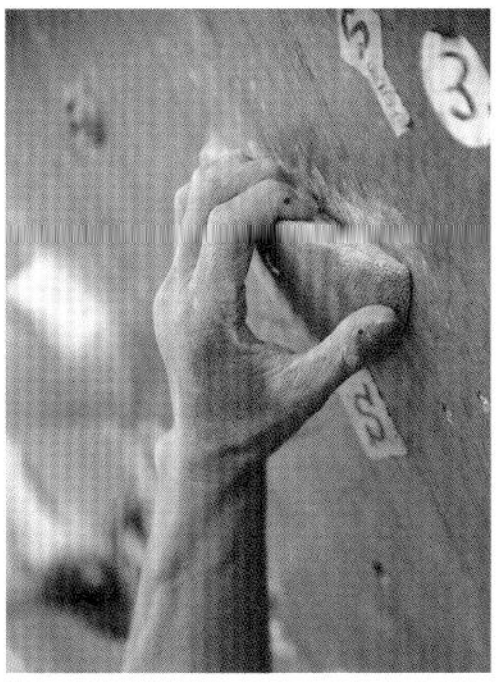

第一関節と第二関節を少し曲げた状態でホールドに添わせるように持つ。指先から第一関節部分に力を入れるようにする

■クリンプ（カチ）

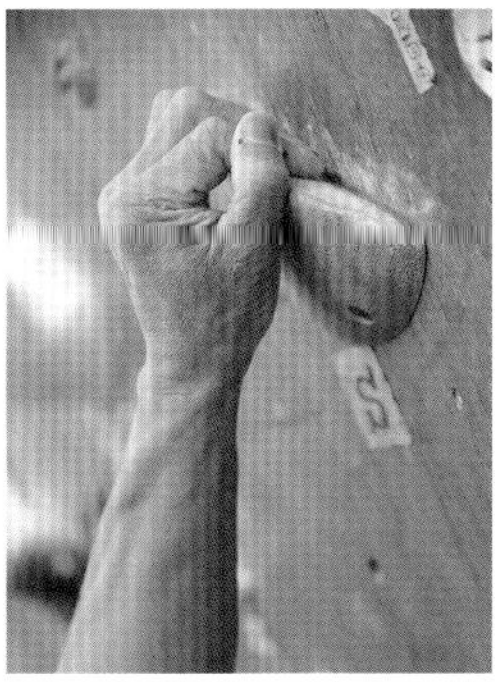

指の先端しかかからない小さなホールドの持ち方。指を立てるようにして密着させる。親指を人さし指の上に乗せると保持力が増す

■ジャグ（ガバ）

深く凹んでいて指がしっかりかかるホールド。指を奥まで深く差し込んで手のひらのフリクションも使い、全体で包むように持つとよい

■サイドプル

縦ホールド（垂直方向）は持ちにくいが、体の中心方向に引っ張るようにすると力が入りやすくなる。重いドアを開けるイメージ

■ポケット

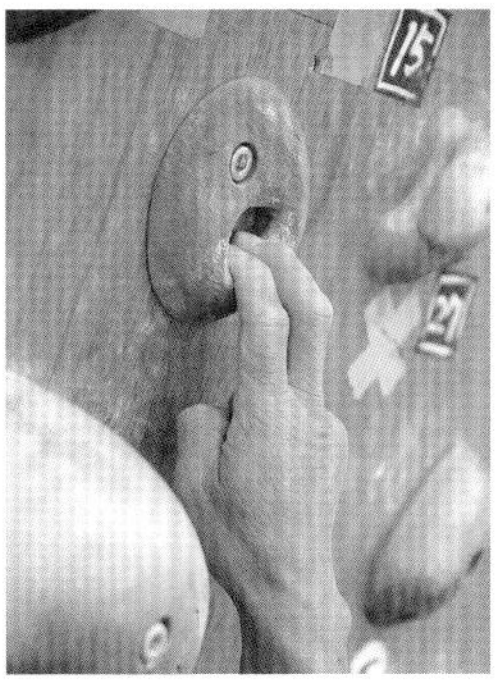

指が1～3本しか入らない穴状のホールドの持ち方。指を痛めやすいので、ある程度筋力がついてからトライするようにしよう

■ラップ

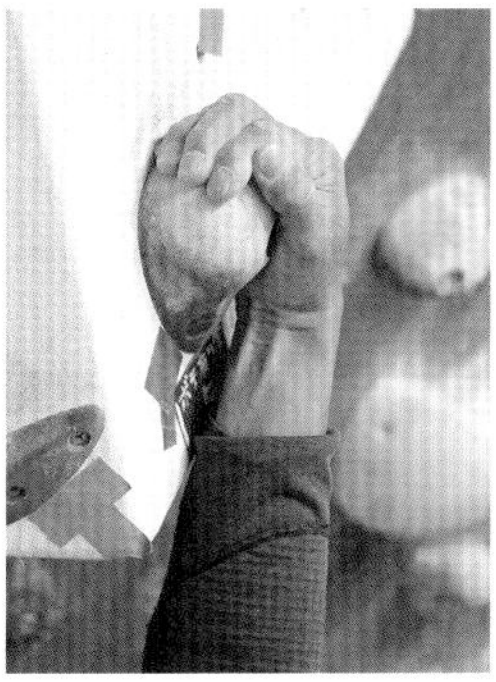

大きめの飛び出たホールドを横から包み込むようにする持ち方。比較的やさしい。深く持ち、手のひらのフリクションも利用する

■ピンチグリップ

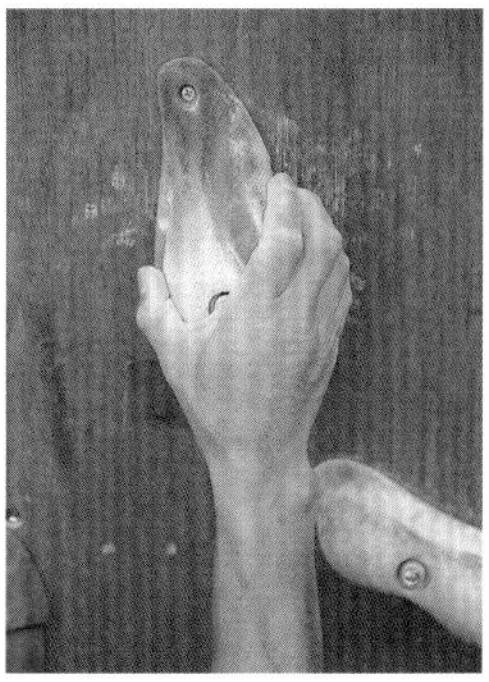

親指とほかの指で挟むように握る持ち方。親指の力が必要で、慣れないと難しいが、高難度ルートでは多用するのでマスターしたい

■持ち替え

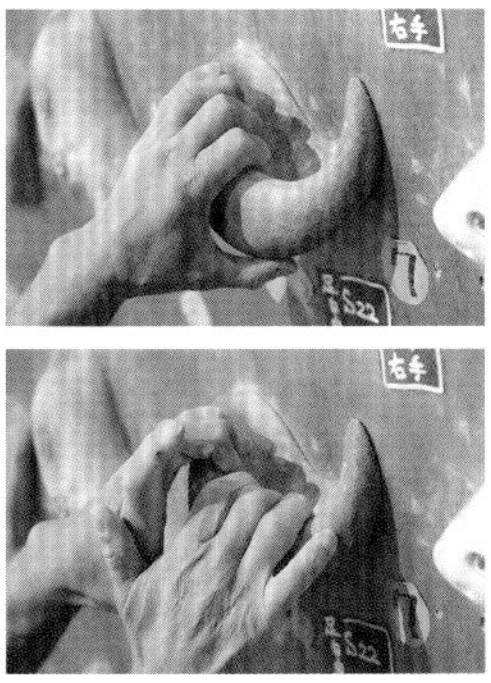

片方の手で持っていたホールドをもう一方の手で持ち替えたいときは、あらかじめスペースを空けて持っておくと持ち替えがスムーズにできる

■アンダークリング

下向きのホールドを持ち上げるようにして持つ方法。ホールドが胸より下にあると力を入れやすいので、体を引き上げると保持しやすい

■プッシング

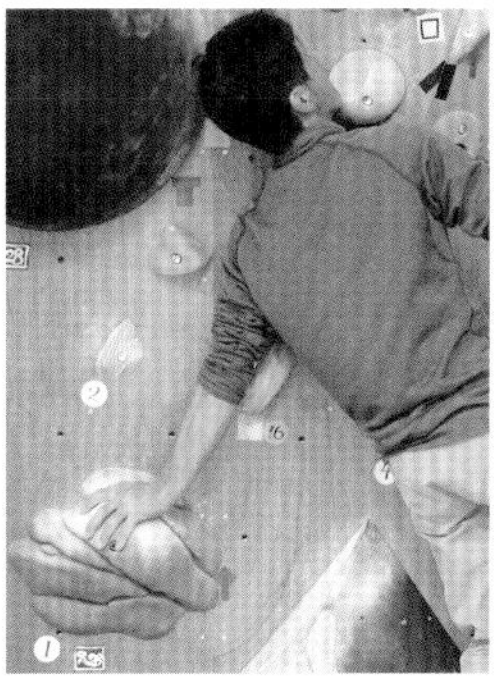

クライミングは引く動作が多いが、押す動作が有効な場合も多い。下にあるホールドに、親指を上にして突っ張ると体を保持できる

■ガストン

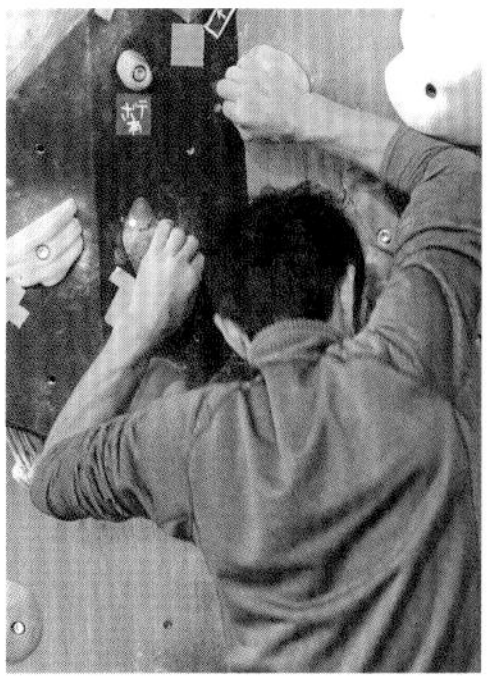

サイドプルとは逆に、縦ホールドを押し広げるようにして保持する持ち方。左右の腕で扉を開くようにするのを「観音開き」ともいう

【 さまざまな足の置き方 】

■フロントエッジ

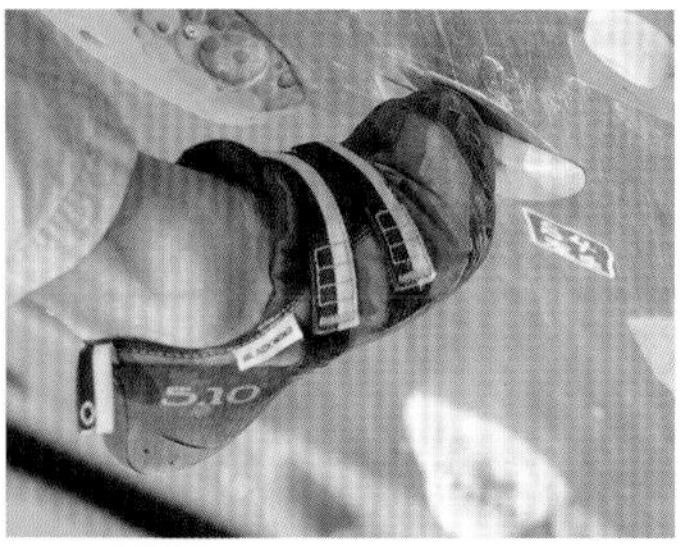

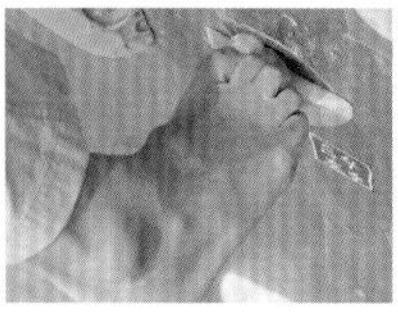

大きめのホールドの場合は、正面から立つほうが安定する。指は伸ばしきらずに、少し曲げてホールドをつかむようなイメージで立つ

■アウトサイドエッジ

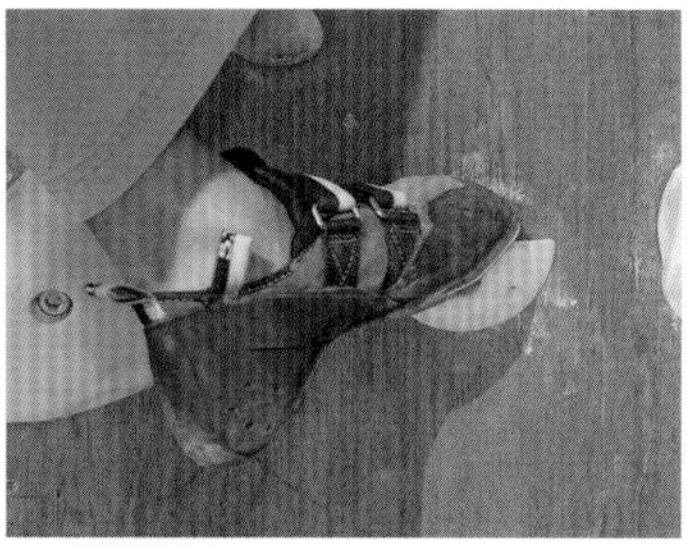

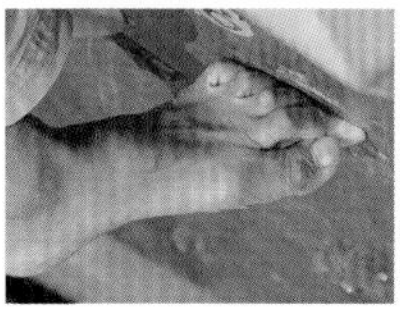

小指側で立つ方法。靴の中で小指から人さし指を曲げて握るようにして力を入れる。この立ち方ができると、こなせるムーブが増える

■インサイドエッジ

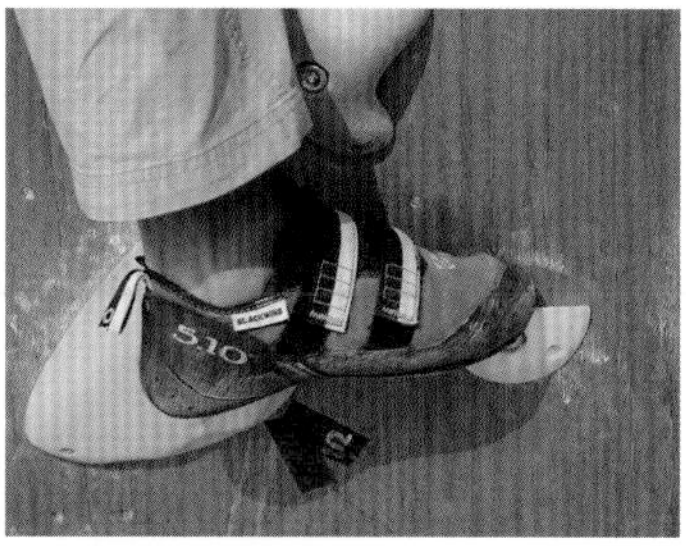

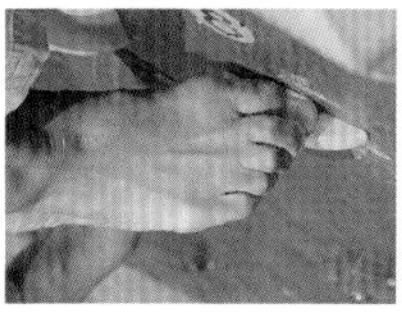

親指の腹部分でホールドに立つ。最も多用する立ち方。はじめは傾斜が90度以下の壁で、片足で全体重を支えられるように練習する

■トウフック

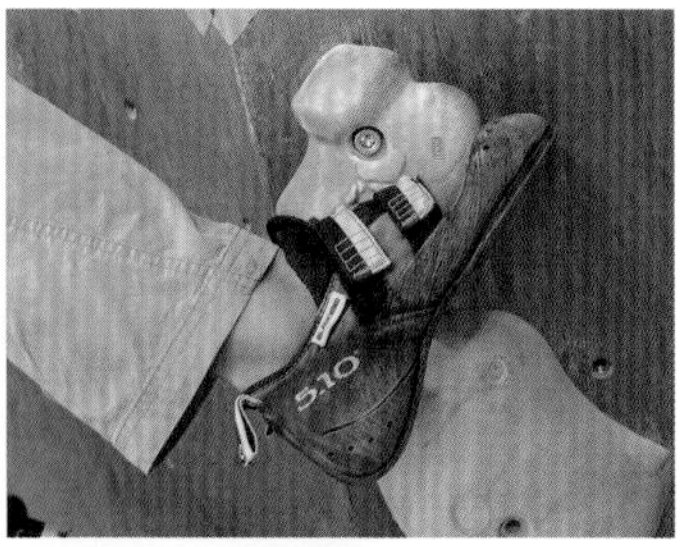

つま先部分を引っかけて体を保持する。ハングなどでは、体が振られるのを止めるために、ヒールフックと合わせてよく使われる

■ヒールフック

かかとを引っかけてバランスをとったり、体を引き上げたりする。腕の負担を減らすことができるのでハングで多用する

■スメアリング

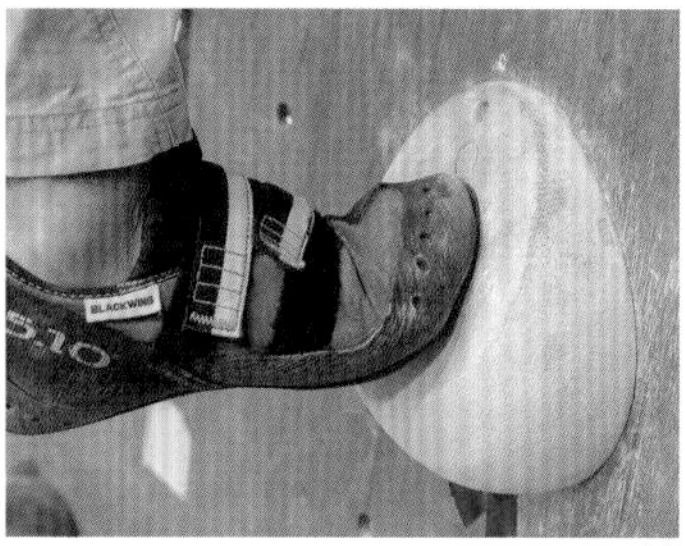

のっぺりした面に立つ方法。靴底を押し当て、ゴムのフリクションを最大限に利用する。しっかり体重を乗せることがポイント

　岩にバランスよく立つには、シューズのつま先で、岩の小さな突起や、滑りそうなフットホールドにも立てるようにならなければならない。はじめは上手に立てなくても、練習を重ねるうちに立てるようになってくる。安定して立てている感覚がつかめるようになると、自然に体全体のバランスも保てるようになる。

　足の使い方のテクニックにはさまざまなものがあるが、アルパインクライミングの現場で多用するのは次の3つだ。

①エッジング

　岩のエッジに立つ方法で、足の親指側で立つインサイドエッジと、小指側で立つアウトサイドエッジがある。

②スメアリング

　スラブなどののっぺりした岩に、靴底のゴムのフリクション（摩擦力）を利用して立つ方法である。つま先はまっすぐ岩に向ける。岩が濡れていたり、靴底が汚れているとフリクションが悪くなる。

③フットジャム

　クラックにシューズをねじ込んでロックさせる。これについては、44〜45ページを参照。

【 3つの基本ムーブ 】

傾斜80度くらいまでの比較的ゆるやかな壁では、ホールドさえあれば、ハシゴを登るように自然に手足を出していけば登れる場合が多いだろう。しかし、傾斜が強くなってきたり、いいホールドが見つからないと、体が思うように動かず、登れない箇所が現われてくるはずだ。

たとえば、足を高い位置に上げて立ち上がる必要のある箇所、腕で体を引き上げるのではなく、押し上げるような動作が必要になる箇所、または、体をねじるようにして登らなければならない箇所など。これらは日常生活ではほとんど使わない、クライミング特有の動作なのである。傾斜の強い岩登りではこの3つは基本となるものなので、しっかり練習しておこう。

ところで、日常的に運動をしていない人はもちろん、山歩きなど上半身をあまり使わない運動ばかりしている人がいきなりクライミングに集中すると、ケガや故障をすることがある。登る練習と併せて、筋力トレーニングやストレッチ、マッサージなどのボディケアもしっかり行なうことをすすめる。

■ハイステップ
（足を高く上げる動き）

腰くらいの高い位置にあるフットホールドに足を乗せていく動作。上げた足のかかとにお尻を乗せて座り込むようにすると腕の負担を減らすことができる。初心者は腰が壁から離れて不安定な姿勢になりがち。股関節が硬いことや、大臀筋・中臀筋などお尻の筋力が弱いことがその原因。余裕のある高さで大きめのフットホールドを利用して練習するとよい

■ステミング・プッシング
（突っ張る動き）

本を広げたような形状の壁では、ステミングという体勢が有効。左右の足を壁に突っ張るようにして立つことで腕の負担を減らすことができる。左右の足の高さをそろえること、つま先に力を入れること、腰が後ろに出ないように骨盤を壁に近づけるイメージで立つことなどがコツ。足を上げるときに腕を下向きにプッシュすると、スムーズに登ることができる

■振り
（体をねじる動き）

体を壁に正対して登ることに対して、写真のように体をねじるようにする登り方を「振り」という。この動作を覚えると、高い場所のホールドに手が届くようになる。足を置く位置や置き方などのテクニックや、背筋や腹筋、上半身の筋力も必要。クライミングジムでの登りと並行して、トレーニングやストレッチを取り入れることで上達への近道となる

岩場で登る

まずはトップロープで練習

【トップロープのシステム】

■トップロープの支点

ボルトなど人工支点の場合は、必ず2カ所以上の支点を連結して作る。太い立ち木など充分な強さがあるものの場合は1カ所でもよい。支点のセット方法については、50～55ページで詳しく解説している

トップロープ（クライミング）とは、写真のように、常に上からのロープで守られた状態で登るシステムのこと。途中で力尽きたり、スリップなどで不意に墜落しても、ビレイヤーがロープの流れを止めることで、墜落を即座に止めることができる。難しいルートの試登によく使われるほか、初心者の練習にも向いている

はじめての岩登りは、だれもが緊張するものだ。しかし同時に、非日常的でとても刺激的な体験でもある。不安と楽しみが入り混じりドキドキすることだろう。「足を滑らせたらどうなるのだろう」と考えるかもしれない。用具もはじめて手にするものばかりで、使い方もよくわからず、「ぶら下がったら壊れるのでは」など、強度も心配かもしれない。でも、そんな心配は必要ない。しっかりした指導者のもとで、正しい用具の使い方を習い、安全で無理のない範囲で楽しんでほしい。最初に怖い経験をしたり、実力以上の難しいところを登ったりして、岩登りが嫌いにならないようにしたいものだ。

いちばんはじめは、岩登りの基本動作やロープ操作、確保の方法などをトップロープを使って学んでいく。トップロープならば、常に安全が保たれた状態で登ることができる。それでも自分の身長より高く登り、そしてロープにぶら下がること自体、とても恐怖を感じるかもしれない。

【登る前の確認】

登り出す前に、クライマー、ビレイヤーがお互いにセッティングを確認し合うことはとても重要。自分では気がつかなかったミスに気づいてもらえることも多い。消防士のように、「ビレイよし！」「結び目よし！」などと声に出して指さし確認し合うことも、ミス防止に意外と効果がある

■クライマーが確認すること

- ・ビレイデバイスにロープが正しくセットされているか？
- ・ビレイデバイスがハーネスのビレイループにセットされているか？
- ・ビレイデバイスをセットしたカラビナの安全環は締まっているか？

■ビレイヤーが確認すること

- ・クライマーのハーネスの正しい位置にロープが結ばれているか？
- ・ロープは正しく結ばれているか？
- ・クライマーのハーネスのバックルは締まっているか？

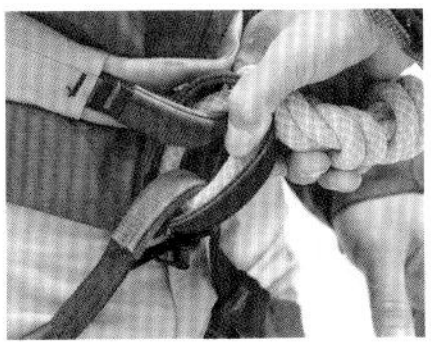

ハーネスのウエストベルトとレッグループ両方のタイインポイントにロープを通して結ぶのが鉄則。ビレイループに結ぶのは間違い

トップロープをカラビナでセットする場合はビレイループにセット。安全環付きカラビナを2枚使って、それぞれのゲートを互い違いにする

岩場のマナー

岩場では、人気の高いルートにトップロープがかけられていることがある。長時間ルートを独占せず、譲り合って登ろう。なお、岩場ではリードクライミングが優先される。リードをしたい人がいるときは譲るように

岩場にはほかのクライマーもいるのでつい安心しがちだが、基本的に危険な場所。まずは安全な場所を探して、荷物を置いて居場所を作ろう。落石の危険があるような場所では、登るとき以外もヘルメット着用をすすめる

最初に3〜4mの高さまで登り、一度ぶら下がってみよう。そして、ロープにぶら下がっても大丈夫なことを確認してみよう。次にビレイヤーにゆっくりロープ操作をしてもらいながら、地面まで下ろしてもらう。足は岩を突っ張るようにして、後ろ向きで歩くような感じで運ぶ。

ここまで大丈夫なら、無理のない範囲でもう一度、上まで登ってみよう。もしも恐怖心が残っていたら、いったん休憩して、怖くない範囲で慣れるまでロープにぶら下がる練習をしよう。最初に恐怖心を覚えると後まで残るので、無理をせずに行なうようにしたい。このとき、最も基本となるのは、手足の3点で体を支えてバランスを保つ「三点支持」といわれるものだ。

岩場は人工壁と違って手足ともにホールドが指定されていないため、どれを使ったらよいか迷うだろう。同じルートを何度も登り、いちばん楽な登り方を研究しよう。足の置き方、ホールドの持ち方、バランスのとり方、リズムなど、うまい人の登り方も参考にしたい。そのうち、岩場特有のホールドや登り方にも慣れてくるだろう。

クラックの登り方

ジャミングを覚えよう

■シンハンドジャム

ハンドとフィンガーの中間の幅で、最も効かせにくいサイズ。順手では浅いハンドジャムになり、逆手では親指の付け根の筋肉（母指球筋）を使ったジャムになる。さらにクラックの幅が狭い場合には、親指に人さし指と中指をからめる「サムカム」などで対応する

■ハンドジャム

手首まで入る幅のクラック。親指を人さし指側に閉じると手のひらと甲に圧迫感が得られる。しっかり決まれば、片手で全体重を支えて、筋力を使わずにぶら下がることもできる。広めのサイズでは親指を手のひら側に折り曲げて幅を合わせる。基本となるサイズ

サムカム

ジムなどのスポーツクライミングでは、始めてわずかな期間で5・12以上を登ってしまうクライマーもいる。しかしクラッククライミングの技術は別もので、習得に多くの時間を要する。クラックをリードして登ることは、ノコギリやカンナの使い方から始めてコツコツと修行し、何年もかけてやっと一人前の大工になることと同じ。クラックの練習ができるクライミングジムもあるが、その数が少ないうえに、実際のジャミングの微妙な感覚やプロテクション技術を覚えるには、岩場で実践練習をするほかない。

クラッククライミングは、無理せずトップロープのみで楽しむこともできるが、リードとなると多くのリスクがあり、メンタル面の制御能力も問題となってくる。しかしアルパインクライミングでは必須ともいえる技術。ジャミングとカムやナッツの使い方を習得しておけば、クライミングの幅がぐっと広がることは間違いない。

■フットジャム

シューズをクラックにねじ込んで止める技術。シューズの形状や剛性によって登りやすさが違ってくる。ダウントウややわらかいシューズでは、初心者はクラックに足を入れたときの痛さに耐えられないので、剛性があり、やや余裕があるサイズのものを選ぶといい

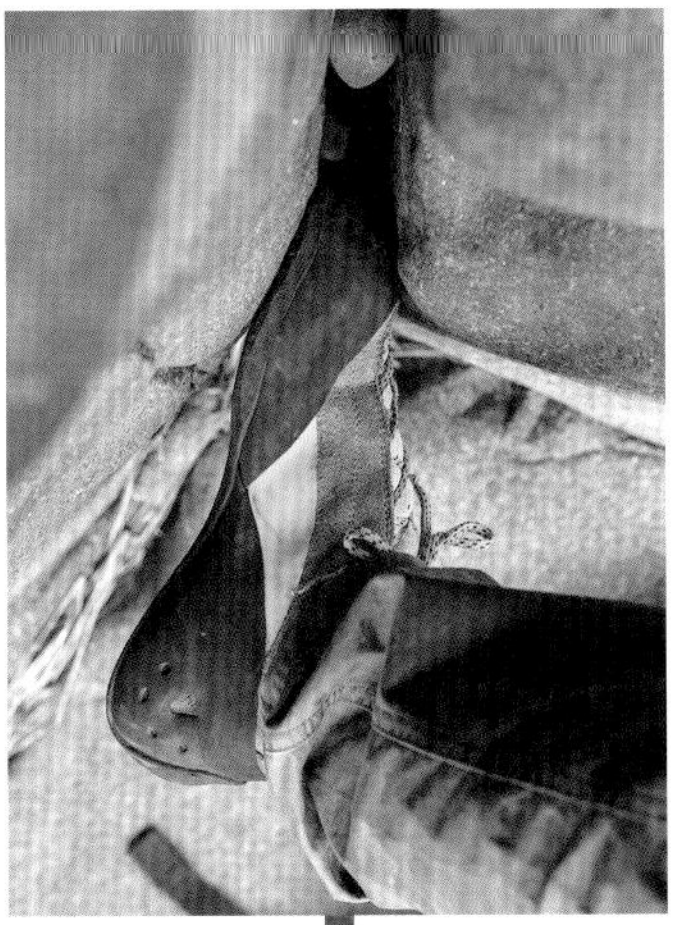

■フィストジャム

握りこぶしの横向きのサイズ。簡単なようで実は意外と難しい。クラックのくびれた箇所に上から差し入れ、握ればロックされる。順手はしっかり効いていても、引きつけると急に抜けることがある。おなかまで引きつけるときは逆手のほうが抜けにくく力も入れやすい

■フィンガージャム

クラックが砂時計のくびれのような形状をしているところを探し、指を差し込んでひじを鉛直方向に下げ、脇を締めてロックさせる。順手より逆手のほうが効き具合はよいが、体を引き上げるとひじが外に開いて抜けやすい。胸より下まで引きつけたいときは順手のほうが抜けにくい

【 ワイドクラック 】

■チムニー

全身が完全に入るサイズ。背中と足で突っ張る「バック・アンド・フット」で登る。登ること自体は比較的容易だが、プロテクション（中間支点）が得にくいことが多い

■スクイーズチムニー

全身がぎりぎり入るほどの狭いチムニー。背中・肩・ひざ・かかと・足裏などを突っ張り、手のプッシュを交えながらジワジワと進むが、奮闘的な登りを強いられる

■オフウィズス

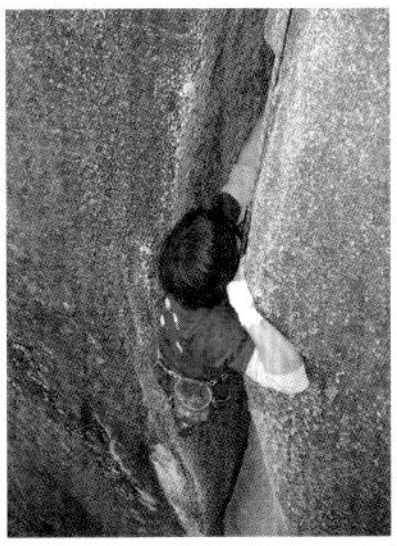

フィストよりも広く、体が半分ほど入るサイズ。胸・ひじ・肩・ひざ・かかと・つま先などを使ったいろいろなテクニックでジワジワとずり上がっていく

ビレイの技術

ビレイヤーはナビゲーター

壁に近づきすぎるとロープがじゃまで登りにくいうえに、クライマーが落ちるとぶつかる危険がある

これくらい壁から離れるとビレイがやりやすく、クライマーが落ちてもぶつからない

■ビレイヤーの立ち位置

トップロープのビレイでは、壁からある程度離れたほうがビレイがやりやすい。クライマーが落ちたときにぶつからない場所を考える必要もある。ただし、これはクライミングジムでの話。岩場ではビレイヤーの立ち位置を自由に選べない場合も多い

■ビレイデバイスにロープをセットする方法

ビレイデバイスにロープをセットするときにデバイスを落とすのは、非常によくあるミス。マルチピッチルートで落としたとき、予備を持っていなければかなり困ったことになるので、確実なセット方法を身につけよう。コツは、デバイスをカラビナから外さないこと（写真は右利きの場合。左利きの場合は逆でも問題ない）

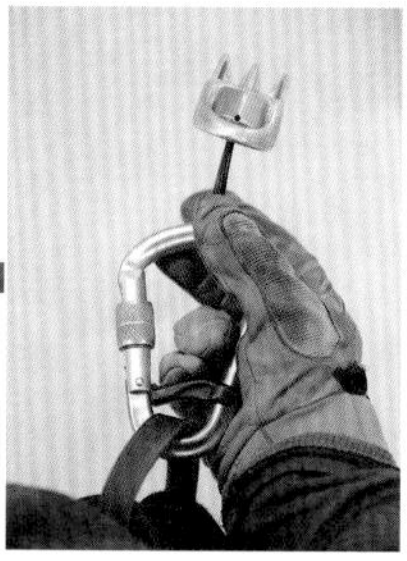

カラビナのゲートは左、デバイスはV字の溝を下に向ける

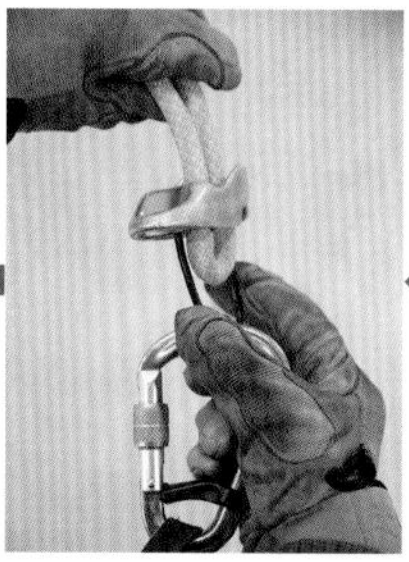

デバイスの右側の穴にロープを差し込む

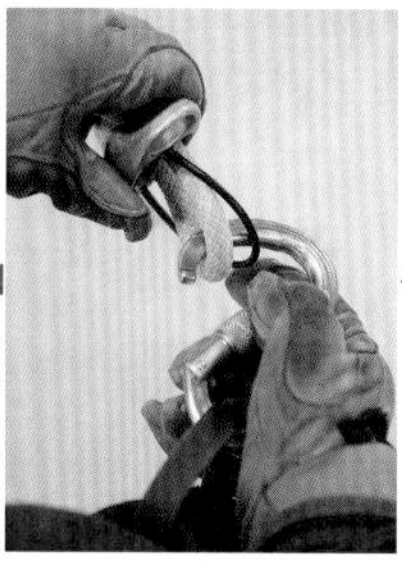

右手でカラビナのゲートを開けてロープをセットする

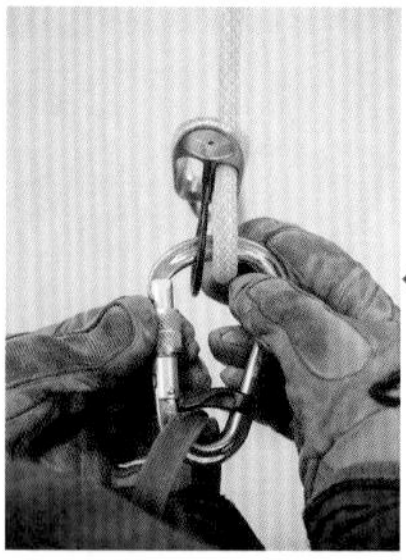

カラビナの安全環を締めてセット完了

ビレイ技術を学び、ある程度ビレイができるようになると、クライミングの世界が広がったように感じるだろう。しかし覚えておいてほしいのは、高度なビレイ技術の習得には非常に時間がかかるということ。

トップロープのビレイは比較的やさしいが、リードクライミングのビレイ技術は突き詰めると奥が深く、どこまでいっても、これで完璧というものはない。リードするクライマーを守るのはもちろんのこと、クライミングの成否のカギを握るのがビレイヤー次第というケースもある。

ビレイヤーは単にロープを送り出し、墜落を止めるだけでなく、それ以上の役割がある。自動車のラリーレースでドライバーをサポートするナビゲーターのごとく、ビレイヤーはクライマーにとって、ときには重要な役割を担う。たとえば、支点へのクリップ忘れ、逆クリップやZクリップになりそうなとき、足にロープがからみそうなとき等々、ビレイヤーの適切なアドバイスによって事

【トップロープビレイの方法】

■スライド式

3ステップで手順が少なく、素早く操作できる。リードビレイにも向く

最初のポジションは持ち替え式と同じ

左手を引くと同時に右手を上方向に引き上げる

左手を握ったまま、右手を素早くスライドさせる

左手をもとの位置に戻すと1のポジションに戻る

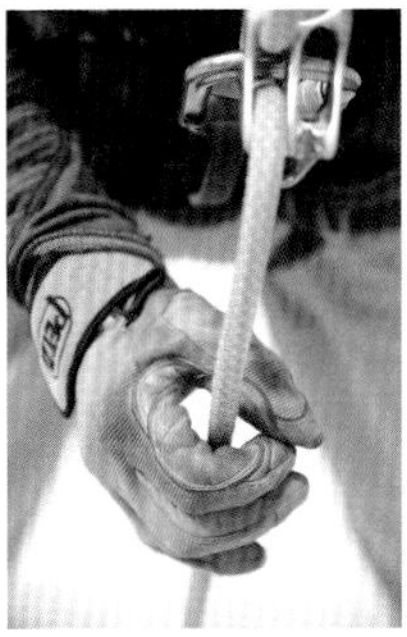

スライドさせるときはロープをゆるく握っておく

完全に離してしまうと不意の墜落に対応できない

■持ち替え式

5ステップと手順が多くなるが、墜落を確実に止めるには有利

両手とも親指を上方向にしてロープを持つ

左手を引くと同時に右手を上方向に引き上げる

右手を下方向に引いてロープをロックさせる

右手の上側のロープを左手で握る

デバイスの下を拳ひとつ分空けて右手で握る

左手を顔の前に戻すと1のポジションに戻る

なきを得るケースは少なくない。クライマーの一挙一動を観察して（クライマーの姿が見えない箇所では、ロープの微妙な動きやクリップするカラビナの音などに反応して）、素早いロープさばきが求められる。

最終的には、「この人のビレイなら、難しいセクションにも思いきって突っ込める」と信頼されるビレイヤーになりたいもの。それには、「落ちないだろう」「大丈夫だろう」の「だろうビレイ」ではなく、「落ちるかもしれない」「間違えるかもしれない」といった「かもしれないビレイ」を心がけるようにするべきだ。

ビレイ技術を練習するには、クライミングジムを利用すると、整った環境のもとで効率的に行なうことができる。しかしジムは、床が平らで自由に移動できるため、その環境内でのみ対応できる技術に留まってしまうおそれがある。

一方、岩場は足場が悪いことが多く、ビレイヤーからクライマーが見えにくい状況も多い。岩場に対応できるビレイ技術を学ぶには、段階的に精度を上げていく練習をすることと、常に岩場を想定して練習を行なうことが重要だ。

【 リードビレイの方法と注意点 】

■リードビレイの流れ

リードのビレイでいちばん重要になるポイントがここ。登り出しから、1本目のクリップを完了するまでの手順を説明しよう。ポイントは、プロテクションをとるまで注意を怠らないことと、クライマーがクリップしようとする瞬間を見計らって、素早くロープを繰り出してあげること

1本目にクリップするまでは、クライマーをスポットする

クリップするタイミングを見計らって、ロープの繰り出しに備える

クリップタイミングに合わせてロープを素早く繰り出す

クリップ確認後、ブレーキハンドをビレイデバイスの下でしっかり握る

■リードビレイ時の立ち位置

ビレイヤーは可能なかぎり1本目のプロテクションの真下に位置するようにする。リードの墜落は大きな衝撃がかかる。そのときにビレイヤーが横方向に急激に引かれないようにするためだ

■たぐり落ちを止める

クライマーがクリップしようとたぐったロープを握ったまま、または離してしまった瞬間に落ちるのが「たぐり落ち」。ロングフォールの危険があるので、特に要注意だ。ロープが手から離れた瞬間、ビレイヤーは2～3歩下がりながら持ち替え式で素早くロープを引き込む。ビレイのなかで最も難しい局面だ

クライマーがたぐったロープを落としてしまった

たぐり落ちを察知して、ロープを引き込みながら後ろに下がる

必要以上のロングフォールを避けて止めることができた

■オーバーハングのビレイ

下地が安定している場合、オーバーハングしたルートでは、後ろに下がってビレイをしたくなるが、基本は1本目のプロテクションの真下でビレイすること。後ろに下がってビレイすると、クライマーが落ちたときに1本目のプロテクションに向かって強く引きずられてしまうので危険だ。壁を背にして見上げるようにビレイすると比較的やりやすい。クライマーの姿が見えにくい場合は、コールをしよう

■ロープを繰り出すときのブレーキハンド

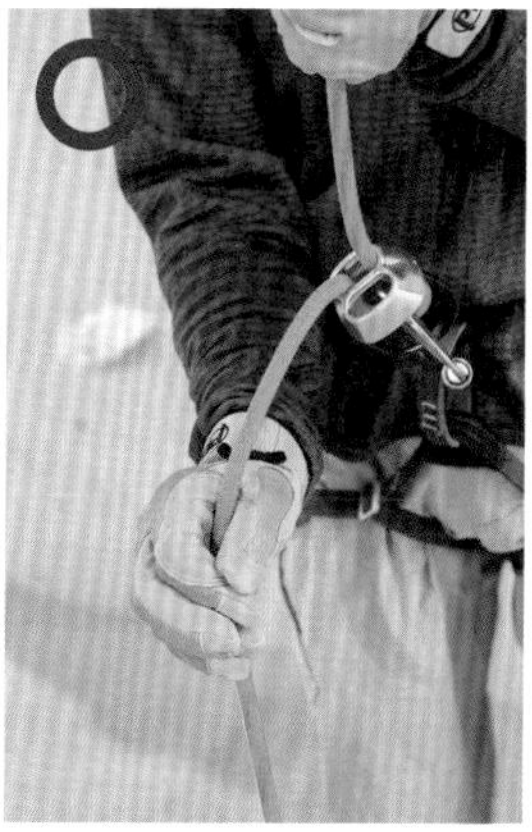

親指と人さし指の付け根にロープを乗せて、小指で軽く握る

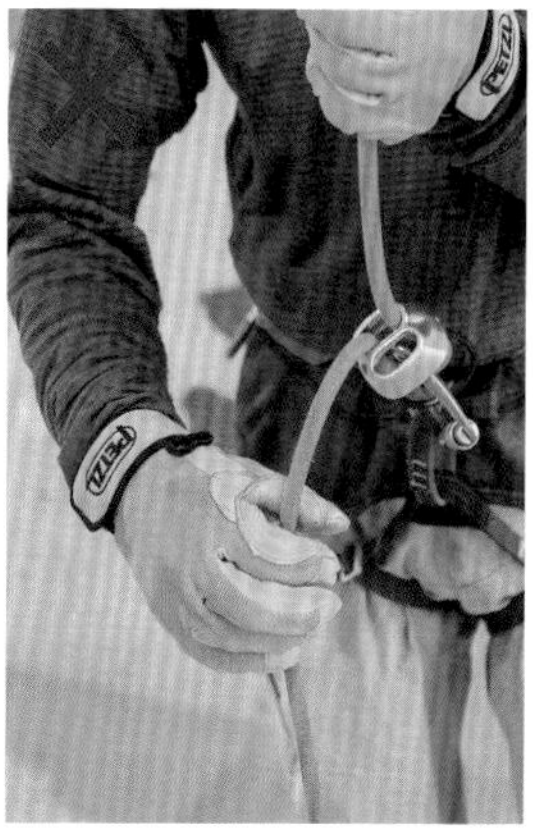

ひじが上がり、親指と人さし指が開くと、ロープが手から離れやすい

■危険なビレイ

ロープが極度に下にたるむような状態は、クライマーが落ちたときの墜落距離を長くしてしまう。次のプロテクションが死角にならないように、位置を移動してクイックドローが見えるようにすることも大切

支点の知識とセット方法

これがアルパインクライミングの核心

【岩場にある主な残置支点】

ただし「アゴ」が岩についていないと極端に強度が落ちる。ボルトの軸が見えているものは要注意だ

RCCボルト。古いものだが強度は比較的高く、きちんと設置されていれば最大で15kNほどの耐荷重がある

同じく古いピトン。この形状のものは、「アゴ」が岩についているかどうかが強度を判断する目安となる

ピトン。強度の判断は難しく、古く見えても強度を保っている場合もあるし、内側が腐食している場合もある

最も信頼性の高いケミカルボルト。アルパインクライミングのルートではほぼ見ないが、強度は数十kNある

アルパインクライミングでも人気の高いルートにはこのようなハンガーボルトが設置されることが増えてきた

ハンガーボルト。もともとの強度は高いが、設置後数十年たっているものは驚くほど腐食が進んでいることも

リングボルト。基本的にエイドクライミングの前進用なので強度は低い。リングの耐荷重は5kN前後といわれる

アルパインクライミングの現場となる山奥の岩場では、ボルトやピトンが残置されていることも多いが（フィクストアンカー）、岩角や樹木（ナチュラルアンカー）なども使いながら、強固なアンカーを作ることができるのも、アルパインクライミングの重要なスキルとなる。

ところで、残置されているボルトやピトンは、どれくらいの強度があるのだろうか。こうしたことも、実際に自分で設置してみて、または抜いてみないとわからないことがある。クラックにセットしたカムやナッツがしっかりと効いているのかどうかも、自分で体験してみてはじめてわかるのである。

アンカーとして設置する支点は、墜落の負荷に耐えるような強固なものが必要となる。2個のボルトで作ったアンカーに数人がぶら下がり、墜落のショックがかかることもある。リードが終わってアンカーを作る作業は、疲れているとおろそかになりがちであるが、絶対に抜けないものを構築しなくてはならない。「アンカーが抜けてしまったら終わり」ということを肝に銘じ、確実なものを作り、必要ならばバックアップもセットしたい。

これに対して中間支点（ランニングビレイ＝ピッチ上のプロテクション）の設置は、ある程度のスピードも求められる。たとえば25ｍのピッチで、12個の中間支点を設置したとする。そのうちの2〜3個は効いているのかどうか不安な支点だったとしても、そのすぐ上にしっかりした支点を設置すれば問題ないといえる。安全とスピードのバランスをとり、そしてロープの流れも考慮しながら、リードする人は中間支点を構築していかなくてはいけない。

人気の岩場やルートでは、残置されたボルトやピトンを使うだけで登ることもできるが、できるかぎり自分で設置して登る練習もしておきたい。アルパインクライミングとは、いわばプロテクション技術の総合力が問われる場でもあるのだ。

■落下係数

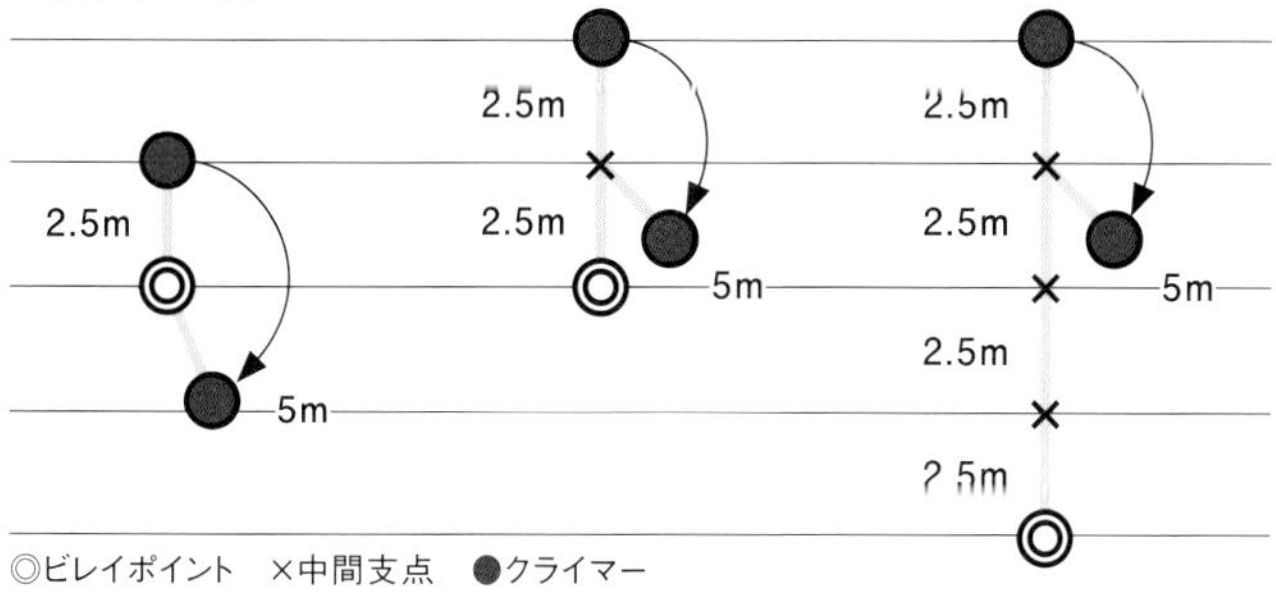

プロテクションなしで墜落した場合（登った距離が何mでも同じ）
【落下係数＝2】

2.5mの高さにプロテクションをセットして、5m登った地点で墜落した場合
【落下係数＝1】

2.5mごとにプロテクションをセットして、10m登った地点で墜落した場合
【落下係数＝0.5】

■スリングの角度にも注意

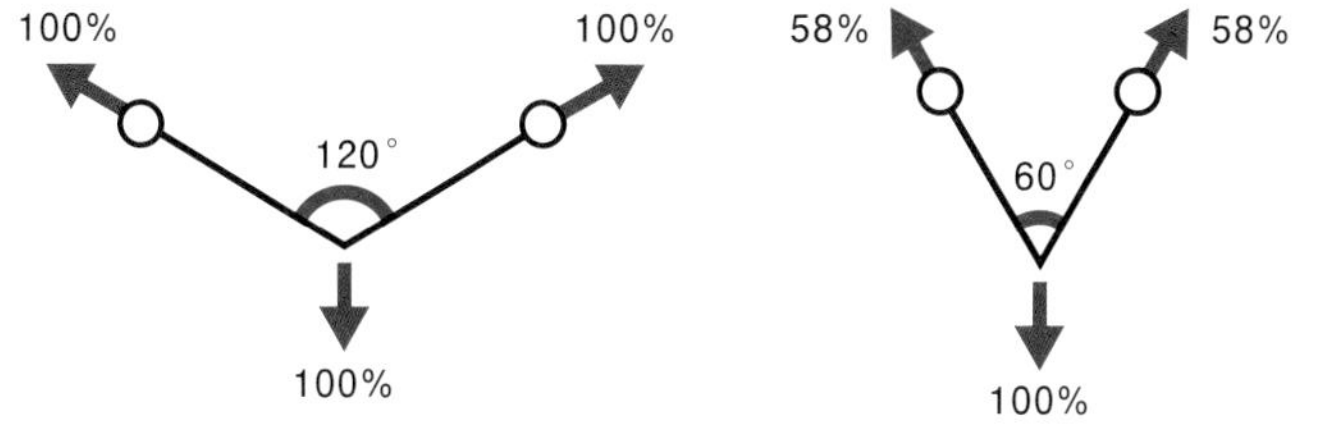

角度が大きくなるほど分散効果がなくなり、120度では、アンカーポイントにも100%の負荷がかかってしまう

マスターポイントにかかる荷重を100%とした場合、60度では、各アンカーポイントの負荷は58%に分散される

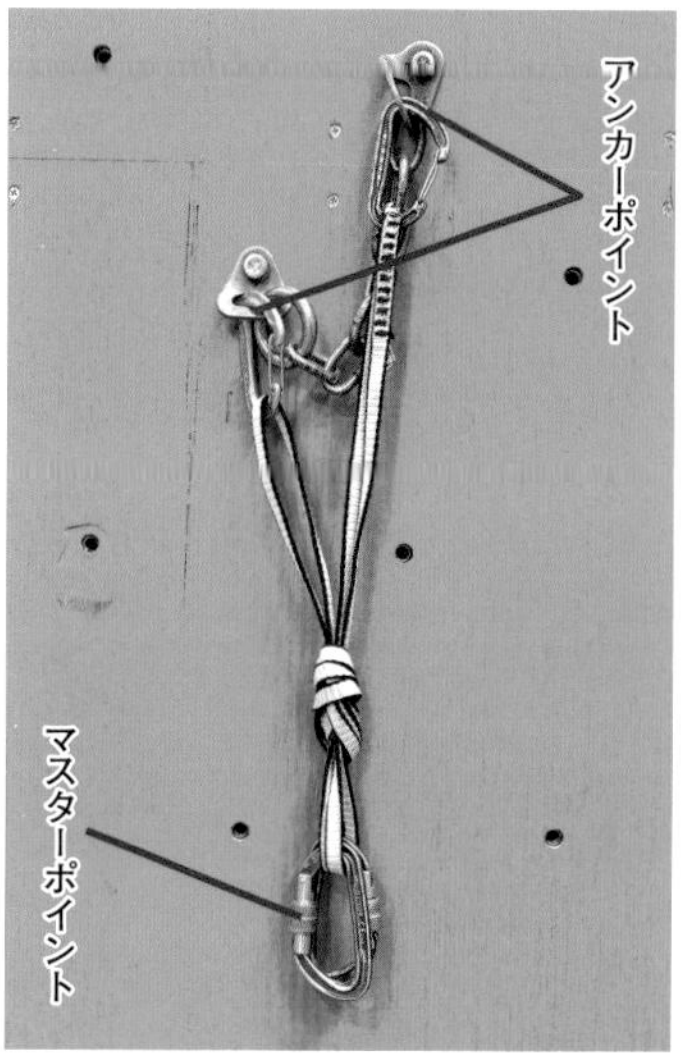

2カ所以上のアンカーポイント（ボルトなど）を利用するのが基本。これらをスリングなどで連結した支点をマスターポイントという

支点にかかる衝撃荷重

リードしているクライマーが墜落すると、クライマー自身とビレイヤー、そして最終支点のプロテクションに衝撃力が発生する。衝撃力を左右する要因は、クライマーの体重、ロープの伸び率、ビレイ技術、そして落下係数である。

落下係数とは、落ちた距離を、繰り出されたロープの長さで割ったものである。長い距離を落ちたとしても、この落下係数が小さければ衝撃は大きくならない。

落下係数の最大値は2。これは途中にプロテクションがまったくない状態だ。たとえば2・5m登ったクライマーが中間支点なしで墜落すると、落ちる距離は5m。繰り出されたロープの長さは2・5mだから、落下係数は2となる。

2・5m登ってプロテクションを設置し、さらに2・5m登って墜落した場合の落下係数は1。2・5mごとにプロテクションを設置し、最終的に10mの地点で墜落した場合は0・5となる。

このように、同じ5mの墜落でも、衝撃を受けたロープの長さが変わると、衝撃力も変わってくるということを覚えておいてほしい。ピッチ出だしでプロテクションをこまめにセットすることが大切なのは、グラウンドフォールを防ぐことと、落下係数を抑えるというふたつの意味がある。

注意したい点として、最終支点には1・7倍ほどの衝撃力がかかるということ。体重70kg、ロープ係数2000（一般的なシングルロープの特性を表す数値）で落下係数2の墜落をすると、クライマーにかかる衝撃力は約8kNだが、最終支点にはその1・7倍の14kN近くの衝撃がかかるのである。

複数の支点をまとめてアンカーを作る場合のスリングの角度についても、簡単な力学を覚えておきたい。スリングの角度が120度に開いている場合は、各アンカーポイントにかかる荷重は分散されず、100%かかる。角度が狭くなるほど分散効果は高くなり、90度では71%、60度では58%が各アンカーポイントにかかる。筆者は人さし指と中指でVサインをつくり、それを目安に、スリングの角度が60度以下になるように調節している。

【 アンカーの作り方 】

■固定分散（エイトノット）

120cmのスリングを用いてのアンカー構築方法。万一、片方のアンカーポイントが抜けても、もう一方のポイントですぐに止まるように、エイトノット（8の字結び）で結ぶ

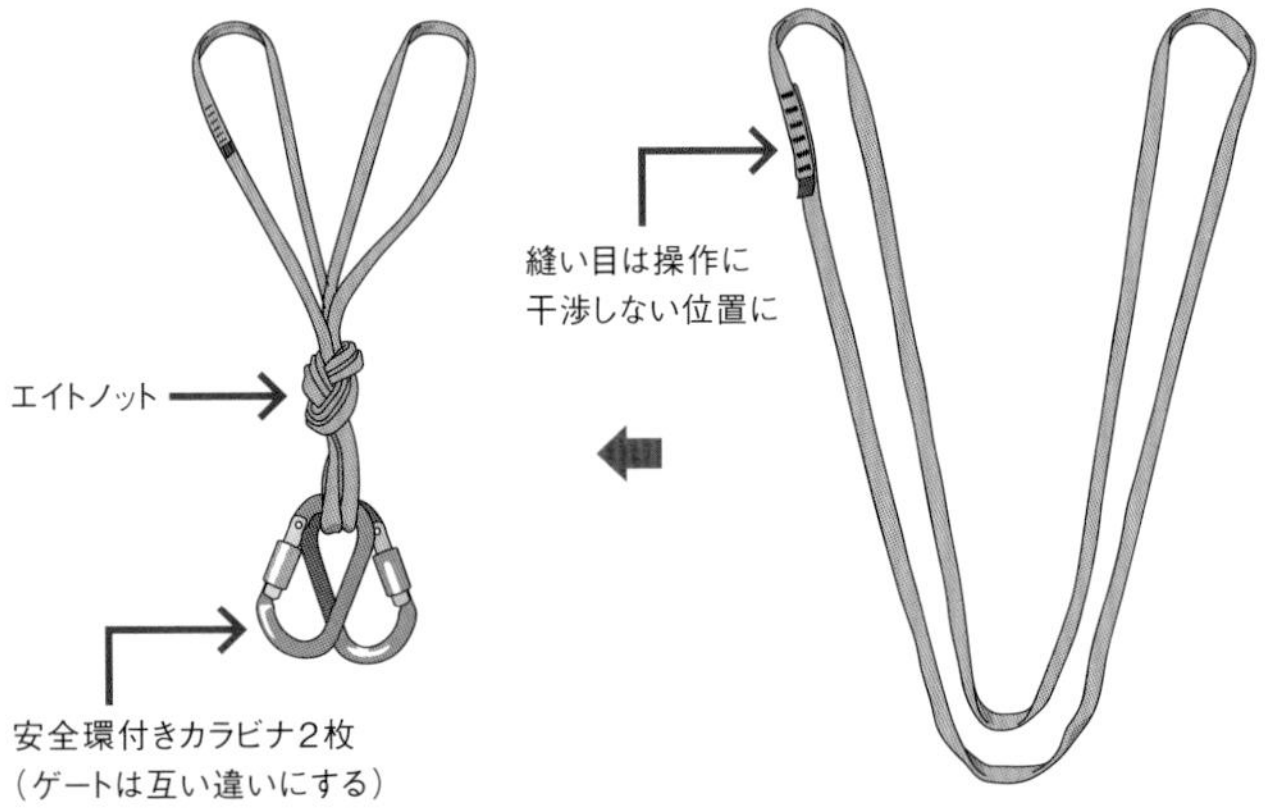

■固定分散（クローブヒッチ）

マスターポイントをエイトノットにするとスリングの長さが足りない場合がある。そんなときはクローブヒッチが便利。結び目の強度もエイトノットより高い

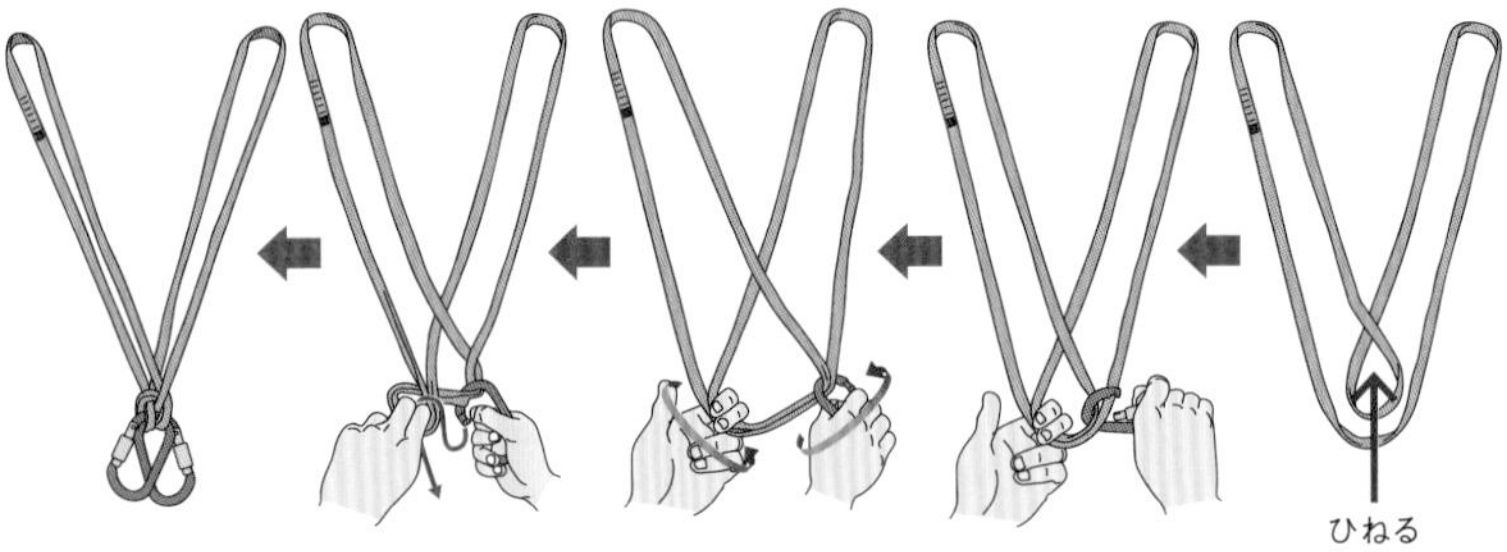

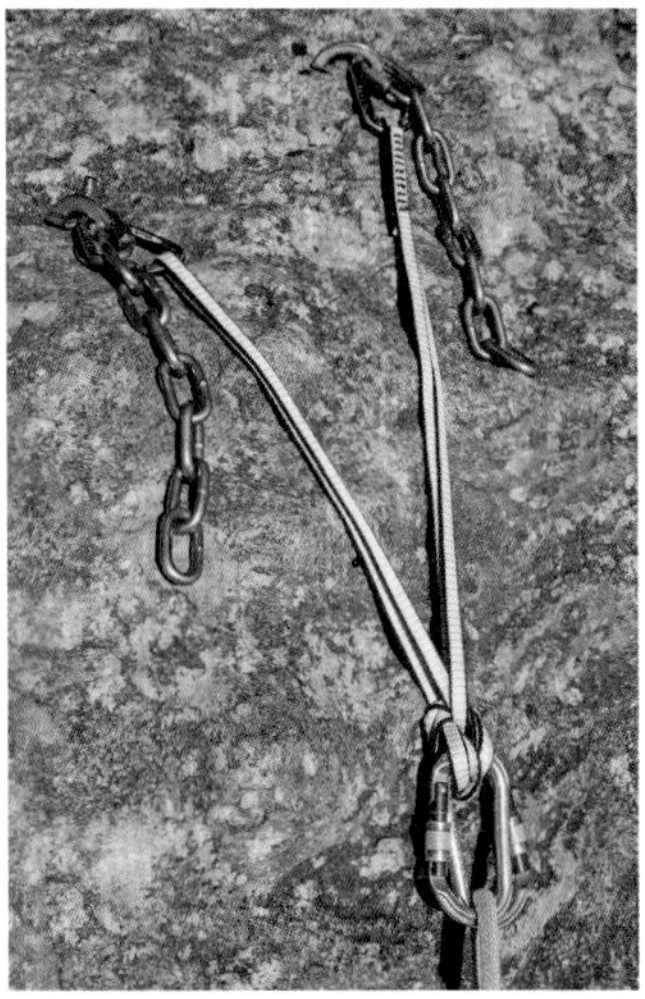

■クアッドアンカー

近年推奨されている方法。5.5mmケブラーロープ×約5mをダブルフィッシャーマンズベンドで輪にした「コードレット」を使う。素早くセットでき、確実性も高い

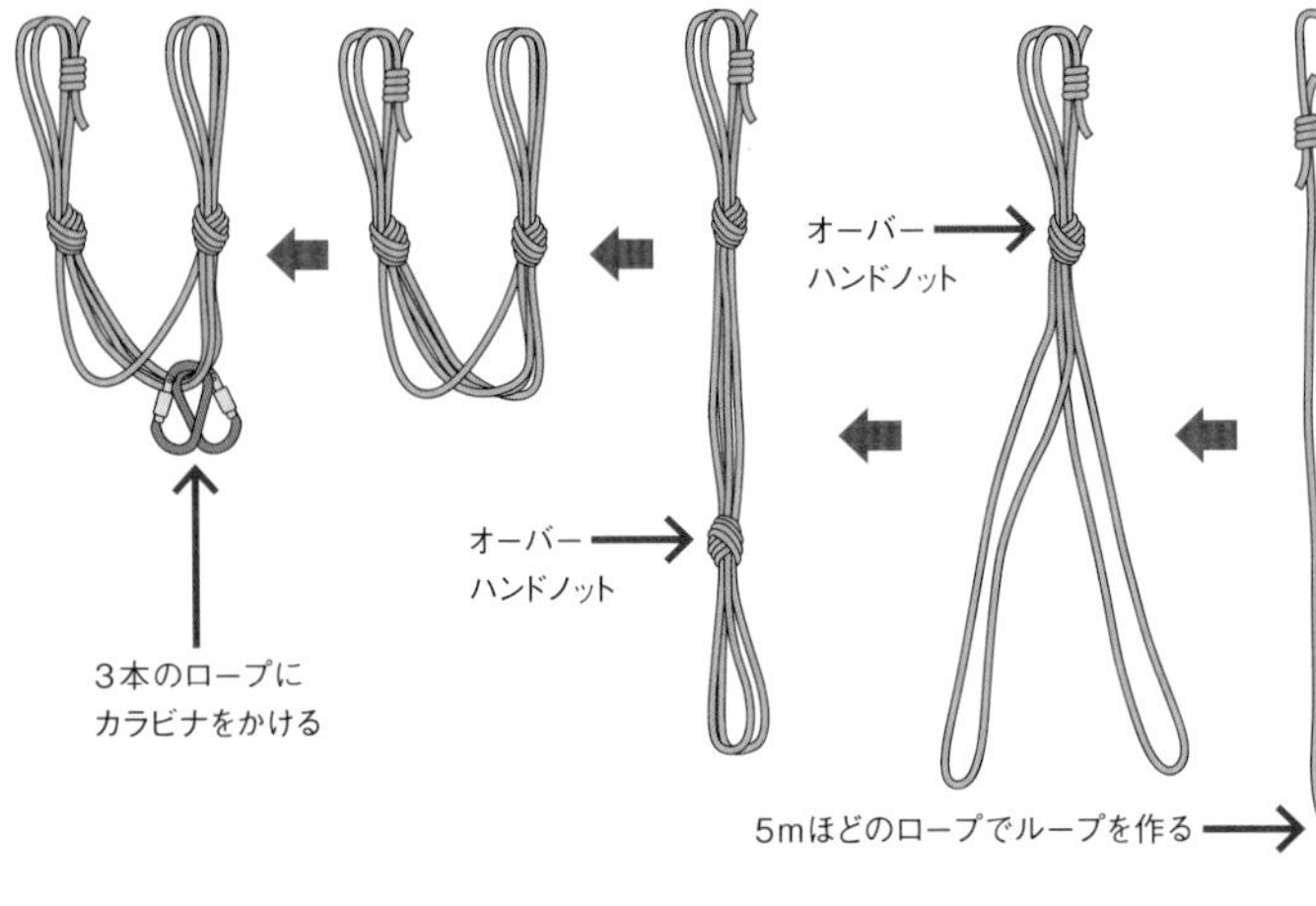

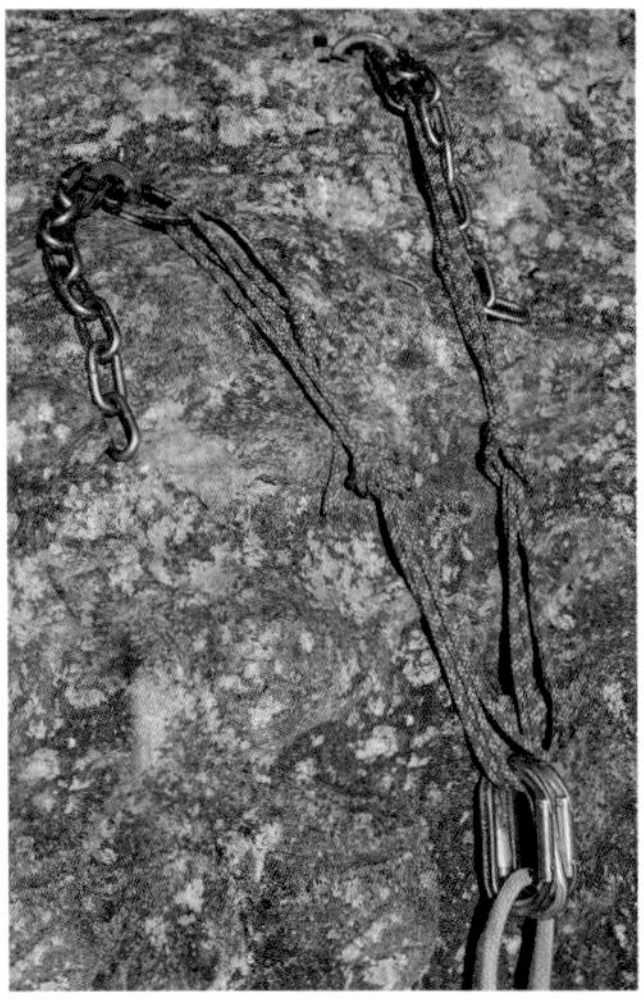

3点以上のアンカーポイントを使う場合

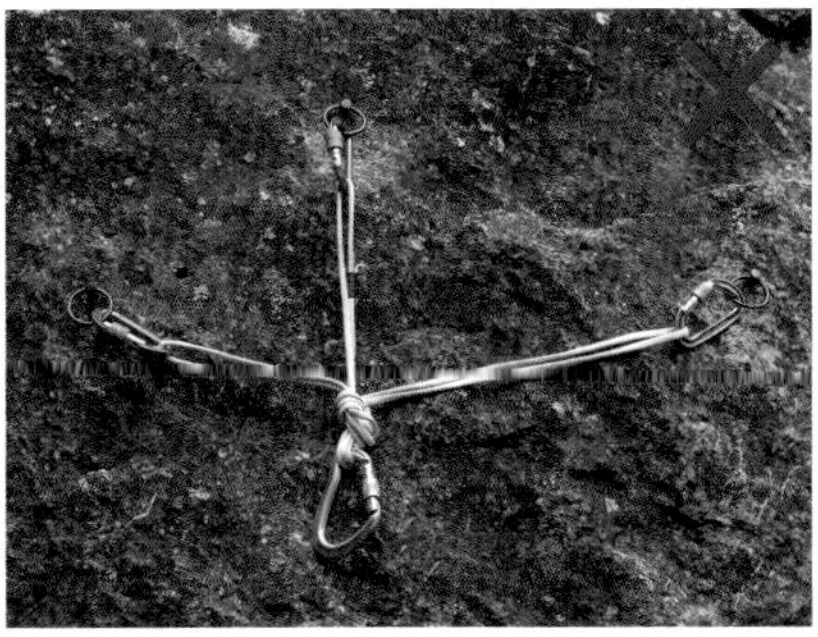

長いスリングを持っていないと、エイトノットでマスターポイントを作ると、たいてい角度が広がりすぎてしまう。そういう場合はクローブヒッチを使うと、スリングの角度を適切にすることができる

残置スリングは使わない

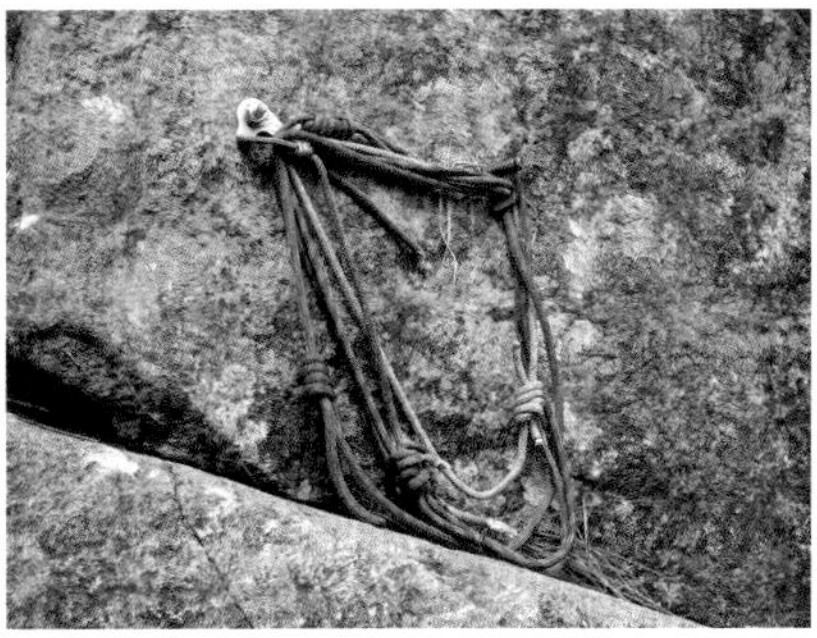

ビレイポイントにはスリングが残置されていることも多いが、劣化していることもあるのでそれらは原則的に使わず、自分のスリングをセットする。左の写真が自分でセットした例

クイックドローを利用

ロープが外れないように、カラビナのゲートを互い違いにセットする。安全環付きカラビナ2枚で作ったクイックドローを使うと、より安全だ

樹木を利用

太い木なら1本で充分な強度がある。スリングまたはコードレットを巻いて使えばよい。右の写真（ガースヒッチ）は屈曲点の強度が低下するので、一般的には、巻くだけ（ラウンドターン）がよい

立ち木にとったアンカーポイントから、メインロープを使ってマスターポイントを延ばし、適切な位置でビレイできるようにした例

【 中間支点(プロテクション)の設置 】

■リングボルトへのクリップ

リングボルトにカラビナをかけるときは、リングの下側からすくうようにかける。逆にかけると、ボルトにテコの力がかかってしまう

■岩の形状を利用

ピナクル状に突き出た岩はスリングをかけるだけでプロテクションとして使える。また、それほど多くはないが、写真のように穴が貫通した形状をしている箇所もある。これもスリングを回すだけで、よいプロテクションになる

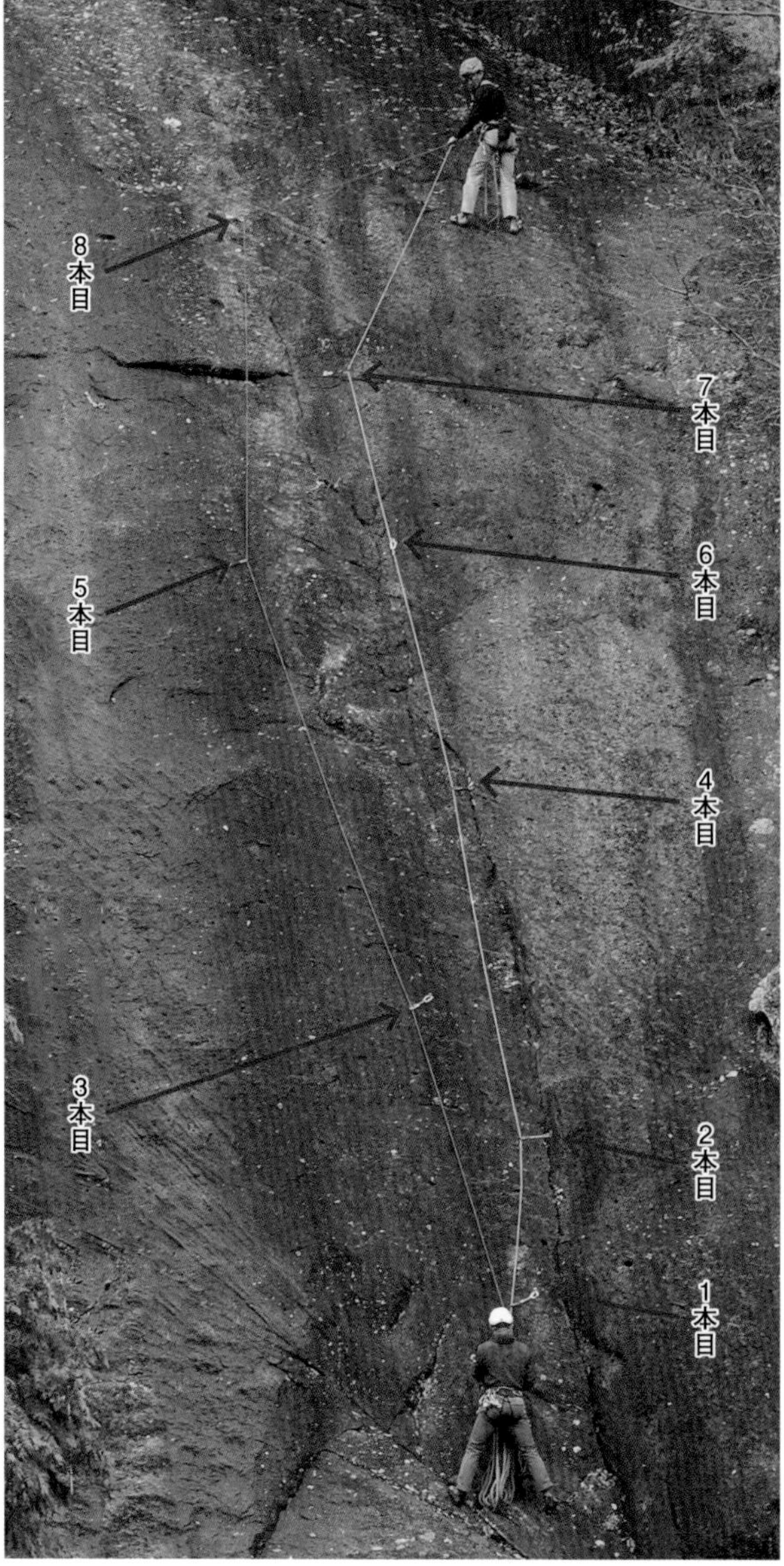

中間支点は登攀ラインに沿ってとれるとは限らない。支点がとれる場所が登攀ラインから離れていたら、スリングを長く延ばすなどの工夫も必要になる。写真はダブルロープを使った例。ロープを左右に振り分けながらクリップしていくと、長いスリングを使わなくてすむ場合が多い

中間支点

マルチピッチルートがある岩場の多くは、ピトンやボルトが数多く残置されていて、自分で支点を設置しなくても登ることができる。また、ショートルートのフリークライミングでは、自分で設置するカムやナッツを除き、ほとんどの場合、しっかりと打ち込まれたボルトにクイックドローをかけて、ロープをクリップするだけである。

しかしアルパインクライミングでは、残置支点が効いているかどうかを自分で見極め、ときには自分で設置しなくてはならない。残置支点でも、リングボルトやクラックに入り込んだピトンは、テコの力がかかって引き抜かれないようにセットしなくてはいけないし、ロープの流れを考えて、スリングを長く延ばすなど、さまざまな工夫も必要になる。

まずは、残置された支点を使いながらカラビナやスリングのかけ方を身につけ、ロープの流れがスムーズになるようなセット方法を練習してみたい。問題なくそれができるようになったら、実践でさまざまな支点を使いこなす経験を積んでいこう。

■樹木の利用

樹木は強度が高く、セットも簡単で、絶好のプロテクションになる。条件に応じて、ラウンドターンかガースヒッチで止めて利用する

■スリングを延ばす

屈曲したルートや、登るラインの近くによいプロテクションがとれない場合などは、スリングを継ぎ足してプロテクションを延ばす。これを怠ると、ルート上部に行ったときにロープの流れが重くなってしまう

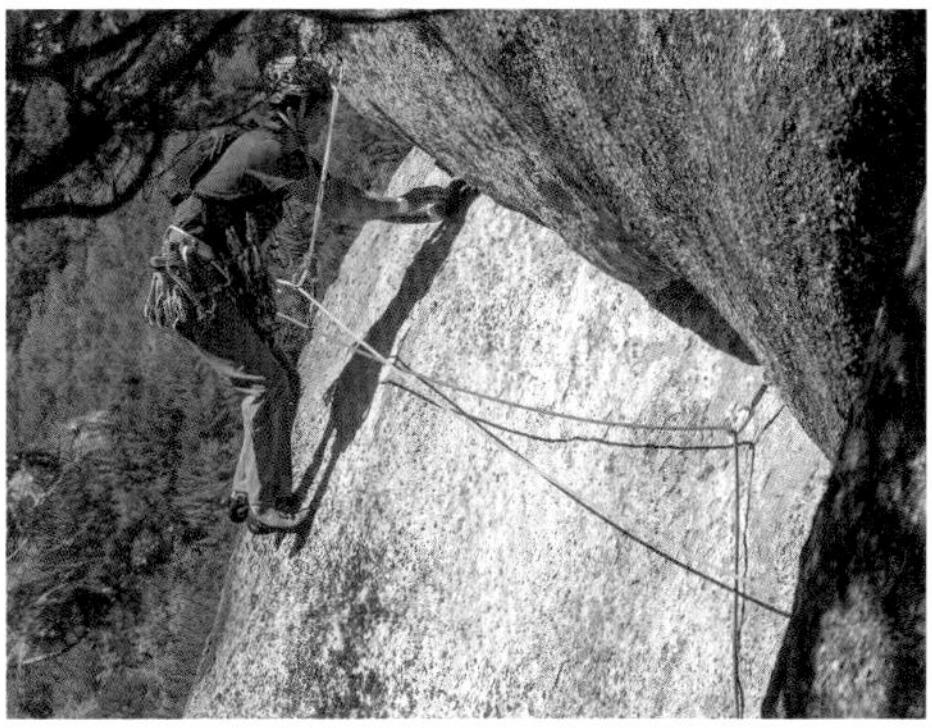

■ピトンの使い方

ピトンの形状にもよるが、カラビナをかける向きを間違えると、余計なテコの力が働いてしまうことがある。正しい向きにカラビナをかけよう

周囲の岩に干渉してテコの力がかかると、カラビナかピトンが破断する。こういう場合はスリングを直接セットする

完全に打ち込まれていないピトンは、ガースヒッチかクローブヒッチでスリングをタイオフして使うようにする。力のかかるポイントをできるだけ根元近くにするのだ

ピトンが奥にあってカラビナが入らない場合はスリングを直接かける。上のガースヒッチより、下のように単純な二つ折りでセットしたほうが強度は強くなる

カムとナッツのセット方法

アルパインでは必須技術

【ナッツのセット】

クラックの下が狭くくびれた部分を探し、上から落とし込むようにセットする。クラックの奥より手前が狭まっている箇所がベスト。しっかり決まれば同サイズのカムより信頼できる

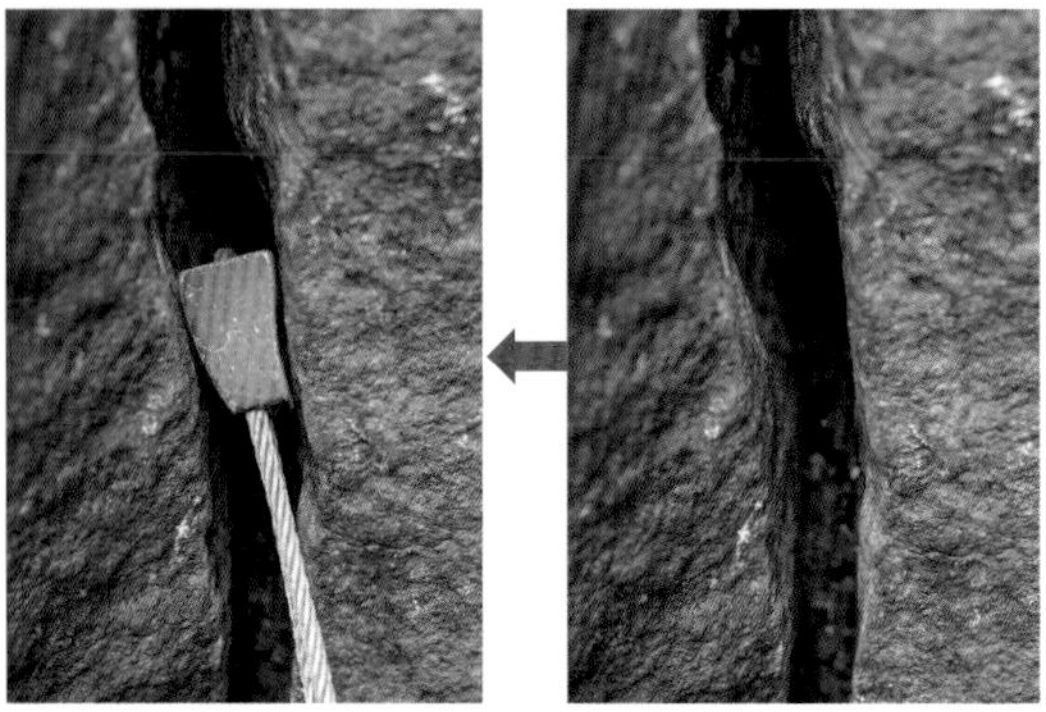

【カムのセット】

注射器を持つ要領で、指でトリガーを引いたままクラックに差し込む。指を離すと固定されるので、素早くセットできる。セット後、強く引いて岩になじませるのも重要

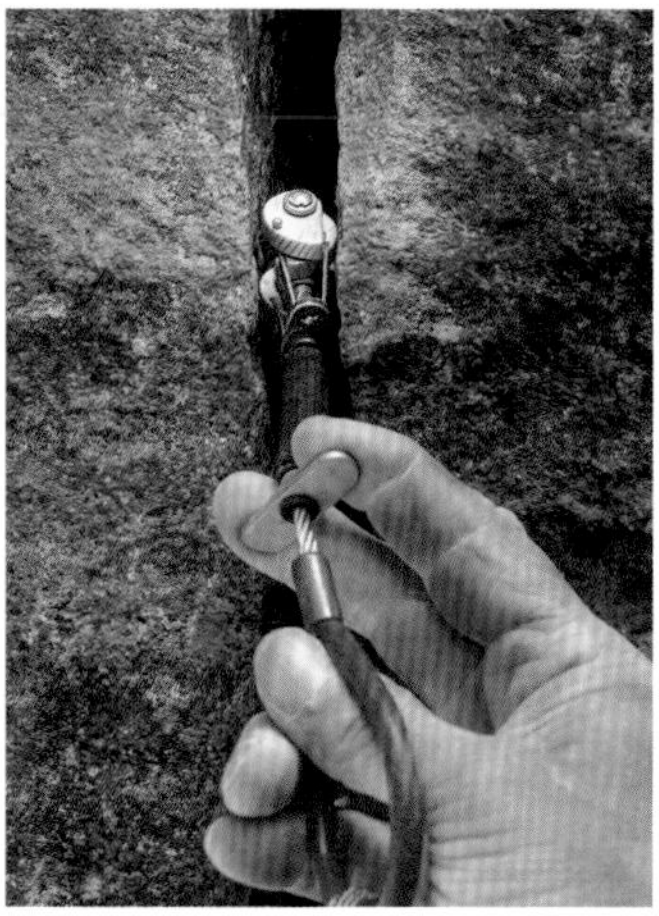

【ナッツの回収の仕方】

ナットツールの先端を当てて、手のひらでたたくようにしてショックを与える。ナッツが動いたら、ワイヤーの上側を持ってクラックから外す。カムが回収できないときにこの方法が使えることもある

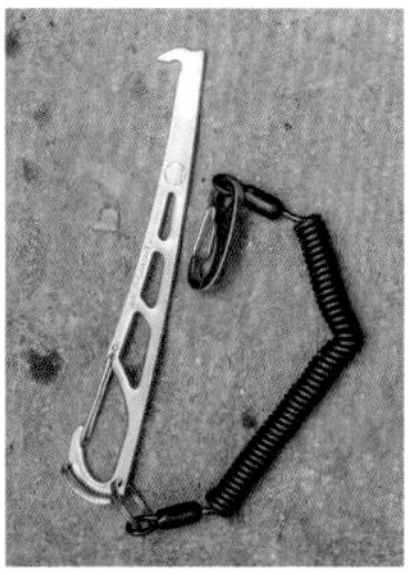

ナットツール。ナッツといっしょに必ず携行したい

【トライカムの利用】

セットに習熟がいるが、カムデバイスより軽量なトライカムもアルパインクライミングでは有効なケースが多い。特に冬季に有効

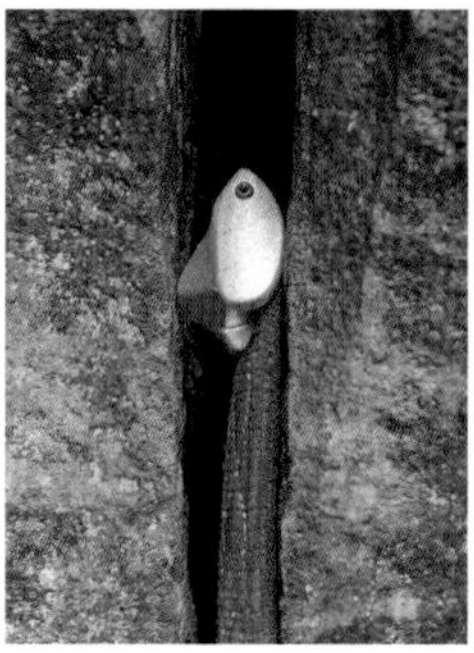

残置支点がないルートや、支点が古くて使えない箇所などで最も役立つのがカムやナッツなどのギアだ。セットには少々コツがいるので、いきなりリードで実践するのはさすがに危険。最初は経験者に指導してもらうのが、安全かつ上達への近道である。

はじめての練習では、セットされたカムやナッツを回収することから行なってみたい。どんな場所がいいのか、設置の角度、プロテクションの間隔はどの程度かなど、リードした状況を確かめながら回収すると、いろいろなことがわかるだろう。余裕があれば、回収したものを同じ場所に自分でセットしてみよう。

実際にリードしてセットするのは、ジャミングの技術をマスターしてからになる。トップロープで、余裕をもって登れるルートから練習をしてみよう。次に、比較的セットしやすいルートをリードしてみるとよい。トップロープでバックアップをしながら行なうとより安心だ。

こちらは逆にカムのサイズが大きすぎる例。カムが回収できなくなるおそれがある

クラックの幅に対してカムのサイズが小さすぎる例。カムローブが開きすぎている

適切なサイズを選ぶ

カムをまったく引いていない状態を0%、引ききった状態を100%とした場合、50～80%くらいでセットするのが適正。この状態にならない場合は、サイズが合っていないので、別のサイズのカムでセットし直すか、セットする場所を変える必要がある

ウォーキングに注意

カムは手前には抜けにくいが、奥には動いてしまう性質を持っている（ウォーキングという）。そのため、クラックの奥や上が広がった箇所では外れやすい。手前が広がった箇所（フレアという）も要注意。クラックが平行になっている箇所が理想だ

完全に下向きにすると、カムヘッドの位置が浅くなり、これまた外れる危険がある

壁に対して直角にセットすると、墜落の衝撃でカムが回転し、外れてしまうことがある

荷重のかかる方向にセット

墜落してロープにぶら下がったときに荷重がかかる方向に向けてセットするのが基本。上に向けすぎると、落ちたときにカムにテコの力がかかって、抜けてしまうことがある。ステムが硬めで曲がりにくいカムの場合は、これが起こりやすいので、より注意が必要

幅の広いほうを下側にする

4枚のカムをよく見ると、幅の広い2枚と狭い2枚で構成されている。真横に走る水平クラックや斜めのクラックでは、幅の広いほうを下側にしてセットすると安定しやすい。近年の傾向として、岩との接触面にフリクションを高める工夫が施されたカムも増えている

ピトンとボルトの打ち方

自らルートを切り拓く技術

【ピトンの打ち方】

岩が浮いていないか確かめる

リスの幅に合ったピトンを選ぶ

ハンマーで打ち込む

かん高い音が響くと効いている証

■途中までしか入らない場合

ピトンが途中で入らなくなっても無理に打ち込む必要はない。充分に効いていれば、スリングでタイオフして使うことができる

■重ね打ち

リスの幅に対して薄いピトンしか持っていないときは、2枚のピトンを重ね打ちすれば使える場合がある

【ピトンの回収の仕方】

リスの方向に沿って強くたたく

逆方向からもたたくとゆるんでくる

充分にゆるんだら手で抜き取る

回収時にカラビナをつけておくと、ピトンを落としにくい

ピトンの打ち方

ピトンは材質や形、長さなど多くの種類があるが、日本の岩場は岩質がもろく、ピトンを打ち込むと岩が割れてしまうことがある。そのため、軟鉄というやわらかめの鉄を用いたピトンが製造されてきた。やわらかい材質のピトンは岩を壊さない一方で、割れ目に波状に食い込み、回収が不可能となることが多かった。また比較的安価なことから、それらのピトンは古くから日本の岩場に打たれ、そして残置されてきたのである。

ヨセミテなど硬い岩質の岩場では、クロモリ材質のピトンが使われている。花崗岩の割れ目はまっすぐなものが多く、硬い材質がその岩質にマッチしているのである。クロモリのピトンは高価なこともあり、フォローがハンマーでたたいて抜き、回収していくのが原則になっている。しかし何度も打っては抜くことを繰り返すと、割れ目が広がりピトンスカーといわれる穴ができてしまう。

【ボルトの打ち方】

ハンマーで岩の表面のもろい部分を落とす

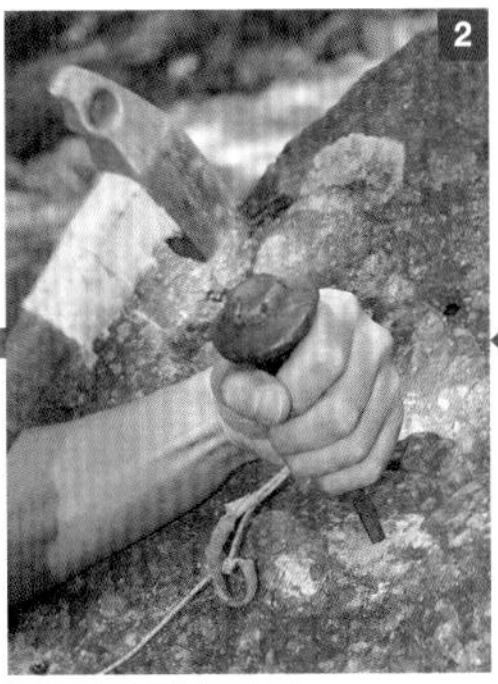
最初は軽く打ってキリの先端を岩に食い込ませる

先端が入ったらキリを回しながら強く打つ

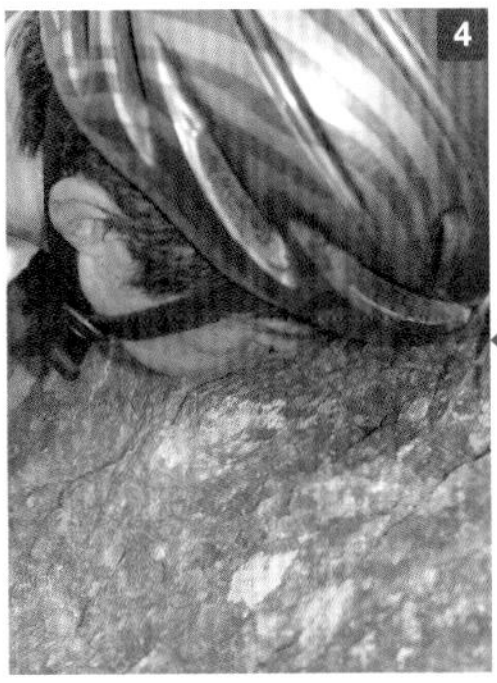
穴にたまった岩の粉を吹き払って取り除く

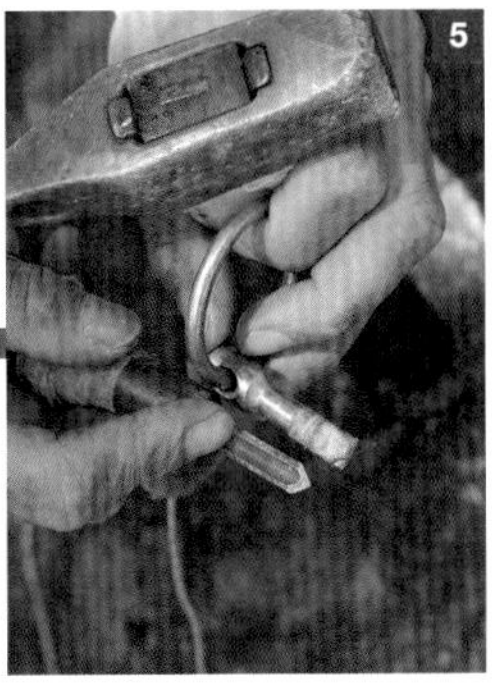
キリにはボルトの長さに合わせて目印をつけておくとよい

ボルトの長さに一致した穴があいた状態

ボルトを差し込み、荷重方向にリングを向ける

リングを押さえながら打ち込んで完成

■ボルトの強度

山の岩場で昔から多用されてきたリングボルトは、本来エイドクライミングの前進用で、確保支点に使える充分な強度は備えていない。しかも、数十年もつと信じられていたボルトも、条件によって意外なほど早く劣化することが知られるようになってきた。どうしても新たに設置する必要がある場合は、できるだけ右のようなハンガーボルトを使うようにしたい

いずれにしろピトンを打つことは、岩を傷つけているということを忘れないでほしい。現在はピトン以外のプロテクションギアがいろいろあるので、それらを積極的に使用したい。

ボルトの打ち方

ボルトを打つときは、本当にそのボルトが必要なのか、よく考えてからにしたい。ビレイポイントで、ピトンやカム類、樹木などで補いきれない場合には、ボルトを打つ必要もあるだろうが、既成ルートでのボルトの打ち足しは、基本的にしてはいけない。特に、ピッチ中のボルトの打ち足しは、ルート自体の性格を変えてしまう恐れがある。老朽化あるいは抜け落ちた部分を除き、むやみにボルトの打ち足しはしないように。

ボルトを打つには、ジャンピングという専用器具を使用する。器具の先には硬いキリが付いていて、ハンマーでたたきながら少しずつ回転させて穴をあけていく。岩の硬さにもよるが、花崗岩で約5～10分くらいで適当な深さにあけることができるだろう。一度打たれたボルトはずっとそこに残るので、設置場所も考え、責任をもって打つようにしよう。

懸垂下降

失敗は許されない

【懸垂下降の基本姿勢】

■上体
背もたれのある椅子に腰かけるようにロープを腰で引っ張り、後ろに体重をかける

■補助手
片手は下降器の上側のロープを軽く握る。あるいは、両手で下降器の下を握ってもよい

■制動手
下降器の下側の手で、下降スピードを調整する。この手は絶対に離してはいけない

■脚
壁を押すようにひざを伸ばし、後ろ向きで歩くようにすると安定して降りることができる

アルパインクライミングを行なううえで懸垂下降は絶対に必要な技術であり、同時に絶対に失敗が許されないものでもある。悪い気象条件、不明瞭な下降ライン、貧弱な支点、重い装備などの悪条件が重なると、懸垂下降は登攀より厳しいものとなる。過去にも懸垂下降による致命的な事故は多く、ルートを登り終えたからといって決して気を抜くことがないようにしたい。

基本的な練習は近郊の岩場などでもできる。アルパインクライミングの練習場として知られる三ツ峠（山梨）のような岩場ならば、懸垂支点がしっかり整備され、大きなテラスもあるため、落ち着いて練習できるだろう。しかし、突然の降雨に遭遇したり風が強かったりすることもある。多少の雨なら、本番だと思って練習しておけば、いざというときに慌てずに対応できる。

はじめての懸垂下降の練習は、足場のしっかりしたテラスから行なうようにしたい。必ず経験者にそばで

【 下降時のセットの手順（1本のロープで下降する場合）】

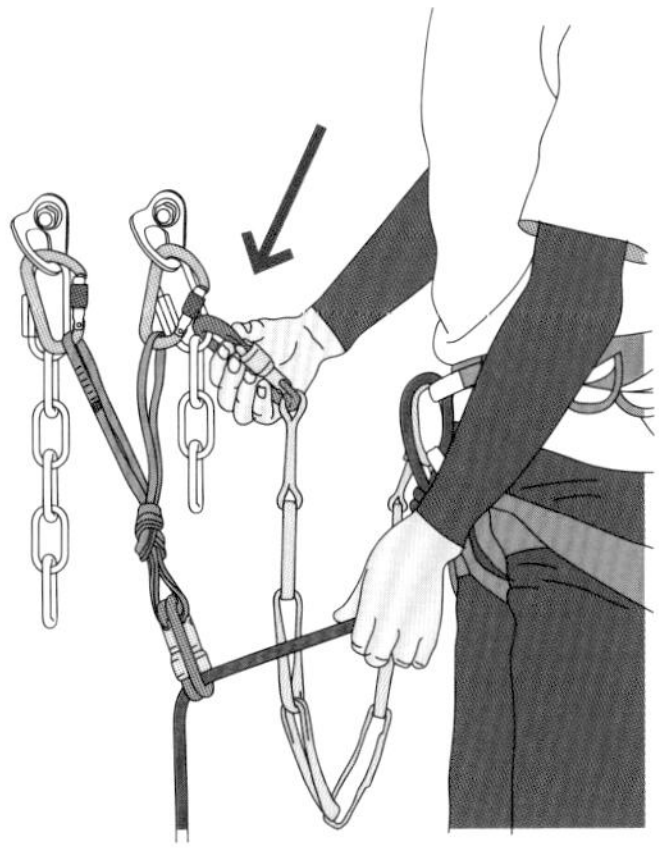

❶支点にセルフビレイをセット。ビレイ中であれば、この後にビレイヤーに「ビレイ解除」とコールする

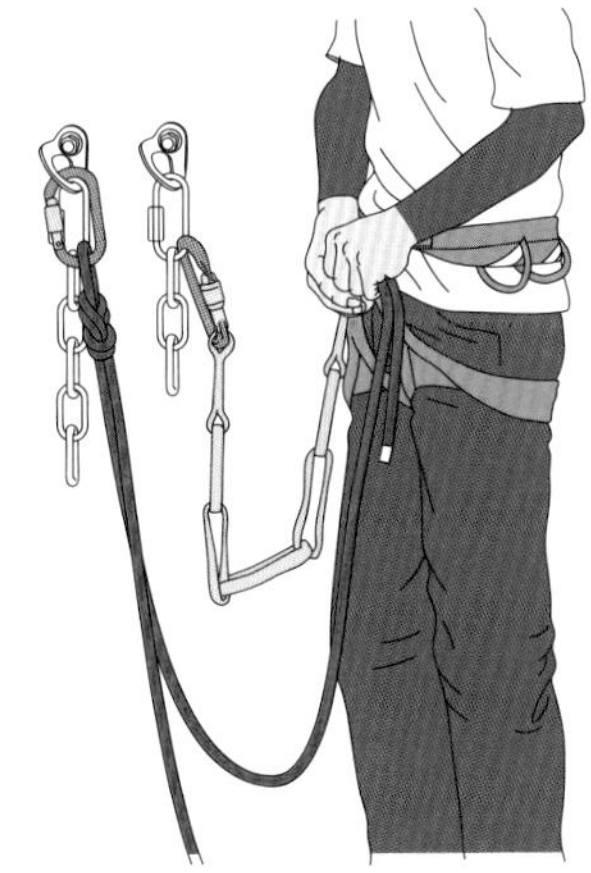

❷ロープを落とさないように支点に一度固定する。その後、ハーネスに結んでいたロープをほどく

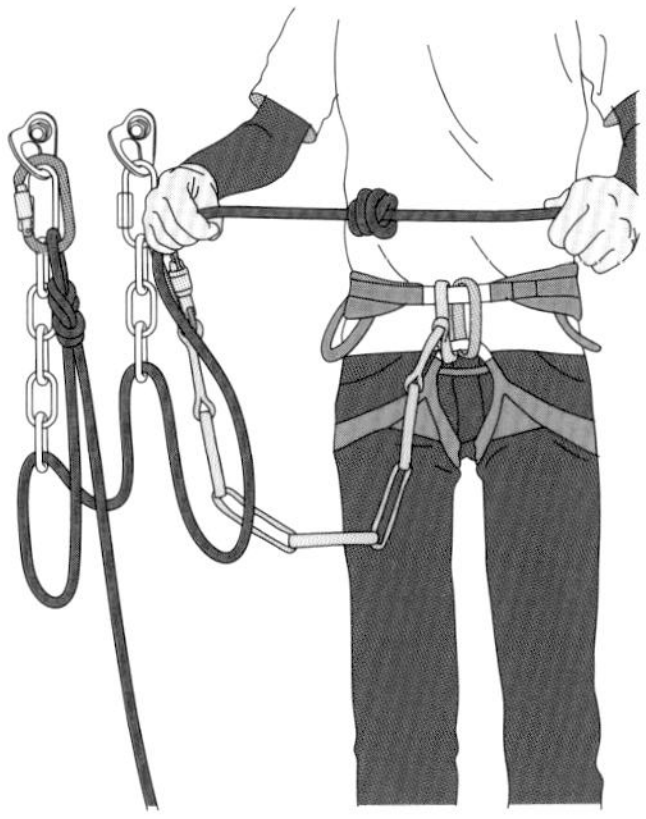

❸ロープを支点に通し、末端をダブルフィッシャーマンズノットで結ぶ

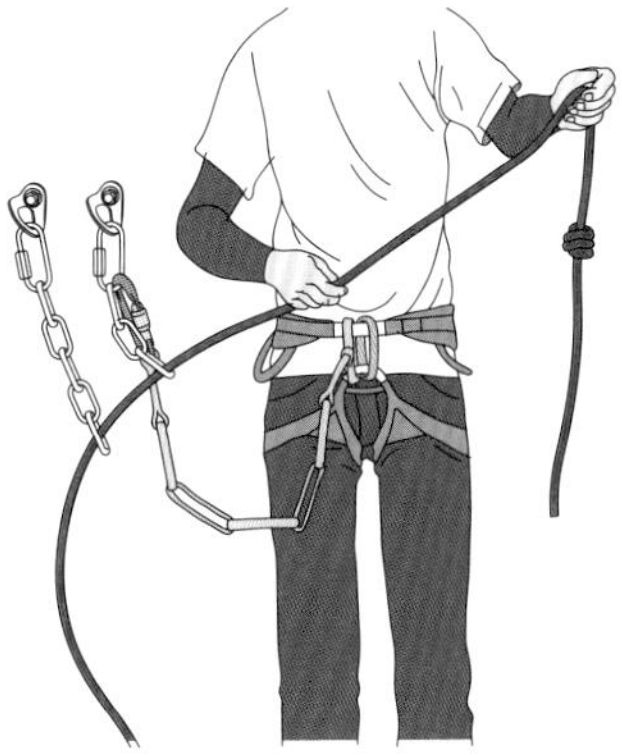

❹ロープのセンターマーク（中間点）がくるまで、ロープを引っ張る

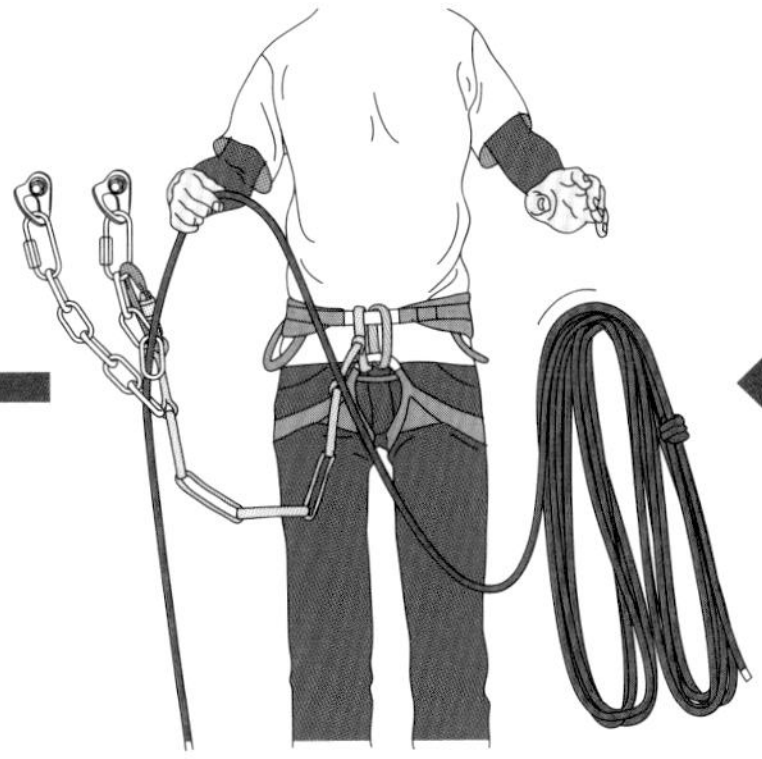

❺ロープを束ね、下に人がいないか確認して、「ロープ!」とコールしてから落とす

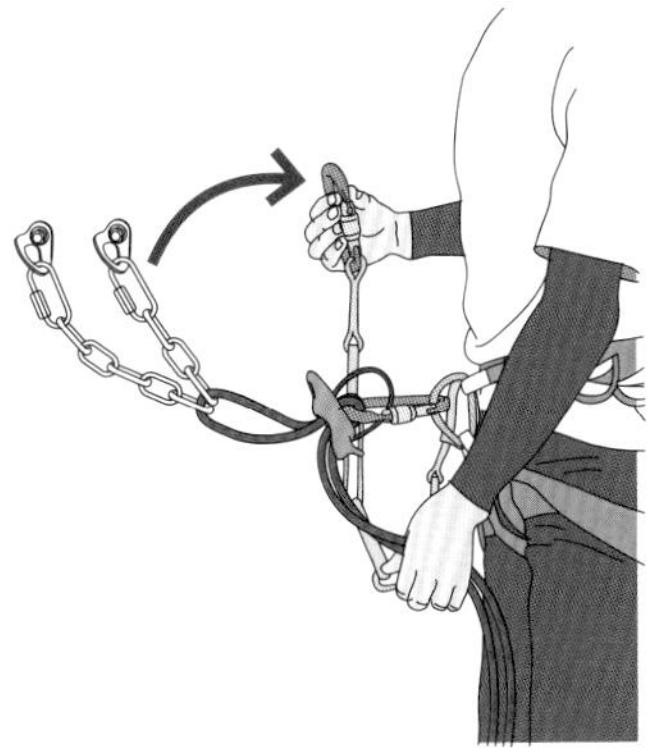

❻下降器にロープが正しくセットされているか確認して、セルフビレイを外して下降

指導してもらい、ロープのセットや下降の手順などをチェックしてもらう。下の到着地点では、もうひとりの経験者がロープを持ち、万一のときにロープを引けばストップするようにしておく。このように、下降開始地点と到着地点とで、2人の経験者についてもらえば安心である。

　下降支点が安全か否かは、初心者には見極めが難しい。基本的に、ふたつ以上のプロテクションからなる支点を懸垂下降用として使う。人気ルートの下降支点ではスリングが残置され、ロープのセット、回収をしやすくするためにカラビナやリング状の金具も残置してある。

　懸垂下降ではカラビナは必ず安全環付きを使う。下降器はロープの太さとの相性に注意。近年、ロープは細くなる傾向にあり、古い下降器では制動力が足りなくなる可能性がある。また、冬山では、凍ったロープで厚いグローブをつけて懸垂下降をするため、通常より滑りやすくなる。器具によっては適さないばかりか、危険なことがあるので注意したい。いくつかの下降器とロープとの相性など、さまざまなケースでの経験を積んでおきたい。

【下降時のセットの手順（2本のロープで下降する場合）】

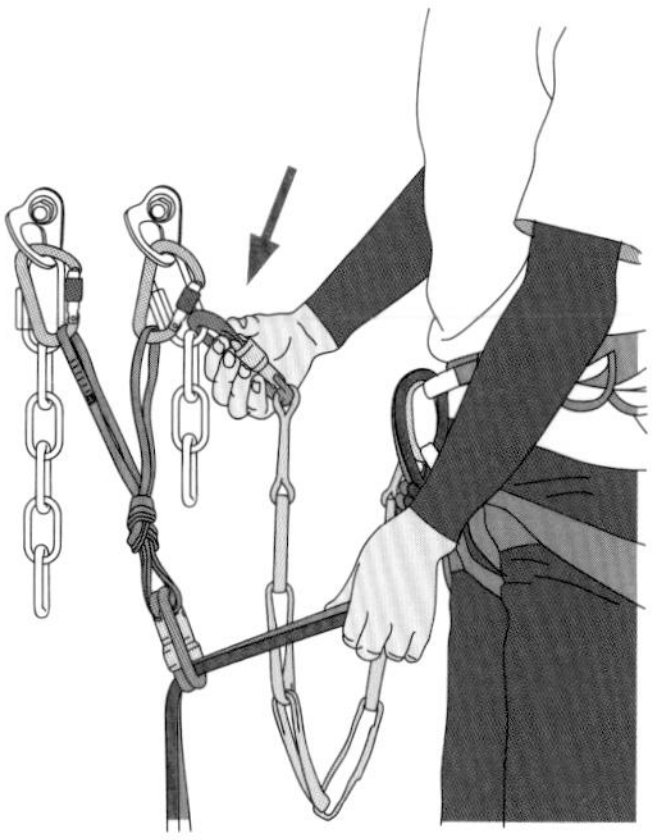

❶支点にセルフビレイをセット

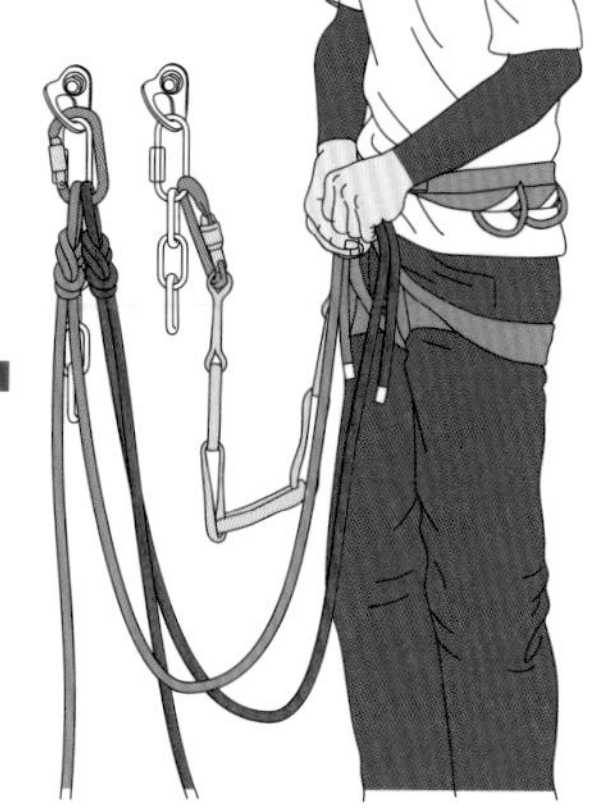

❷ロープを落とさないように支点に一度固定する。その後、ハーネスに結んでいたロープをほどく

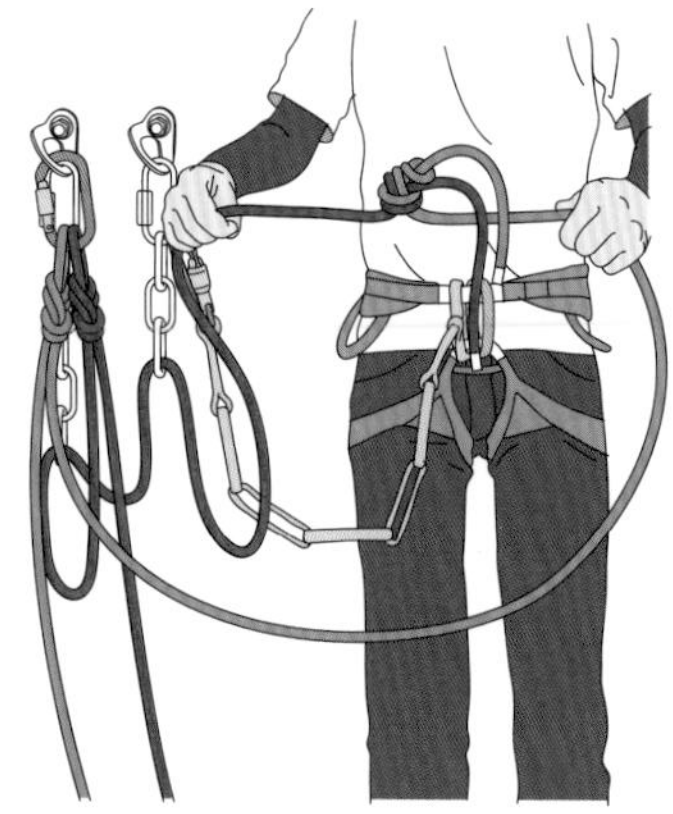

❸一方のロープを支点に通し、もう1本のロープとフラットオーバーハンドベンドなどで連結する

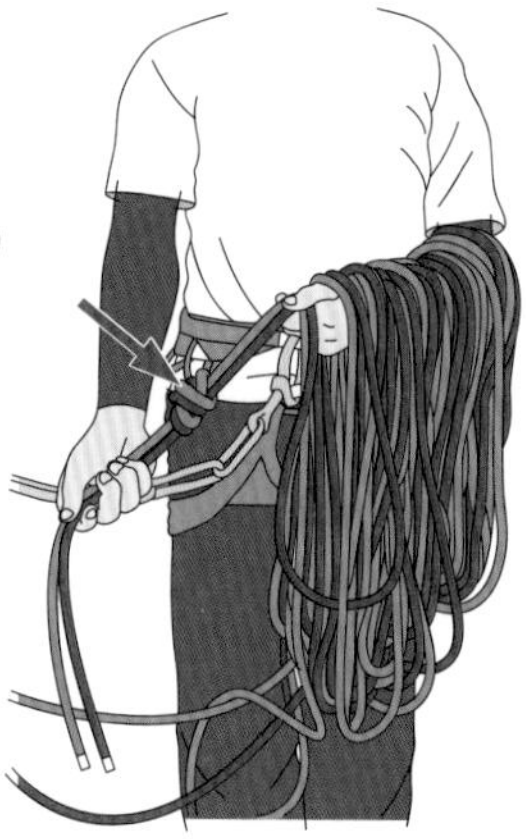

❹2本のロープの末端をダブルフィッシャーマンズノットで結ぶ

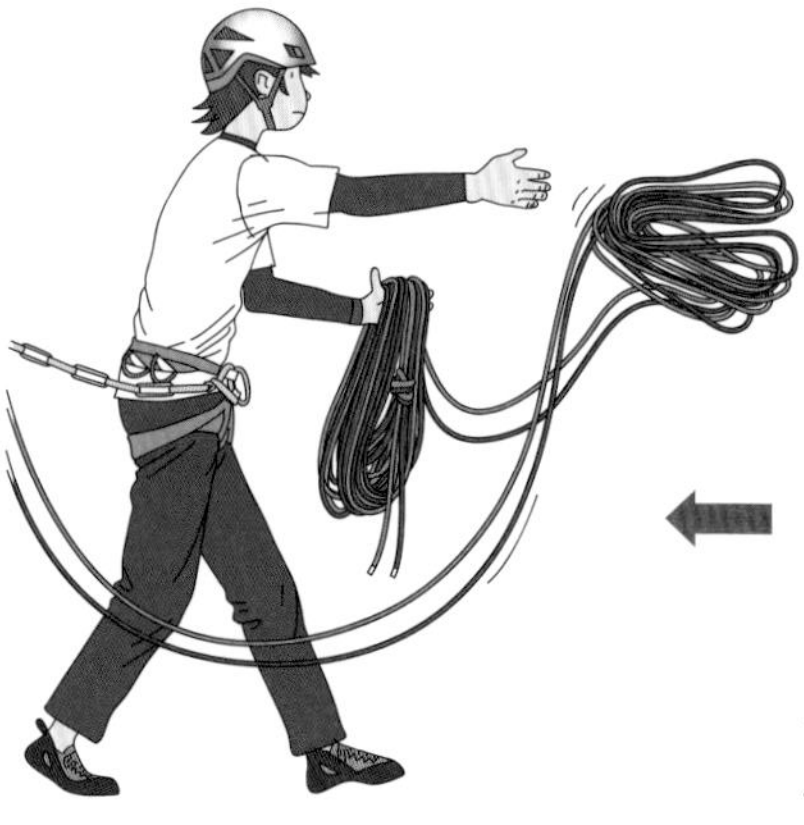

❺下に人がいないか確認して、「ロープ!」とコールしてから落とす。半分ずつより分けて支点側から落とすと引っかかりにくい

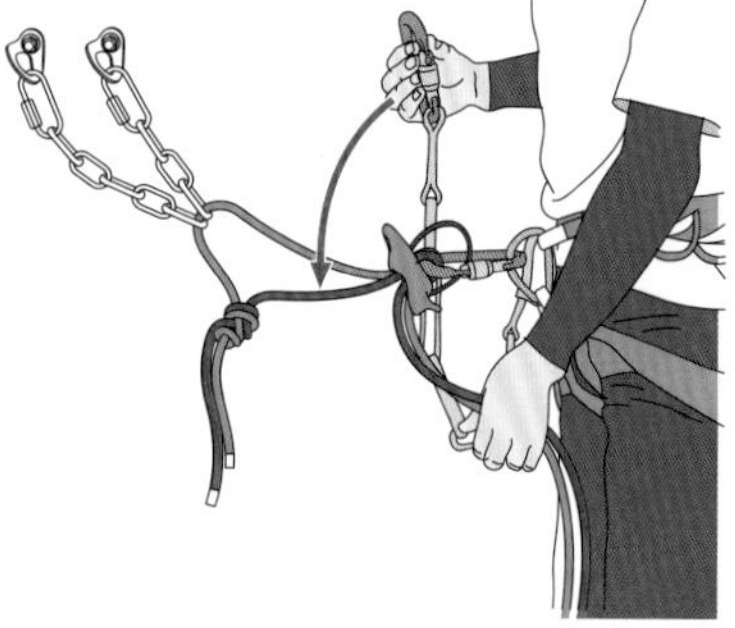

❻下降器にロープをセットし、セルフビレイを外して下降。外したセルフビレイはロープ回収時に引くほうのロープにかけておくと、どちらを引けばよいか忘れにくい

場合によっては、条件の厳しいなかで懸垂下降を行なわざるを得ないことがある。たとえば強風のときにロープを投げ下ろすと、風にあおられて岩角や樹木などに引っかかり、大変な思いをすることがある。また、重い荷物を背負っての懸垂下降中にからんだロープを直すのも大変である。このような場合は、ロープを束ねて（またはロープバッグに末端から収納して）ハーネスにぶら下げ、繰り出しながら下降する。

バックアップをあらかじめセットして、いつでも両手を離して停止できる状態にしておくと、からんだロープを直すときなど慌てずにすむだろう。特に、はじめて降りるラインでは、バックアップは必ずセットしておきたい。バックアップは、下降器の上にフリクションヒッチをセットする方法と、下降器をスリングなどで延ばし、その下にフリクションヒッチをセットする方法がある。セットがやや複雑だが、下降器の下にセットする方法は、手元でストップと下降の操作ができてラクである。

ときには下降ラインを間違えてしまうこともある。そうしたときは、

下降時はオートブロックを引き下げつつ、逆の手で下降スピードを調節する

手を離すことも可能だが、ロープの相性があるので事前確認は必須

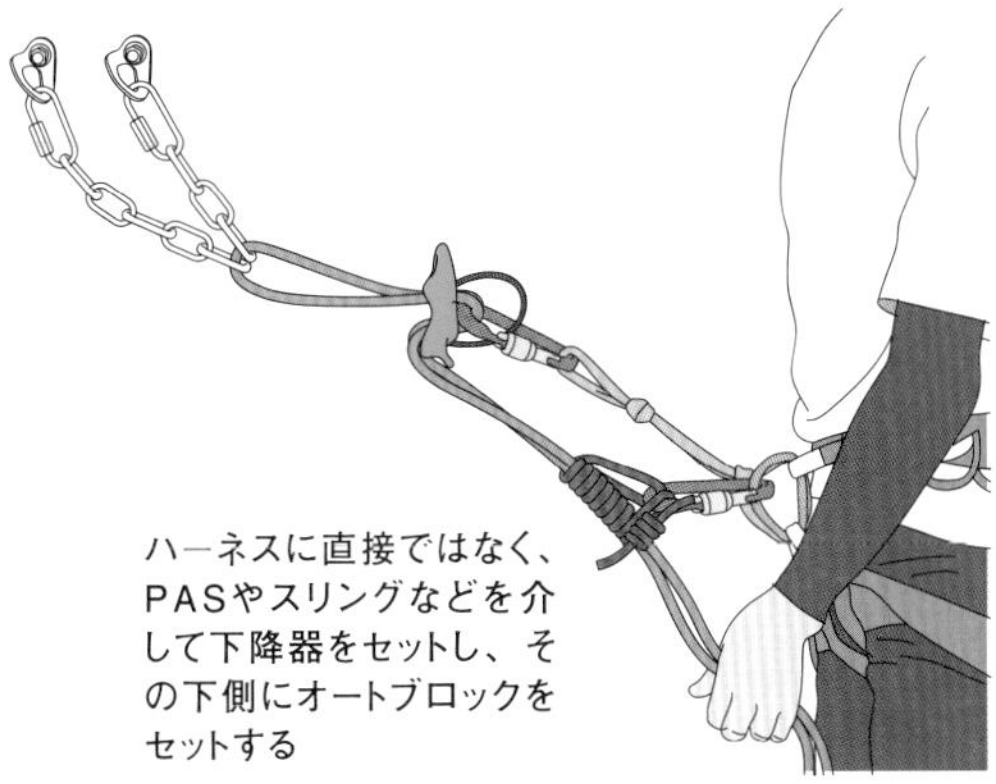

ハーネスに直接ではなく、PASやスリングなどを介して下降器をセットし、その下側にオートブロックをセットする

■バックアップをセットする

フリクションヒッチでバックアップをとると、下降中に両手を離して停止することができる。マルチピッチルートの下降時や、悪条件（ブッシュ帯や重荷など）での下降の際に便利

■下降支点の選び方

左下のビレイステーションのような強固なアンカーがあれば問題はないが、アルパインルートでは通常これほどしっかりした下降支点は得られない。なにもない場合も珍しくなく、樹木などを使うケースも多い。いよいよとなれば、ピトンやナッツ、カムを残置して使うことも必要になってくる。いずれも、安定した場所で一度ショックを与えてテストすることを忘れずに

残置のスリングやボルトは劣化していないかチェックしてから使う

樹木は充分に根が張っていることを確認。ロープを直接回して使う

フリークライミングの岩場によくあるビレイステーション

岩角は回収時にロープが引っかかりやすいのでスリングを残置する

■セルフビレイ

セルフビレイはPASを使用するのが安全かつ使いやすい。ハーネスのビレイループではなくタイインポイントにタイオフしよう。カラビナは必ず安全環付きを使う

装備のシンプル化・軽量化を図るなら、通常のスリングを使ってもよい。両側と中間部をオーバーハンドノットで結んでおけば、PASのような使い方もできて便利だ

セルフレスキューのシステムを使い（90㌻以降参照）、開始地点まで登り返す必要がある。バックアップのシステムから登り返しのシステムへ移行する練習もしておきたい。

　アルパインクライミングでは懸垂下降が生死を左右する場合も少なくない。練習においても、いつも同じ懸垂下降をするのではなく、さまざまなケースを想定して、いろいろなシステムを経験しておきたい。

■ロープを持って下降

落石が起こりそうな岩場やブッシュの多い壁、または強風のときなど、ロープを投げられないときは、ロープを持ったまま降りるとよい。スリングなどで束ねてハーネスに下げておくとじゃまにならず下降しやすい。下降しながら少しずつロープを繰り出していく

ブッシュの多い壁は、ロープを不用意に投げると、ブッシュにからまってやっかいなことになる

■2本のロープの連結方法

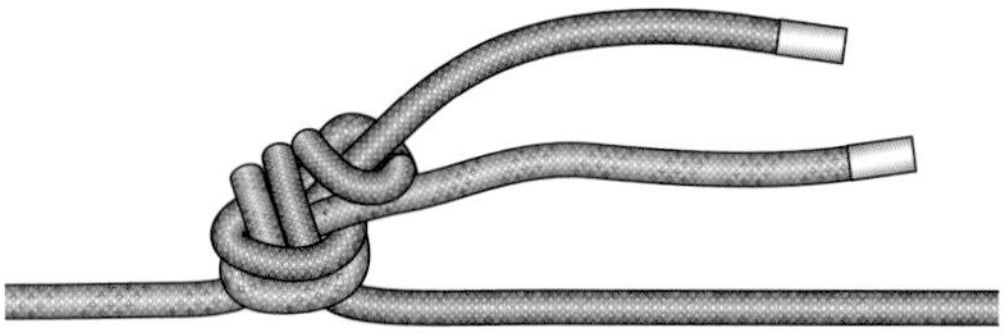

フラットオーバーハンドベンド

2本をオーバーハンドベンドで結び、1本のみオーバーハンドノットで末端処理。最もよく使われている方法

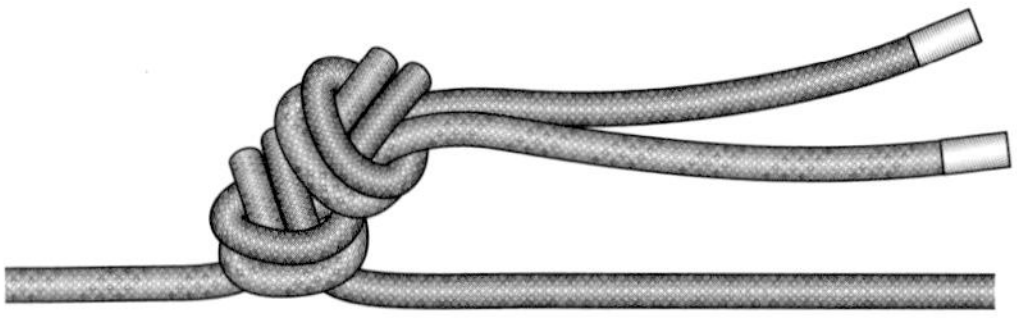

ダブルオーバーハンドベンド

オーバーハンドベンドを2回重ねる。結び目が岩面に対して立ち上がるので、回収時に引っかかりにくい

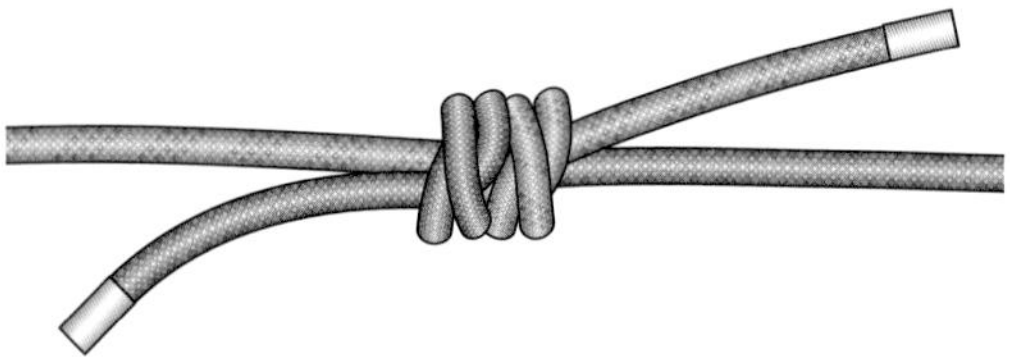

ダブルフィッシャーマンズベンド

ロープ径が異なる場合はオーバーハンドベンドよりこちらのほうがよい。ただし、荷重がかかるとほどきにくくなる

■ロープの回収

マルチピッチなどでルート途中の場合は、下り着いたらまずは必ずセルフビレイをとる。その後、先頭で下りた者は一度ロープを引いて、支点側にいるクライマーに声をかけ、ロープが動くか確認する。その後、ロープを引いて回収。ダブルロープのときは引く側を間違えると結び目が引っかかってロープが下りてこなくなるので要注意

■下降中の仮固定の方法

バックアップを用いない通常の懸垂下降中に一時的に停止する技術。やり方は各種あるが、現時点で最も簡単かつ安全性が高いと思われ、下降器の種類も問わない方法を紹介する

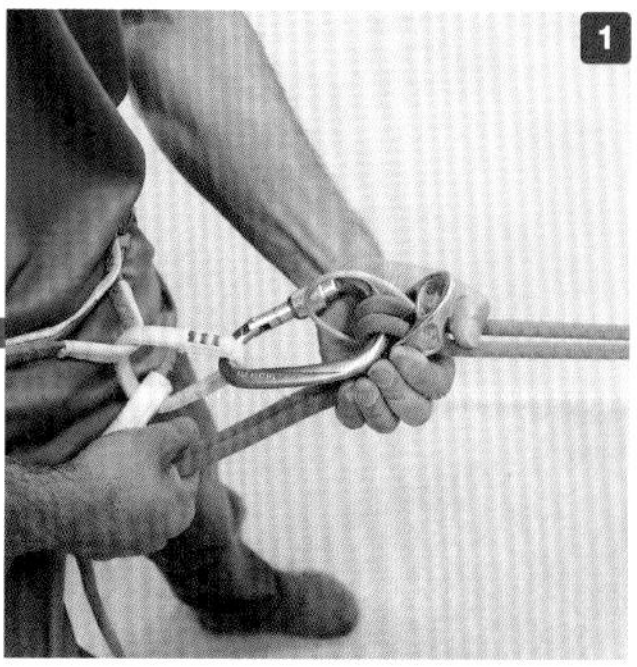

下降器を制動手の反対側の手（補助手）でロープごとつかむようにしてロック

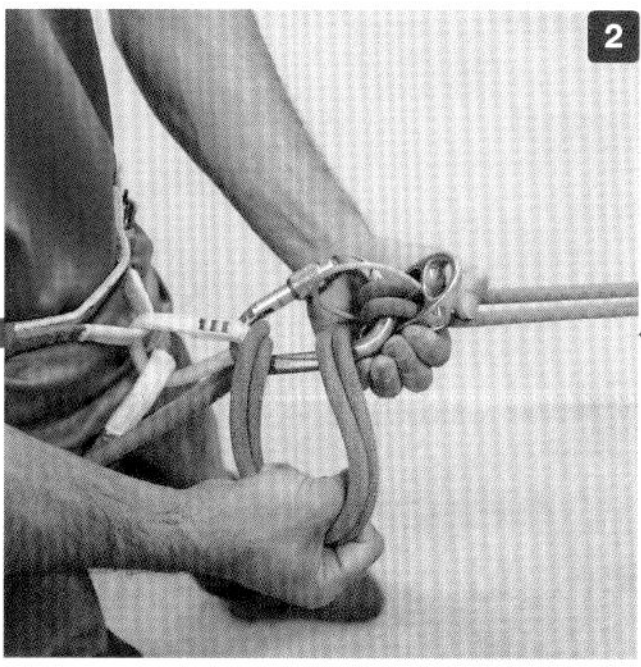

利き腕で、カラビナの下側からロープを20～30cmほど引き出す

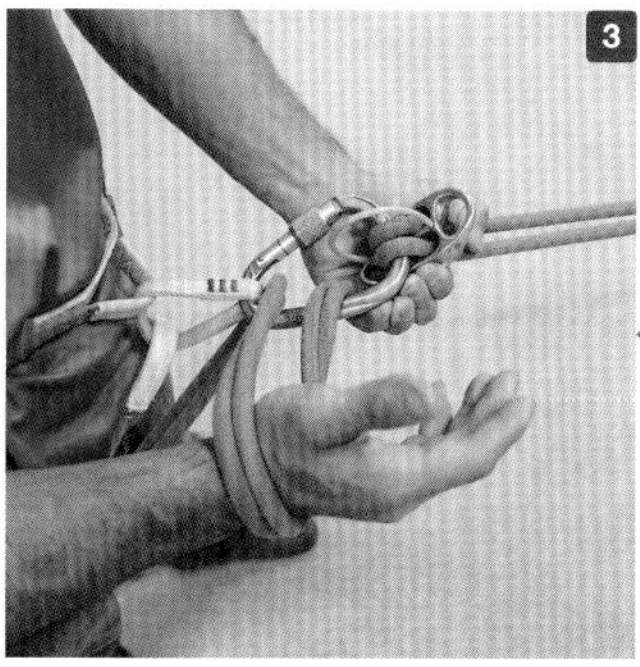

引き出したループの下側から、手首まで腕を通す

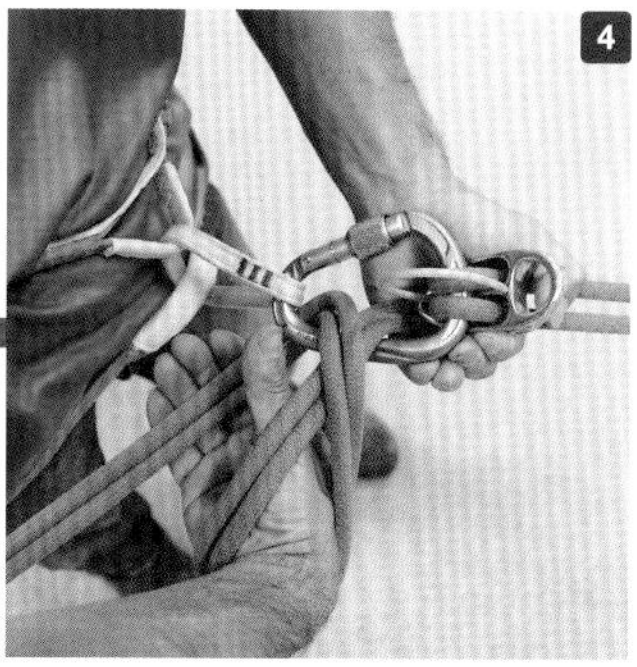

ループに入れた手首をひねって、下側のロープをつかむ

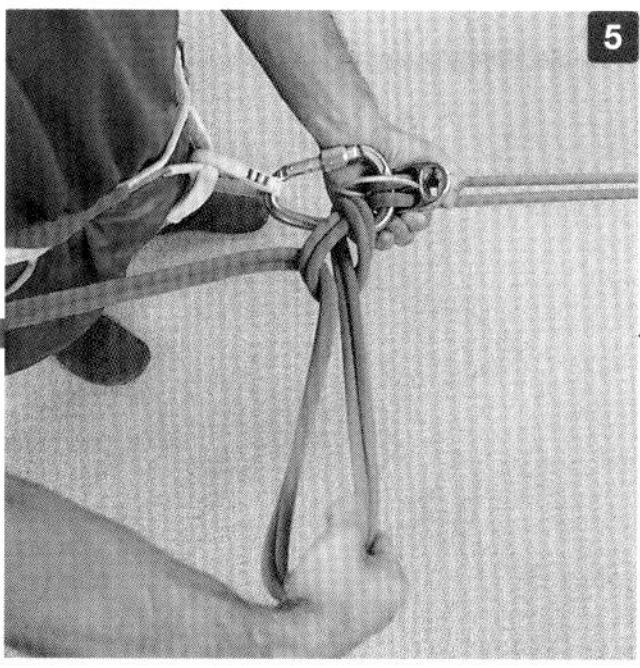

つかんだロープを50～60cmほど引き出す

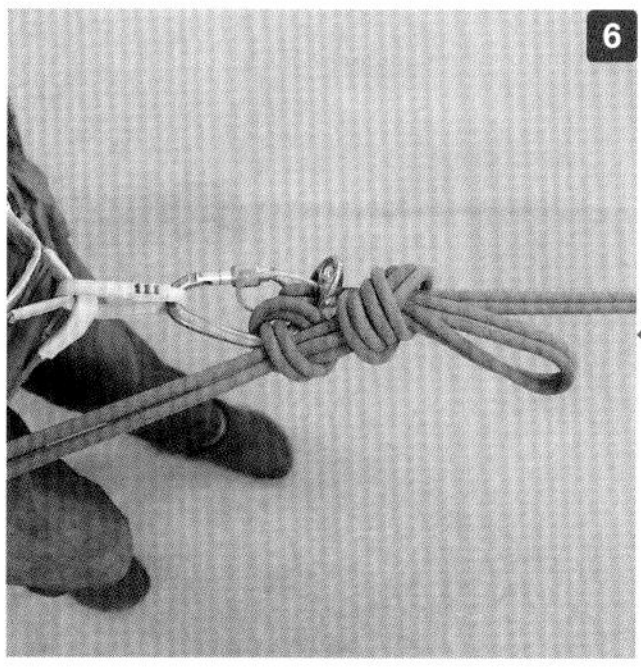

引き出したロープを下降器の上にオーバーハンドノットで固定する

■ムンターヒッチでの下降

下降器を落としてしまったなど、下降器がないときにカラビナのみで懸垂下降する方法。セットの手順は以下を参照。多用するとロープが傷みやすいことと、キンクしやすいことが難点だが、覚えておくといざというとき役に立つ

ロープにカラビナをかける

すくい上げるようにひねる

ループになったロープを押さえる

ループの上にカラビナをかける

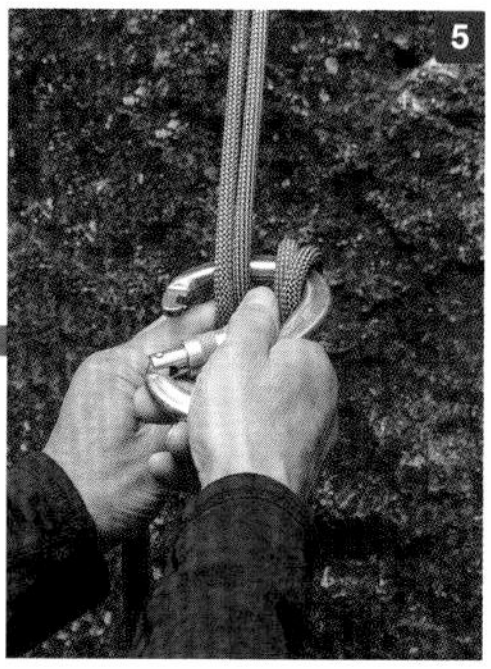

このようになる

カラビナのゲートを閉める

制動側のロープをカラビナのゲートの逆側に出すようにする

制動側ロープを持って下降する

マルチピッチの登り方

システムの理解がカギ

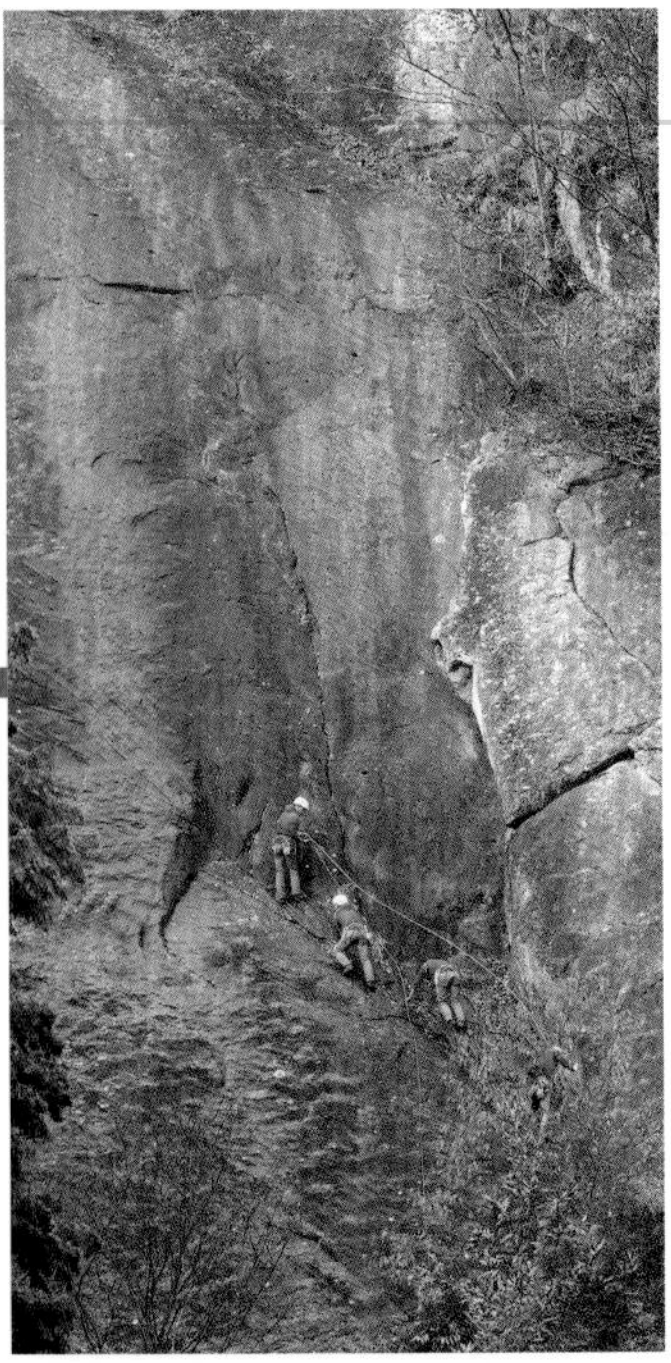

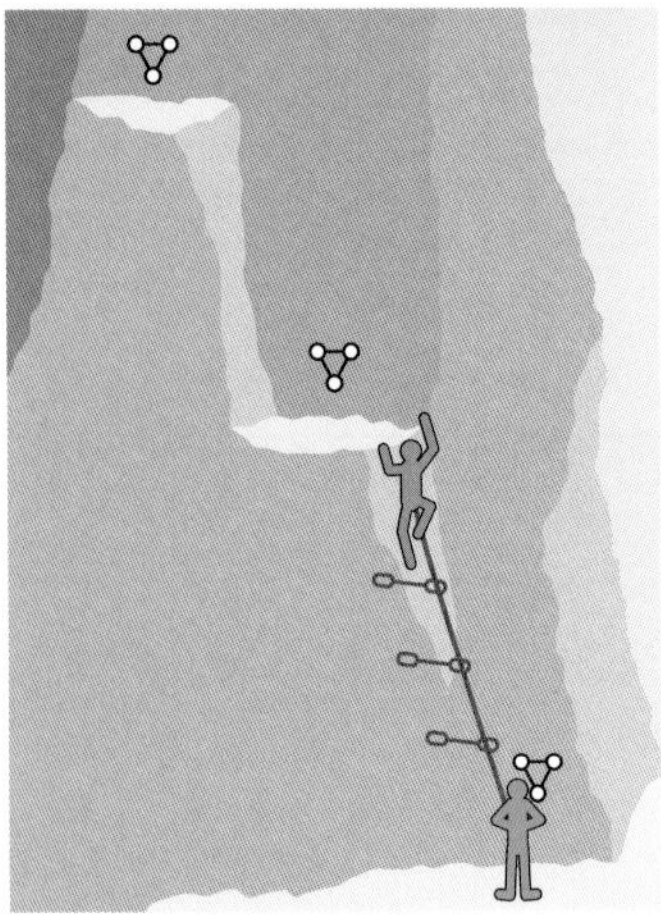

■1ピッチ目のリード

地面からスタートして1ピッチ目の終了点をめざす。終了点に着いたらアンカーを構築し、セルフビレイをセットしてからロープを引き上げ、フォローのクライマーをビレイする態勢をつくる

【マルチピッチのシステム】

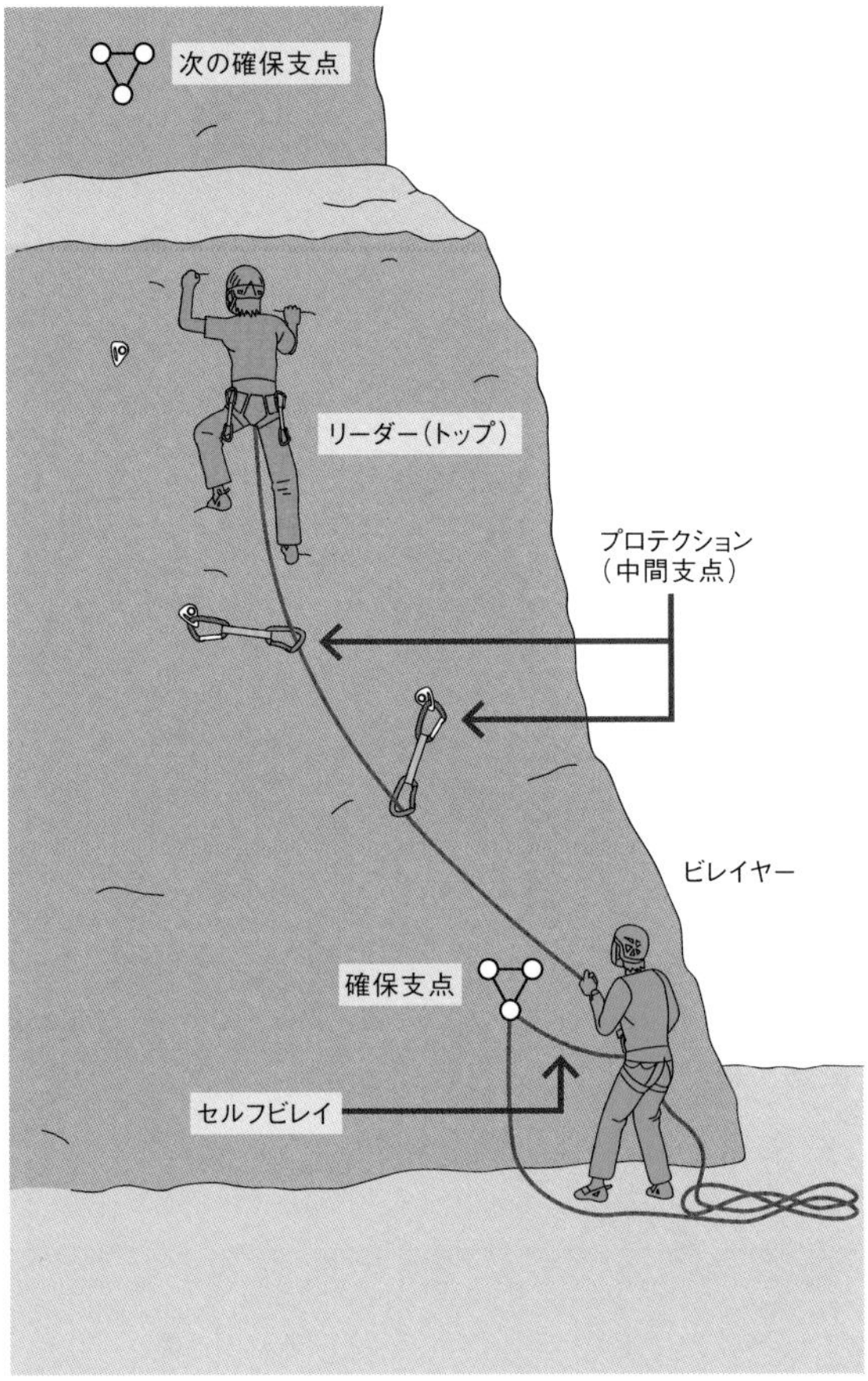

基本的に2人1組で（3人以上の場合もあり）パーティを組み、複数ピッチを登っていく。ビレイヤーとクライマーの入れ替わりや、プロテクションやアンカーの構築技術、セルフビレイや懸垂下降の技術など、総合力が必要となる。安全とスピードの兼ね合いも重要。安全を重視しすぎるあまり時間がかかりすぎると、かえって危険な状況に陥ってしまうこともある

一般的なフリークライミングとアルパインクライミングの違いのひとつに、マルチピッチの登攀ということがある。もちろんフリークライミングでも、1ピッチのルートだけではなく、マルチピッチのクライミングも行なわれる。しかし、アルパインクライミングでは、ほとんどの登攀がマルチピッチとなり、マルチピッチの登攀システムなしでは考えられない。

マルチピッチの基本は、2人でひとつのパーティを組み、リードとフォローがピッチごとに交代しながら登るというもの。この場合、実力は同等レベルであることが望ましい。レベルが違うが2人ともリードができるパーティは、そのルート中で難しいピッチは、レベルが上の人が受け持つように計算して、リードの順番を組み立てていく。まだリードに慣れていないか、リードできない人がパートナーの場合、リーダーは1人で全ピッチのリードを受け持つ必要がある。リード1人でフォロー2

■1ピッチ目のフォロー

フォロークライマーをビレイするときは、マルチピッチ用のビレイデバイスを使うとやりやすい。フォロークライマーはギアを回収しながら登り、アンカーに到着したらセルフビレイをセット

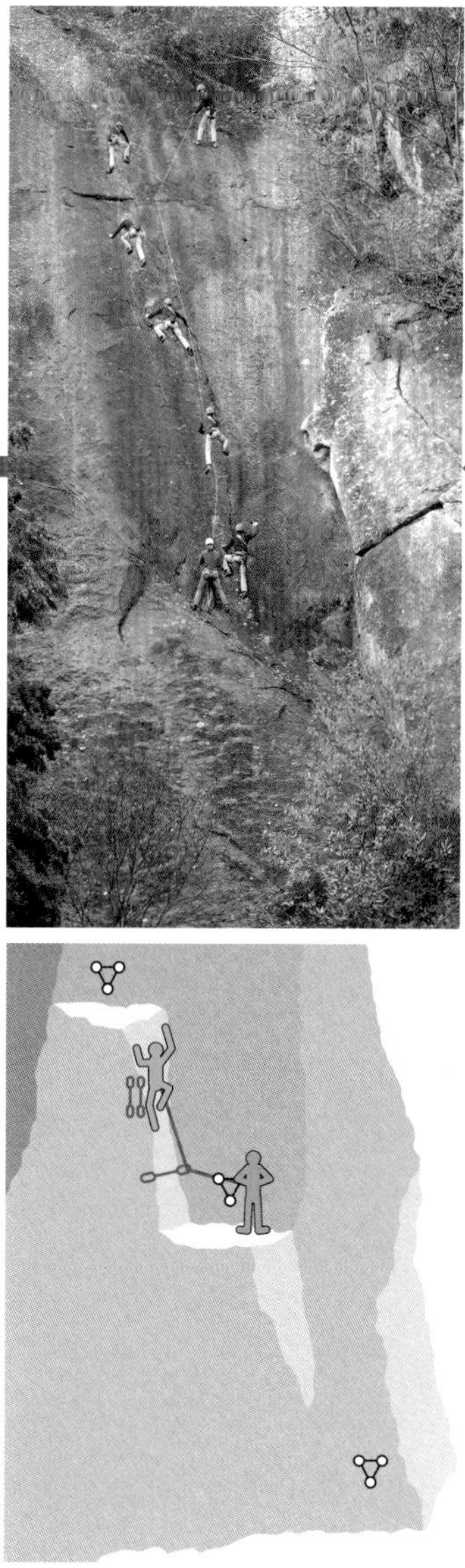

■2ピッチ目のリード

フォローしたクライマーは次のピッチのリードクライマーとなるのが効率的。登りだす前に、次のピッチをリードするために必要なギア類の受け渡しや、ビレイデバイスのかけ替えを行なう

■2ピッチ目のフォロー

2ピッチ目終了点のアンカーに着いたら、1ピッチ目同様に、フォローするクライマーを上からビレイする。以降、これを繰り返すことで、数十ピッチにわたるロングルートも登ることができる

人の場合もあるが、リードする人が、リード、ビレイなどすべてにわたり熟知し、慣れていないと時間がかかってしまう。

リードする人は自分の受け持ったピッチを登りきり、フォローをビレイして、無事に迎え入れることが役割となる。一方、フォローする人は、リードする人のビレイが主な役割だが、リードの準備のサポート（ロープやギアを準備するなど）をして、スムーズに登攀が行なえるように協力したい。

同時に、ミスが許されない山奥の環境下で、長時間ストレスのかかる活動をすることになるので、悪天候やアクシデントへの対応、そしてレスキュー技術などもより重要になってくる。

パーティは、ルートを登りきることを目的として組まれているが、互いに協力して、スムーズにクライミングが達成されなければ意味がないだろう。互いに信頼し、パートナーに命を預けて、力を合わせて困難を切り抜けていくことにアルパインクライミングの醍醐味はある。パーティは、クライミングを通して得られる時間を共有しているのである。

【 リード&フォローの流れ 】

マルチピッチでは、スタート時にロープの末端を全員が結び合っておく。これはルートの終了点まで基本的にほどくことはない。ロープとハーネスが適切に装着されているか、互いに声を出してチェック

ロープを2本使う場合、写真のように、青ロープがハーネスの右側、赤ロープが左側などと決めて結ぶと、ビレイなどがやりやすくなる

ビレイの準備ができたら、リードするクライマーが登り始める。取付が不安定な場所である場合は、ビレイヤーはセルフビレイをとっておく

1ピッチ目の終了点に着いたら、アンカーを構築し（ここではクアッドアンカーを使用）、メインロープをクローブヒッチで結び、セルフビレイをとる

セルフビレイはメインロープでとるのが基本。長さ調整が簡単にできたり、余計なギアを必要としないなど、メリットが多い

「ビレイ解除」とコールし、余ったロープを引き上げる。下にいるクライマーはロープが全部上がったら「ロープいっぱい」とコールして知らせる

ロープを引き上げたらビレイデバイスをセット。この間、下のクライマーは登る準備をし、「登ります」とコールして登り始める

フォロワービレイ時は、ビレイデバイスをアンカーに直接セットして行なう

登ってくるフォロークライマーをビレイする

リードしたクライマーがピッチの終了点（ビレイポイント）に到着後、アンカーを設置。フォローのビレイをして、フォローが到着した後、リードを入れ替わるまでが一連の流れとなる。ビレイやロープの結び方など個々の技術に特別なものはないものの、それらを連続した流れとして自分のものにするには、繰り返し練習することが大切だ。

岩場でのアンカーの構築には、樹木を用いたり、カムやナッツを使うなど、多様なパターンがあるが、最初はボルトで整備されたルートで練習することをすすめる。複雑な手順になるので、まずは安全と確実さを求めよう。

基本的な注意点は以下のとおり。

①正しいアンカーの構築（均等荷重された強固なもの）
②ビレイポイントで作業しやすい環境づくり
③自分とパートナーの安全確保
④確実で適度な長さのセルフビレイ
⑤フォロワービレイの正しいセット
⑥フォロワービレイでのスムーズなロープ操作
⑦フォローとリードのスムーズで確実な入れ替わり

フォロークライマーは登り着いたら安全環付きクイックドローをアンカーにセット

その安全環付きクイックドローに、メインロープをクローブヒッチで結び、セルフビレイをとる

次のピッチに必要なギアの受け渡しをする。ギアは手渡しせず、アンカーにかけて渡せば落としにくい

ビレイヤーとなるクライマーはアンカーにかけていたビレイデバイスをハーネスにセットする

セルフビレイにしていたクローブヒッチを外す。そのクイックドローにはロープを通しておき、1本目のプロテクションとする

2ピッチ目を登り始める

繰り返し練習することで、これらの一連の流れを、考えずとも行なえるように体に覚え込ませることが理想である。できれば同じパートナーで、何回か練習することをすすめる。ある程度の自信がもてるようになったら、樹木やカムなどをアンカーに利用するルートなど、次のステップに進もう。

マルチピッチを練習するには、ある程度の高度差があり、3～4ピッチほどある岩場が望ましい。各ピッチの終了点に大きなテラスがあり、落ち着いてロープ操作ができるルートを選ぶといいだろう。初心者が最初からリードを受け持つことはないだろうから、手順についてはフォローしながら覚えていけばいい。ただし、リードする人のビレイと、自分自身のセルフビレイのセットは、事前に練習してスムーズにできるようにしておきたい。

1ピッチ目は地面での操作なので、比較的落ち着いてできるだろうが、2ピッチ目以降、高度が出てくると焦ってしまい、最初にできたことができなくなることがある。ゆっくりでもいいからしっかりと体に覚え込ませるようにしよう。

ロープの使い分け方

ツインロープ

ロープを2本使うことはダブルロープと同じだが、2本ともひとつの支点にかけてシングルロープのように使う。ルートが直線的で長い懸垂下降が必要なアイスクライミングなどで使われることがあるが、あまり一般的ではない

ダブルロープ（ハーフロープ）

ロープを2本使い、左右に振り分けて支点にかけていく。アルパインクライミングではこれが基本。屈曲したルートでもロープラインを直線的に保ちやすいことと、1本が切れてももう1本がバックアップになることなどがメリット

シングルロープ

ロープを1本だけ使う。シンプルで扱いやすいが、ルートが直線的でないとロープの流れが重くなりがちなことと、懸垂下降時に一度に長い距離を下降できないことから、アルパインクライミングではあまり使われることがない

リード固定式とつるべ式

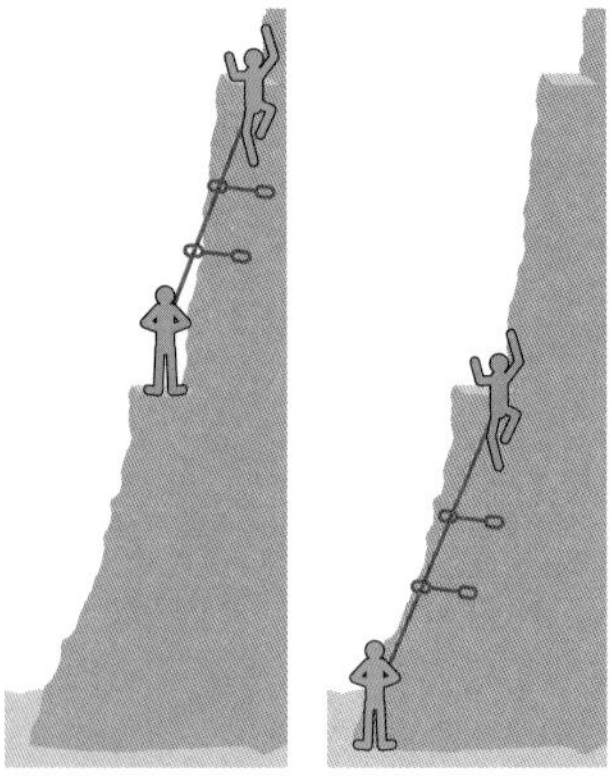

つるべ式

交互にリードを交代する登り方。スピードアップに有利だが、実力が同じレベルの者同士でないとやりづらい

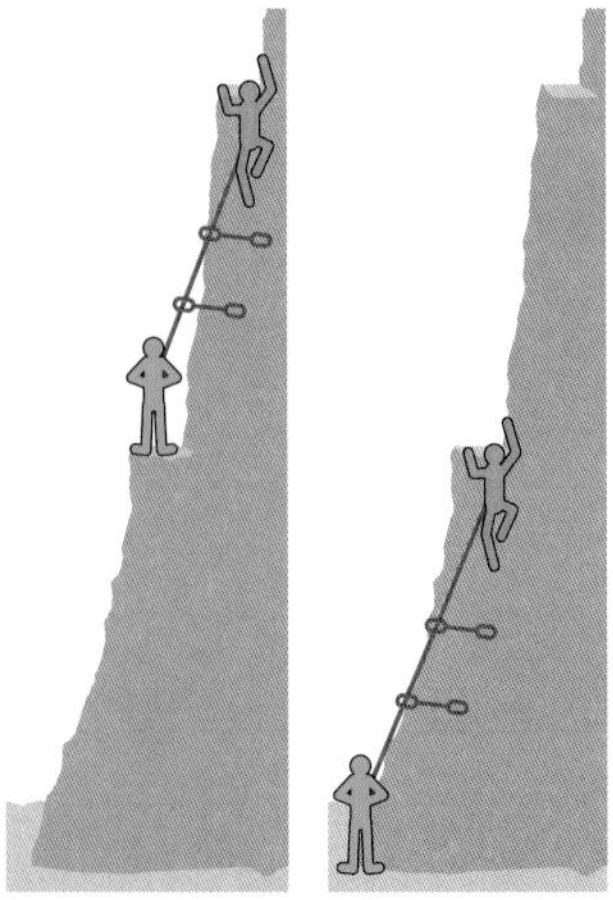

リード固定式

常に同じ人がリードを担当する。実力に差がある者同士のパーティで有効

ロープの流れに注意する

ピッチを登りだす前に、ルートをできるだけ観察しよう。どのあたりが難しそうかだけでなく、プロテクションはどこにとれそうかということも確認し、ロープラインのイメージを固めておく。全体のイメージが頭に入っていると、ロープをスムーズに延ばすことができる

ピッチ出だしから全体が見えないことも多いが、トポなども参考にしながらロープの流れを考えておく

場当たり的にプロテクションをとると、交差してしまったりして危険

3人で登るときのシステム

3人で登るときは大きくふたつの方法がある。ひとつは2本のロープの末端にそれぞれ1人ずつがつながる方法（左の図）。もうひとつは、3人が直列につながる方法だ（右の図）。いずれもリードするクライマーは原則的に交代できない。このかたちで登るときにリードを交代したい場合は、5ピッチ程度ごとにロープを結び直して交代するという方法がとられることが多い

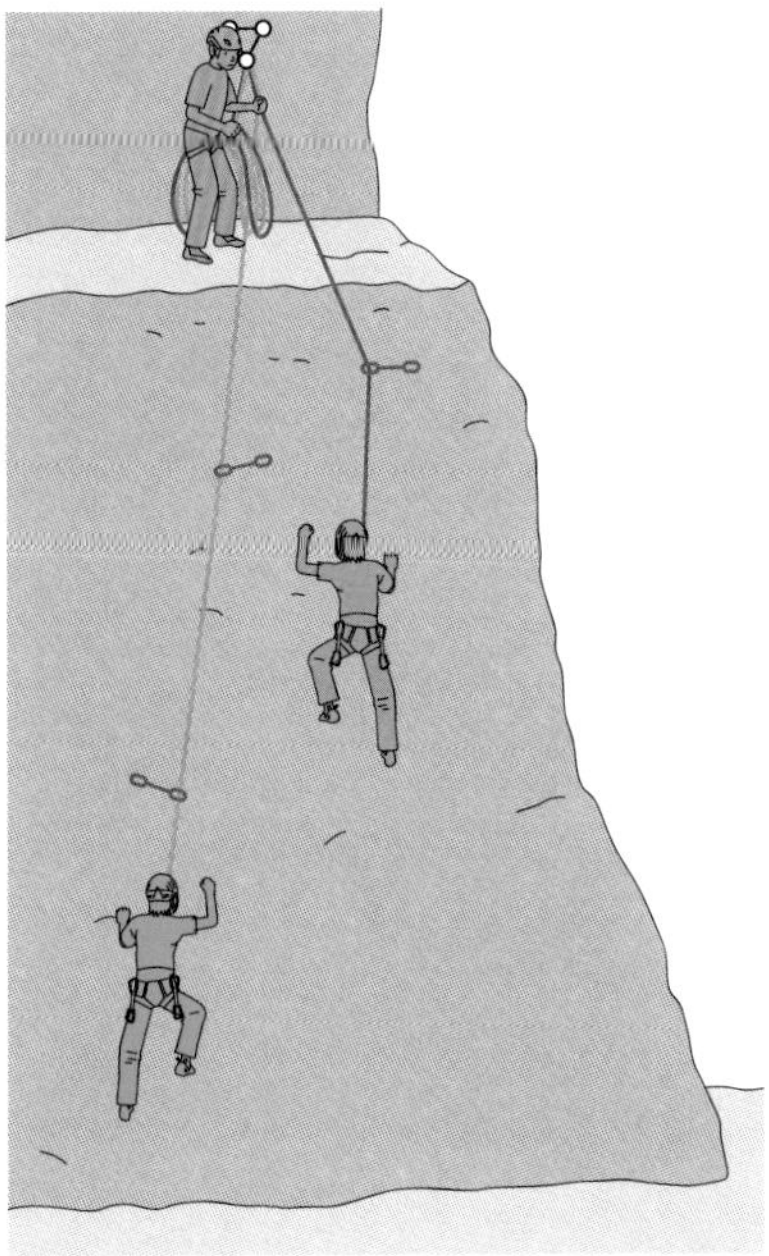

2本のロープの末端に1人ずつつながり、やや間隔を空けて同時にフォローする。リードするクライマーは通常のダブルロープと同じようにリードする

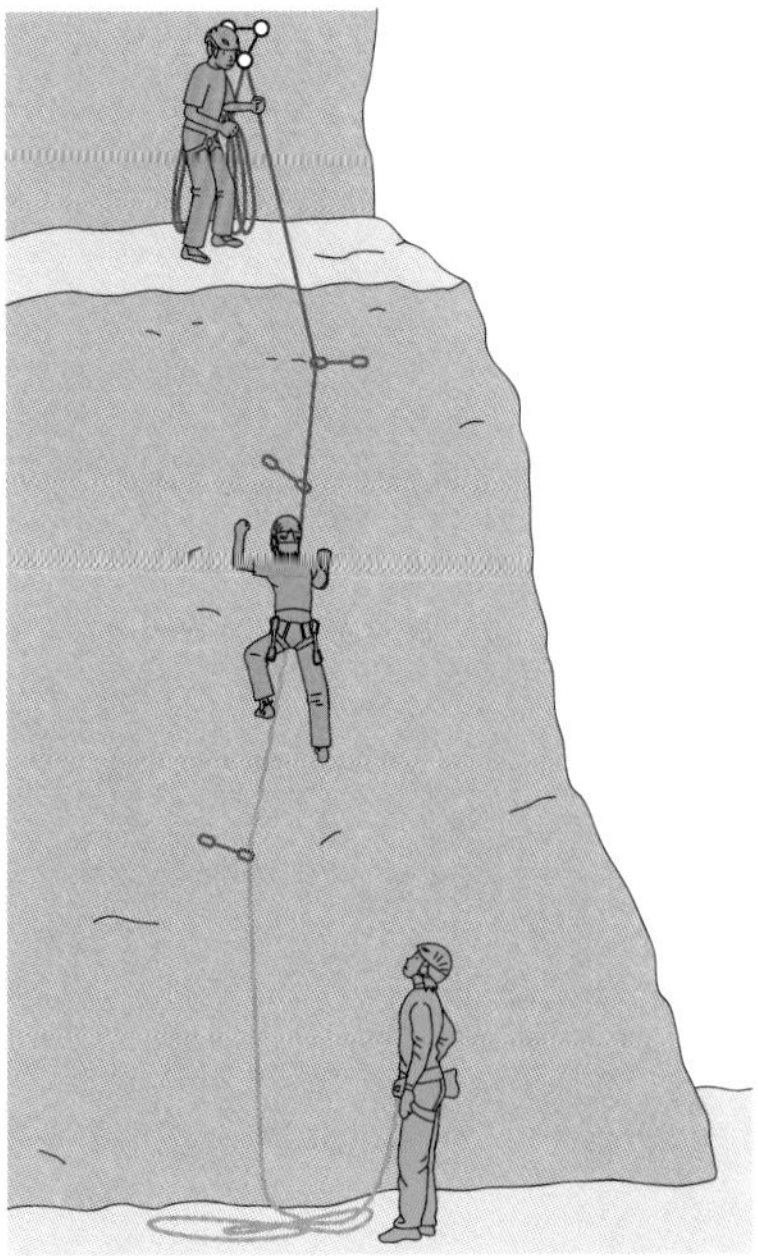

3人が直列につながり、フォローは1人ずつ登る。時間がかかるので、よほど難しいルート以外はあまり使われない。ピッチが短い場合はシングルロープでも可能

クライミングコール

クライミングコール（以下コール）とは、クライマーとビレイヤーが言葉で指示を伝え合うこと。簡単なことのように思えるが、思わぬ事故につながる危険性をはらんでいるものでもある。

たとえば、ほかのパーティのコールを自分のパートナーが発したものだと勘違いしてビレイを解除してしまい、事故となった事例もある。

アルパインクライミングの現場では、強風や地形によって声が聞こえないときがあるうえ、ビレイヤーとクライマーがお互いに見えない状態で意思疎通をしないといけない状況も珍しくない。

クライマーはビレイヤーに対して、アイコンタクトや身ぶり手ぶり、ときにはロープの動きも利用して指示をわかりやすく伝えなければならない。一方、ビレイヤーに求められるのは、クライマーはいま何をしているのか、本当にビレイを解除してよいのかなど、常にクライマーの一挙一動に注意すること。クライマーがしてほしいことを予測することも大切だ。

人はミスを犯すものということを前提に、コールひとつもおろそかにしないようにしよう。

リード～ビレイポイント （クライマー／ビレイヤー）

コール	意味
ロープ!	ロープを少し繰り出せ
アップ!	ロープを張れ
頼むよ!	落ちるかもしれないのでビレイよろしく
残り10m!	ロープの残りがあと10m
ビレイ解除!（解除!）	ビレイを解除してくれ
解除しました!（解除!）	ビレイを解除した

フォロー～ビレイポイント （フォロワー／ビレイヤー）

コール	意味
いっぱい!	ロープの引き上げを止めよ
ビレイOK!（登れ!）	ビレイしたので登ってよし
登ります!	セルフビレイを解除してこれから登る
ロープゆるめて!	ロープを少しゆるめてくれ
アップ!	ロープを張れ

リード&フォローのビレイ

壁のなかでもスムーズにできるように

メインロープでセルフビレイをとり、
それに体重を預けるような体勢をつ
くると安定してビレイができる

■リードの
ビレイ

マルチピッチルートのビレイポイントは下地が不安定なことがほとんど。セルフビレイに体重を預けたほうがよい

■フォローの
ビレイ

上からのビレイになるのでクライマーの姿が見えにくいことが多い。ロープの動きに注意して的確にビレイしよう

ビレイとは、リード／フォローを問わず、相手の墜落を止めるのが第一の役目である。フォローする人をビレイするのは、トップロープと同じ状態なので落ちる距離は限られ、ロープ操作もそれほど難しくはない。しかしリードをビレイする場合は、相手の動きに合わせ、的確なロープの張り具合が求められる。リードする人は、プロテクションをセットしたあと、クリップするときにロープを1mほどたぐり寄せる。そのときビレイヤーは素早くロープを繰り出さなければいけない。また、トラバースのときはあまり張りすぎてはならないし、難しい箇所で行き詰まったなら、墜落に備えて動きをよく見ていないといけないだろう。

ビレイヤーは、相手の動きをよく観察して、スムーズにロープを繰り出したり、引き寄せたりしなくてはならないが、ルートによっては相手が見えない場合がある。そのようなときはロープの引かれるスピードで、難しい箇所なのか、それともやさし

ロープはセルフビレイの上に振り分ける

ビレイ中に余ったロープを下に適当に垂らしていくと、ロープがからまったり落石を誘発したりする。写真のようにセルフビレイの上に振り分けてかけておくとそうした危険がなく、簡単に整理できる。下の写真のように、クライマーが核心部にさしかかったところでロープがからまると最悪なので、丁寧に行なおう

ピッチ出だしは要注意

ピッチの出だしで落ちるとテラスに激突したりするうえ、墜落係数が大きくなりがちなので、特に慎重にビレイしよう。マルチピッチではブッシュや岩などでクライマーの姿が見えにくいことも多いので、ビレイ位置もよく考えて

マスターポイントを延ばす

支点が広いテラスの奥にあるなどして、適切な位置でビレイがしにくいときは、メインロープを使用してマスターポイントを移動させると、クライマーの姿が見やすく、ロープの擦れも最小限にできる。セッティングの方法はいろいろあるが、基本的にはメインロープでのセルフビレイを長くとることで行なう

誤ったビレイ方法

ビレイデバイスを支点にセットしてリードクライマーをビレイするのはNG。必ずハーネスにセットすること

その場合は支点で一度折り返してビレイする。ただしロープ操作は少々やりにくい

オートブロック機能のないビレイデバイスを支点にセットしてフォロービレイをするのはNG

い箇所なのか、想像できるようになりたい。経験を積むにしたがって、いまビレイ点に着いて支点をセットしてロープをたぐり寄せているなど、見えない位置からもだいたいわかるようになってくる。ある程度リード&フォローのシステムが理解できたなら、3〜4ピッチのやさしいルートで自分もリード側の立場になり、ロープ操作を学んでいきたい。リードする人は、どれくらいのロープの張り具合がちょうどいいのか、ビレイヤーにどんなことを求めるのか、逆の立場から考えるのはビレイするうえで重要である。

　ビレイする体勢は、落ち着いて余裕がもてるようにしたい。足場がないような不安定なビレイ点では、セルフビレイに体を預けてハーネスに座るようにする。ときには数十分そのままビレイすることがある。どんな確保支点でも、ビレイのときはリラックスして、両手が自由になるように体勢をつくるようにしよう。

　なお、最近のビレイデバイスは機能的に優れているが、落としてしまってはどうにもならない。万一そうなったときにも、なんとか切り抜けられる技も身につけておこう。

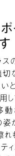

【 ビレイデバイスなしでのビレイの方法 】

■ムンターヒッチ

カラビナ1枚だけでビレイできるシンプルな方法。イタリアンヒッチとも呼ばれる。結び方は35ページ、65ページも参照

上側のロープを1回ひねる

そのループをカラビナにかける

下側のロープを手前に引き出す

そのままひねらずにカラビナにかける

■ガルダーヒッチ

同じ形のカラビナ2枚を使用する方法。ムンターヒッチよりもロープの流れがスムーズ。カラビナは同じ形のD型を使用し、表面がなめらかなものがよい。35ページも参照

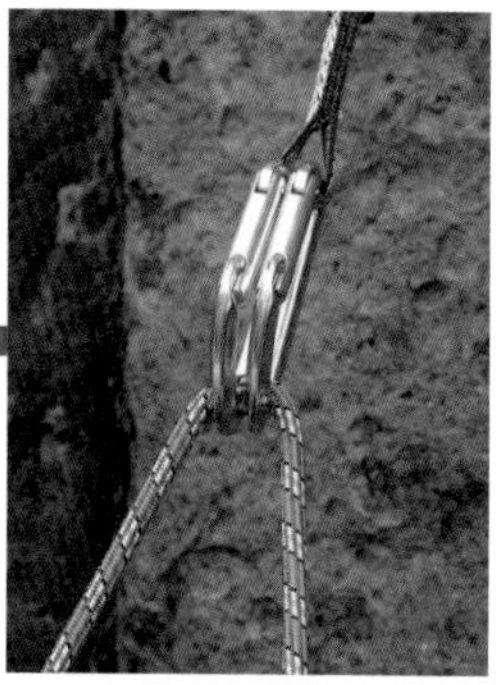
❶カラビナ2枚にロープをかける

❷ループを作り1枚のカラビナにかける

❸右のロープを引いてループを上にずらす

❹制動側のロープで制動力をコントロールする

■肩がらみ確保

雪上のビレイでよく使われるが、素早く確保体勢に入れるので、冬季以外でも利用価値はある。不確実な支点しかないときにフォローのビレイに使えるが、やはり初級者には難しい

■グリップビレイ

カラビナでターンさせたロープを握り、ロープ同士の摩擦で制動をかける。ちょっとした短い箇所などでビレイするのに便利だが、ビレイそのものは難しく。初級者は失敗する危険性もある

Part 3

応用技術

岩場の形状

形に応じた呼び方を知る

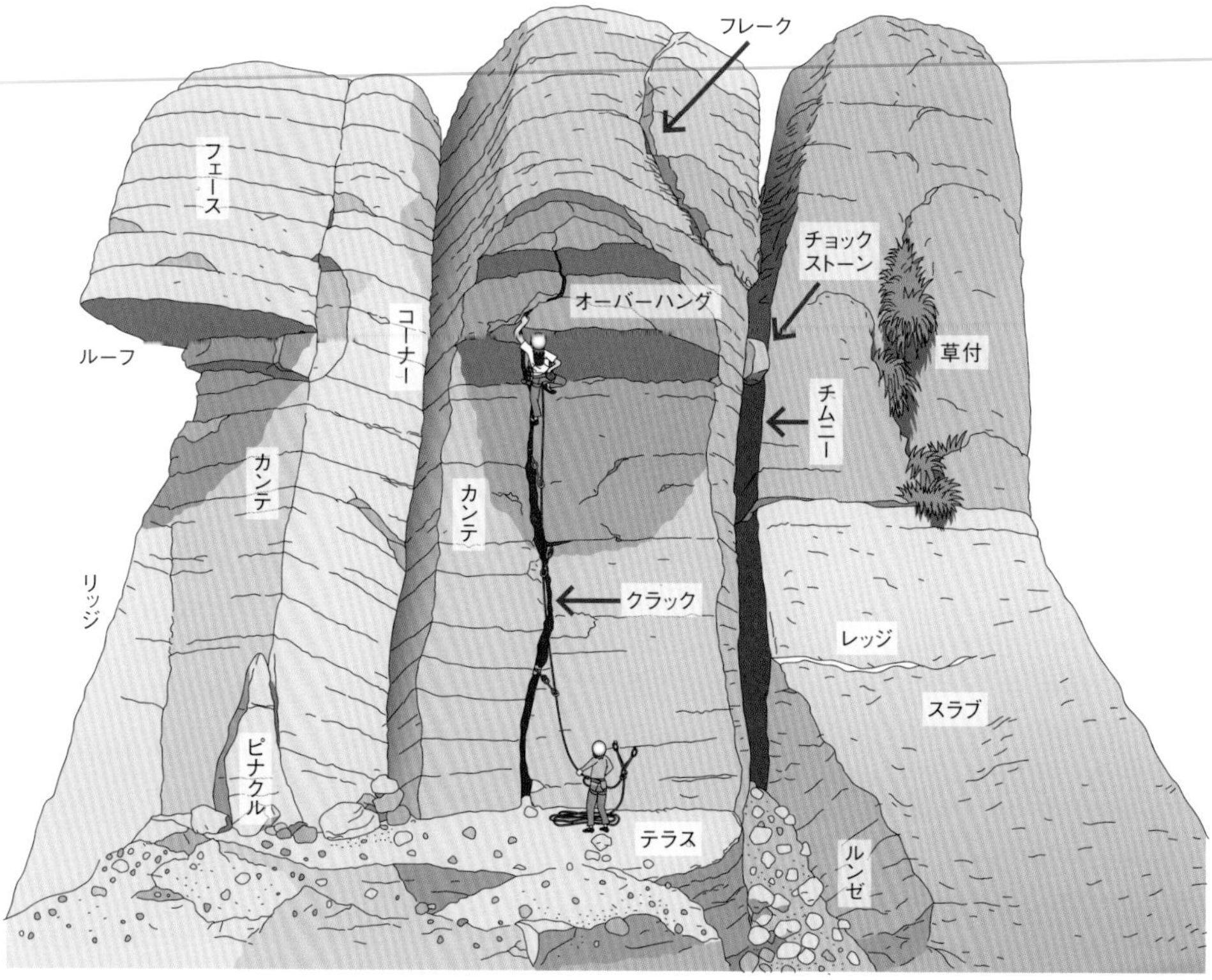

一見のっぺりとした岩壁でも、よく観察すると意外なほど多くの凸凹や割れ目があるものだ。それらの見極めが岩登りでは重要になる。

既成ルートのない岩を目の前にしたときのことを想像してみよう。岩の面にくぼんだ部分が上まで続いているとする。それはディエードルという形状で、登りやすいラインとして期待できるだろう。また、途中に広い棚（テラス）があれば、そこでピッチを切ることもできる。このように、岩の形状は登る際にとても大切な要素となる。これらを利用して巧みにルートを登っていくのである。

クライマー同士は、いわば暗号のように岩の形を表現して意思疎通を図っている。しかしカンテやディエードルはドイツ語、フェイスやクラックは英語、ほかにもフランス語を使うなど混乱しやすいものもある。ルーフとオーバーハングの違いなど微妙なものもあるが、経験を積むにつれ覚えていけるだろう。

■コーナー（ディエードル）

凹角状の部分。岩の弱点としてルートとなることが多い。ステミングが重要となる

■クラック

岩の割れ目。カム、ナッツ、ハーケンなどの支点をセットし、ジャミング技術で登る

■フレーク

板状の岩。一部分が岩壁に張り付いているだけで、大部分は離れている場合が多い

■カンテ（アレート）

岩が柱のように飛び出した角の部分。リッジよりも急峻で、明瞭な登攀ラインとなる

■オーバーハング

手前にせり出した壁。フリーで登ることは困難で、アルパインクライミングでは人工登攀になることが多い。単に「ハング」ともいう

■フェイス

垂直前後の壁で明瞭なクラックのない部分をこう呼ぶ。ホールドの形状はさまざま。どのような岩壁にもこの傾斜の部分がある

■スラブ

傾斜のゆるい垂直以下の壁。簡単と思いきや、手がかりのない場所が多く、あなどれない。シューズのフリクション性能が登攀のカギ

■ルーフ

オーバーハングのうち、傾斜が極度に強いものをこう呼ぶ。180度に前傾している場合もあり、まさにそれはルーフ＝天井そのもの

■レッジ

非常に狭い岩棚。テラスよりも狭く、立つことしかできないほどのものをこう呼ぶ。腰をかけられる程度のスペースがある場合もある

■テラス

岩壁の途中にある岩棚。人が寝られるほどの広さがあるものをこう呼ぶ。ビレイポイントやビバークサイトとして使われることが多い

■ピナクル

岩稜や岩壁上に突き出た岩塔。ルート上の目印になるほか、小さなものはスリングを回して確保支点や懸垂下降に使用したりする

■リッジ

尾根状に続いた岩。そこをたどるラインは、ルートファインディングが簡単な場合が多い。傾斜が垂直に近いものはカンテと呼ばれる

■バンド

レッジが横に長く延びた部分。岩壁を大きく横切っているものも。登攀中にそこをトラバースし、別のルートに合流することもある

■草付

草でおおわれた斜面。バンドや岩壁下部のアプローチなど緩傾斜帯にできやすい。急な草付は不安定で危険な登攀となる場合も多い

■チョックストーン

岩の隙間にはまり込んだ石。大きいものでは数メートル大のものもある。小さい場合はスリングを巻きつけて支点にすることもある

■ルンゼ

岩場にある急峻で狭い溝状・谷状の地形。古典的な登攀ルートとなる場合が多いが、落石や雪崩の通り道でもあるので注意が必要

ルート図とルートファインディング

ルートを読む

【ルート図の例】

意味	記号	意味	記号
フェイス	記号なし	クラック	
スラブ		チムニー	
オーバーハング		フレーク	
ルーフ		チョックストーン	
ピナクル	(形を示す)	草付	
リッジ		ブッシュ	
カンテ(アレート)		洞穴、岩小屋	
レッジ		ビレイ点	
テラス		アブミビレイ点	
バンド		ルート	
凹角(ディエードル、コーナー)		ルート(見えない部分)	
ルンゼ(ガリー、クーロワール)		ボルト(目印になるもの)	
ガレ場		ピトン(目印になるもの)	

よく使われるルート記号の例。岩の形状を模式的に表わすようにつくられているので、覚えるのは簡単だろう。記号からすぐに岩のイメージが描けるようにしておきたい

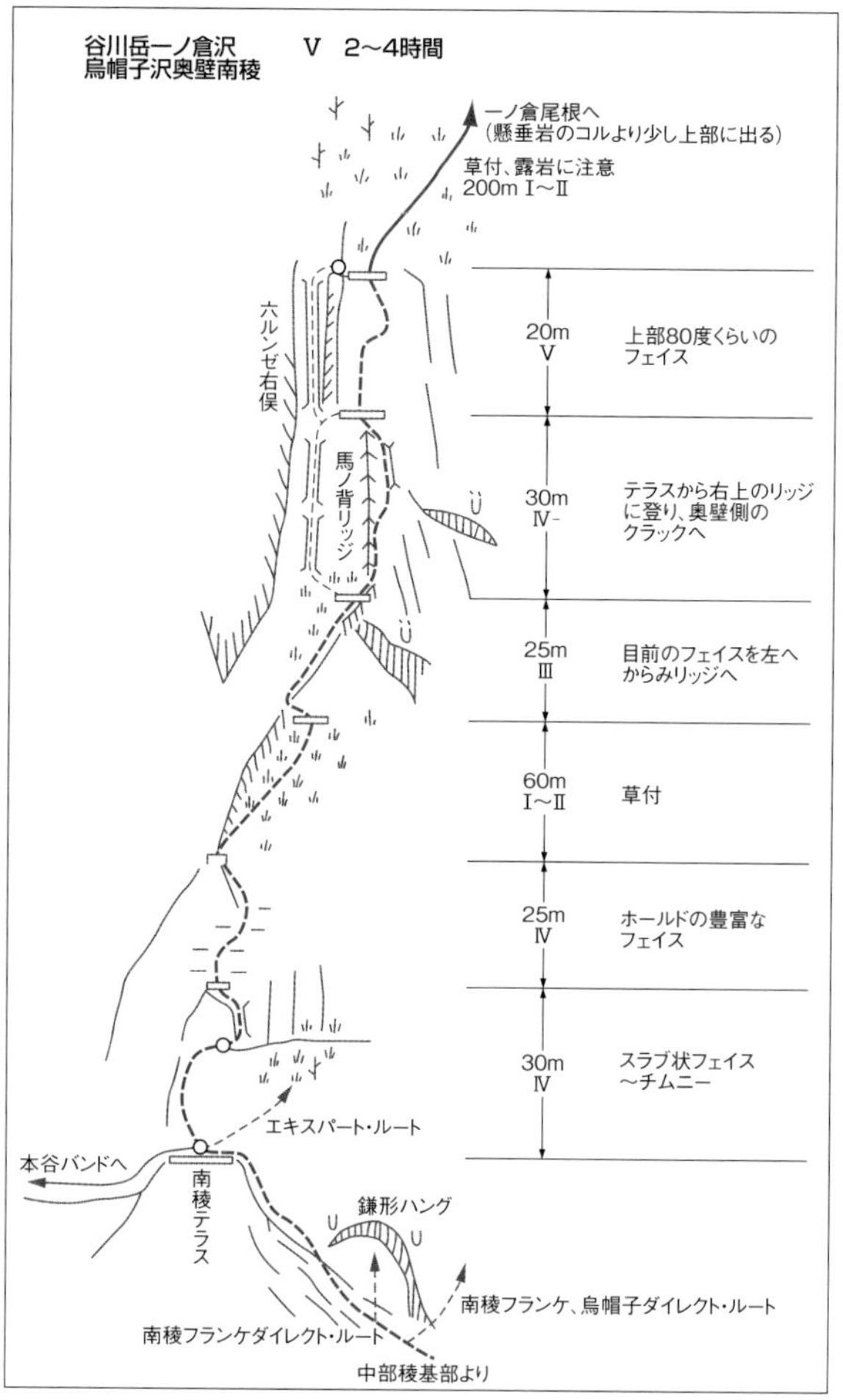

ルート図には決まった様式はないが、ルート周辺の岩場全体を図式的に描いたイラストに、専門記号を使って特徴的な岩の形状が示されているのが一般的である。上は比較的詳しいルート図の例で、ピッチごとに登攀距離と難易度、簡単なメモと注意点が書かれていて、登る際の指針になる

ルート記号とルート図

岩場の形状などの記号や登るライン、確保支点の位置、登攀距離や難易度、平均時間など、ルートを登るのに必要な情報が記載されたものがルート図である。登攀中、ルート図はすぐに取り出せるようにしておくと便利だ。

上のルート図は、谷川岳烏帽子沢奥壁の南稜ルートである。ここには主にルート中の情報が記載されていて、自分のレベルで登ることが可能か否かの判断もできる。このほかにも岩場の標高や、登攀に適した季節、気象情報、ルートまでのアプローチ、下降路など全体的なものも必要となる。こうした情報は各山域・エリアのガイドブックに記載されている。

ときには岩場も状況が変化することがある。地震や台風などでルートが崩落することもあるかもしれない。ガイドブックは最新版のものを利用し、インターネットによる情報も積極的に利用したい。

【 ルートファインディング 】

三ツ峠・中央カンテルート

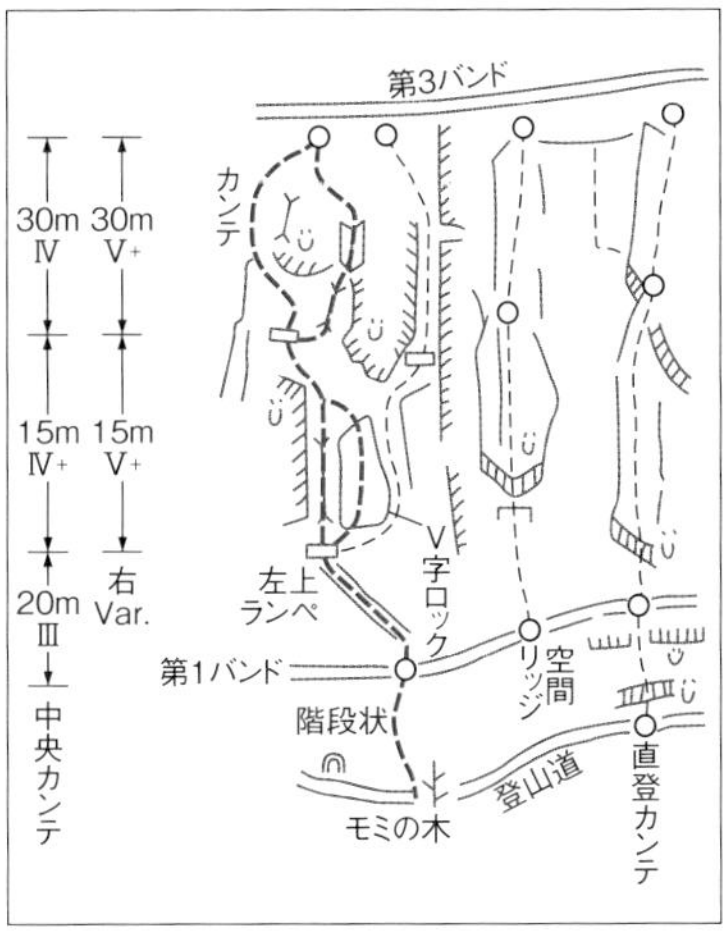

直線的ではないルート。ランペ（斜上していくバンド状地形）、クラック、カンテと、岩場の弱点を突いているので、ルートファインディングの練習になるだろう。2ピッチ目、3ピッチ目で右のバリエーション部分へ入らないように、ルートの分岐点を確認しよう

三ツ峠・観音ルート

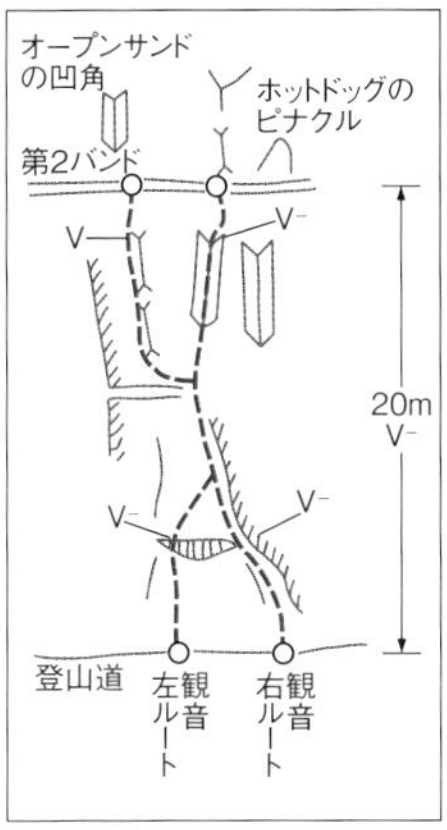

右ルートの大きいクラック（観音クラック）は目立つので、取付はすぐにわかるだろう。左ルートは小ハングの弱点をフリーで越えるフェイスクライミング。上部はクラックの真上にある凹角と、右ルート終了点にあるピナクルがよい目印になっている

三ツ峠・草溝ルート

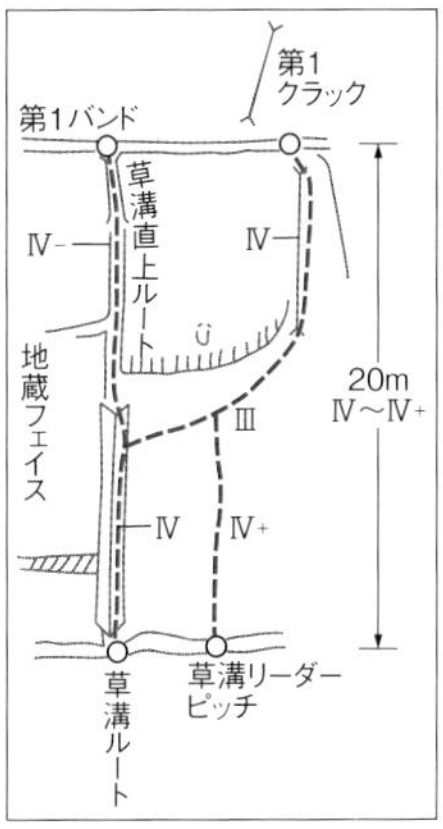

長くて顕著な凹角から始まり、ハングの下で右へトラバース、後半は顕著なクラックを登り終了点へ。草溝リーダーピッチは、凹角の右にあるフェースを、エッジや穴を使って直上するバリエーションである。岩場の弱点をつないで登る見本のようなルート

ルートファインディング

ルートの弱点を巧みに読んで、合理的なラインで拓かれたルートは、登っていて気持ちがいいものだ。こういったルートは人気があり、シーズン中には順番待ちや渋滞が起こるほどである。ルートを拓くとき、ラインを見出すには経験とセンスが必要とされる。それに対して強引に拓かれたルートは、ボルトを多用してひたすら直上する不自然なラインになることがある。

ルート図と実際の岩場を照らし合わせ、登るラインが目で追えるようにしたい。ルート図の記号から顕著な岩の形状を見つけ、確保支点があれば、それらを目安にルートを見つけてみよう。1本のルートが見つかったら、左右のルートを探して、順に見つけていくようにする。慣れてくると岩の形状で、なんとなく難易度までわかるようになるだろう。

ルートファインディングで大切なことは、取付と終了点の把握である。これを間違えると大変なことになる。次に各ピッチの確保支点がどこかである。確保支点がルート図と異なっていることもあるので注意したい。

エイドクライミング

別名「人工登攀」

エイドクライミングで使用する一般的なアブミ。最上段に金属プレートが付いたラダー式4段。プレートとスリングを購入して自分の体に合ったものを自作することもできる。このほか、左右に段を振り分けたテープ式の市販タイプもある

リストループはカラビナやスリングを持つよりも握力をセーブできるほか、最上段の補助ラダーにもできる。カラビナの形もアブミ操作のしやすさに大きく影響する。引っかかりにくいキーロックゲートで、先端が細めの形のものが使いやすい

フリーで越えられない困難な部分は、エイドクライミングでの前進となる。長いルートをスピーディに登るためには、そのような部分もリズムよくこなしたい。正しいエイド技術を身につけて、よりスケールの大きな壁に向かおう

エイドクライミングとは、フリークライミングでは越えられない部分を、人工的な手段で登ることをいう。ピトンやボルトにかけたカラビナをつかんで登っても、「A0」という難易度の、立派なエイドクライミングになる。スリングをかけて、足を入れて立ち上がったら「A1」というようになる。

このようなエイドクライミングの難易度だが、日本では世界標準のグレードと内容的に異なるものが使われてきた歴史があり、少々ややこしい。日本の難易度では、単純な垂壁のアブミのかけ替えは「A1」になり、あとはオーバーハングの大きさやプロテクションの間隔によって「A2」「A3」というようになる。

これに対して、アメリカンエイドのプロテクションは、じつにデリケートなギアも使用する。ラープという小さく薄いピトンや、わずかな岩の溝に打ちつけるコパーヘッドなど、多くの種類がある。これらは自分の体重を支えるのがやっとで、墜

【アブミを使わずに登る】

■支点をホールドにする

スリングに手首を通して握ると握力をセーブできる

スリングを直接握るのは最も安全

ロープの通っていないカラビナを持つ

ボルトやピトンのエッジは鋭利な刃物と同じ。絶対に指を入れてはいけない

指をかけたカラビナにアブミのカラビナをセットすると、荷重がかかったときに指がつぶれてしまう

バランスをとるのは難しいが、ボルトやピトンに立つこともできる

アブミを使わないときの基本フォームはこのようなかたち。スリングにしっかりと乗り込み、カラビナまたはクイックドローを手で持ってバランスをとる。手はひじを伸ばし、できるだけ腕の力を抜く

■リングボルトへのセット

クラシックルートでは、残置のリングボルトを使ったエイドクライミングも多い。リング部分が老朽化して使えないときのために、ワイヤーナッツをセットする方法を覚えておきたい。3mmのロープスリングをタイオフする方法もあるが、ワイヤーナッツのほうが強度は高い

ナッツのヘッドを下げて先端のループをくぐらせる

ヘッドを上げてループを締め戻す

カラビナをかけて支点として使う

3mmロープをタイオフして使うこともできる

腰が引けてスリングにかけた足に重心がしっかりかかっていないと、腕力に頼ってしまい、疲れやすくなる

落時には抜けてしまうものが多い。そして難易度はプロテクションの効き具合を反映させて、予想墜落距離で「A1」「A2」「A3」……となる。

エイドの基礎練習

最初の練習は、アブミを使わずに行なってみよう。ボルトにカラビナとスリングをかけて、スリングに足を乗せて立ち上がってみる。手はカラビナに指を3〜4本かけて握るようにする。足の位置はボルトの真下。そうしないと体が回転してしまう。やってみると案外難しいものだ。コツとしては、体の重心をボルトの真下にすること。できるだけ足に体重が乗るようにして、腕への負担がかからないようにしよう。

気をつけなければいけないのは、ピトンやボルトに指を直接かけて握らないこと。特に指の上からカラビナをかけて体重を乗せると、指が切断されることもある。

アルパインクライミングでも、できるかぎりフリークライミングで登りたいが、ルート登攀中に雨が降ってきたときや、早く壁を抜け出したいときなど、この手段を使うことがよくあるのでマスターしておこう。

【アブミを使って垂壁を登る】

支点にプロテクション用のカラビナ（クイックドローなど）をかけ、そこにアブミのカラビナをかける

長いほうのフィフィをカラビナにかけ、レストする

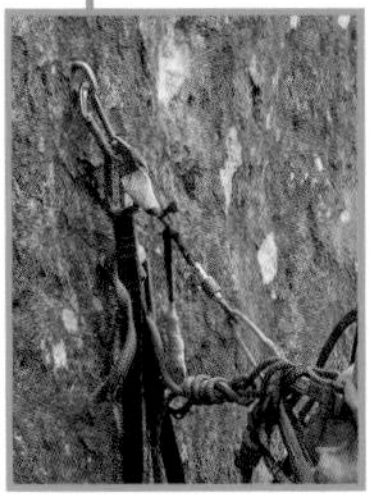

短いほうのフィフィにかけ替えると、このようにバランスをとって立つことができる

次の支点にカラビナとアブミをセットする

正面から見たところ。体を左右にブラさず、支点の真下に立つ

アブミの最上段に足を入れる

フィフィでバランスをとりながら立ち上がる

次の支点にカラビナをかける

エイドクライミングの練習は、アブミ（エイダー）という簡易ハシゴに立つことから始める。これをボルトやピトンにかけ替えながら登るのだが、最初は重心がうまくコントロールできないため、腕にばかり頼って疲れてしまうだろう。前ページの練習でスリングに立つバランスがマスターできていれば、アブミに立つのも、同じ要領でできるはずだ。アブミにうまく重心を乗せて、ぐらつかないようスムーズに登れるようになれば、アブミのかけ替えのエイドクライミングはそれほど難しいものではない。

問題は、道具によって登りやすさが大きく違ってくる点である。自分の体に合ったアブミやフィフィの長さの調節など、いろいろと試すなかで、自分流の方法やギアを見つけだしていく工夫も大切だ。

アブミは何種類かあって、それぞれ目的によって使い分けている。日本の夏の岩場で使うには、いちばん上の段がアルミプレートで、2段目から4段目までがテープでできているものが使いやすい。冬の岩場でアイゼンを使うなら、すべての段がアルミプレートだと、テープが切れる

長いほうのフィフィをかける

フィフィをかけて体重を預けてから
ロープをカラビナに通す

下のアブミを回収する

さらに上に登っていく

■フィフィのセット方法

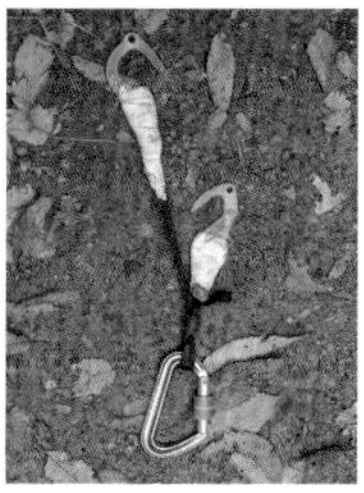
フィフィをうまく利用すると、ぐっとラクに登れるようになる。写真は筆者の使用している例。長・短2種類の長さのスリングにフィフィを取り付けて、安全環付きカラビナでハーネスのビレイループにセット。フィフィのスリングはテーピングテープを巻きつけて、ブラブラしないように固定している。

そこにアブミをかける

次のアブミに立ち、体重を移す

下のアブミを回収する

さらにアブミの上段に上がっていく

心配がなく使いやすい。前者は市販品があるが、後者はプレートと切り売りのロープで自作する。また、足を入れる部分が左右に房状になっているものは、ビッグウォールなどのシビアなエイドクライミングで使用するタイプだ。

　アブミに立つ基本フォームは、プロテクションの真下に、重心となる足で立つことである。垂直以下の場合は、うまくバランスがとれれば、アブミをかけ替えてハシゴを上るように登ることができるだろう。

　垂直より傾斜の強い壁では、アブミの1段目か2段目に足を入れ、ひざを曲げて安定させる「巻き込み」という方法を使う。また、フィフィを積極的に使って、できるだけ腕への負担を少なくする。このとき、ハーネスに腰かけるように全体重を預けると、両手が自由になってプロテクションのセットも楽だ。

　オーバーハングでアブミに乗ると、体がくるりと回転してしまう。特に完全なひさし状のハングでは、足が岩につかないために非常に不安定だ。こんなときも、できるだけ腕に頼らず巻き込みとフィフィを使い、うまくレストしながら登りたい。

【オーバーハングを登る】

支点にカラビナとアブミをかけたら、長いほうのフィフィをかけてそこに体重を預ける

アブミを1段上がったら、フィフィを短いほうにかけ替える。この状態で完全にレストできる

そこからさらに1段上がり、次の支点にカラビナをかける。ここから次のアブミに乗り移るときは、一気にいくのが疲れないコツだ

次のアブミに乗り移ったら、素早く長いほうのフィフィをかけてレスト体勢に入る。以降は基本的にこの繰り返しで登っていける

■アブミの乗り方

アブミはできるだけ鉛直方向にのみ荷重する。左右に振らないように静かに乗るのがコツだ。写真のように強引に次の支点に移ろうとすると、下半身が大きく振られて安定せず、腕の力を一気に消耗してしまう

■レストの方法

アブミに乗せた足（写真では左足）を深く曲げ、そのかかとに座ってしまうような体勢をとると安定してレストができる。片方の足を壁につけるとより安定するが、ルーフなどで足がつかなくてもこの体勢でレスト可能。「巻き込み」と呼ばれ、傾斜の強いエイドクライミングでは必須の技術である

オーバーハングしていたり、安定した支点がとりづらい箇所になると、エイドクライミングはぐっと難しくなってくる。

特に、すべて自分で支点をセットしていくエイドクライミングはアメリカンエイドとも呼ばれ、独特なテクニックが必要となってくる。同じエイドクライミングといっても、残置支点をたどるだけの日本の伝統的なクラシックルートとはずいぶん様子が違い、岩の形状を利用して、多種多様なギアを使って進んでいく。日本ではボルトが連打されているような一見のっぺりとした箇所でも、わずかな岩の窪みにフックをかけ、浅い溝にコパーヘッドなどを打ちつけて登っていくことになる。

ピトンもクラックの幅に合わせて数多くの種類のものがある。たとえばラープというピトンは、通常の大きさのピトンが入らない細くて浅いクラックに使うが、基本的に自分の体重しか支えることができない。カムやナッツもエイドクライミング用に開発されたものがあり、これらのギアを駆使して、できるかぎりボルトに頼らずに前進していくのである。

こうしたエイドクライミングでは、

【ギアをセットしながら登る（アメリカンエイド）】

アブミに立ち上がり、次の支点をセットする

その支点に、デイジーチェーンを連結したアブミをセット

最下段に足を乗せ、ガンガンと衝撃を加えてテストする

支点が抜けないことを確認したら、アブミに乗り移る

■特殊なギア

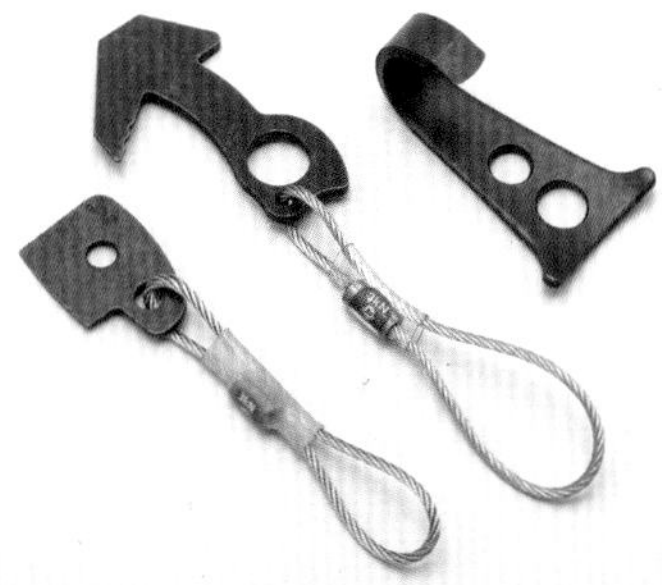

シビアなエイドクライミングに使われるギア。左から、極細リスに打ち込む「ラープ」。マイクロピトンとフッキングの両方に使える「バードビーク」。岩角にかけて体重を支えるための「フック」。いずれも使いこなすにはかなりデリケートなテクニックが必要となる

■ギアラックの工夫

アメリカンエイドは大量のギアを使う。ハーネスのギアラックだけでなく、両肩にかけるダブルギアラックを使い、ギアを左右に振り分けると便利だ。アブミも腰のギアラックより胸あたりにかけたほうが使いやすい

■アブミのセット

長時間を要するエイドの場合は、振り分け式のテープアブミを2台×2セットで使う。5段と4段をひとつのセットにするのが一般的だ。アブミはデイジーチェーンなどでハーネスとつないでおく

左右に房状になった4段と5段のアブミをセットにして、2セット（計4台）で使うと登りやすい。使い方は、設置した支点にアブミをかけ、5段目に足を乗せてガンガンと強く荷重をかけて試し乗りをする。これで支点が抜けなければ、安心してそのアブミに乗り移るわけだ。しかし、自分の体重に耐えるのが精いっぱいの支点の場合、そっと乗り移り、「湖に薄く張った氷の上を歩くような感覚」で登っていくこともある。

このように自分の体重に耐えるだけの支点が続くと、いざ支点が抜けると、下のものも次々と抜けて、それに比例して墜落距離が長くなることが多い。アメリカンエイドのA1、A2、A3、A4……というグレードは、この墜落距離に基づいて決められる。最高グレードの「A5＋」というのは、前進用のプロテクションがすべて抜けてしまうおそれがあるピッチのことである。

日本でも、比較的新しい時代に拓かれたところでは、これらのテクニックが要求されるルートがある。また、クラシックルートでも残置支点が抜け落ちて、こうしたテクニックが必要なケースも増えている。

ビッグウォールクライミング

システムに習熟すべし

登攀が長期にわたり、ビバーク地が得られないことも多いため、ポータレッジで寝泊まりする

ビッグウォールでは、スピードアップのためにユマーリングが重要な技術になる

■ビッグウォールの登攀システム

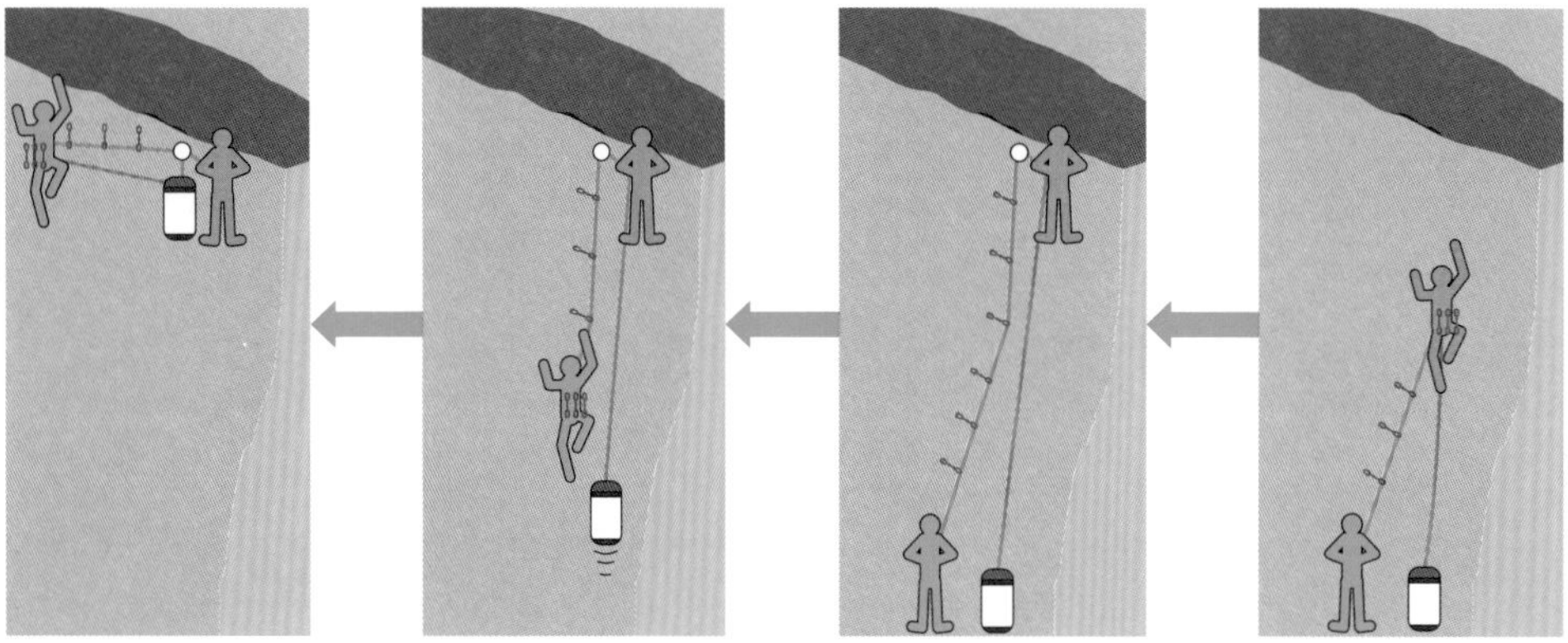

荷上げ用のロープをつけてトップがリードしていく

ビレイポイントに着いたら、そこにロープをフィックス

フォロワーはフィックスロープをユマーリング。同時に、トップは荷上げを行なう

トップを入れ替わって次のピッチを登っていく

ビッグウォールとは文字どおり巨大な岩壁のことで、それを登るには通常数日以上を要する。代表的なのがアメリカ・ヨセミテのエルキャピタンやハーフドームである。高度差は600～1000mで、場所によっては取付から終了点まで終止オーバーハングしている。

ヨセミテはアメリカンエイドの厳しい人工登攀が発達した場所で、数多くのルートが拓かれており、それらのルートを登ることによって技術を学ぶことができる。比較的気候が安定しており、レスキュー態勢も万全で、クライミングの環境としては申し分ない。ヨセミテでビッグウォールの技術を習得して、ゆくゆくは世界の壁を登りたいと、クライマーならだれもが考えるだろう。

カラコルムやパタゴニア、カナダのバフィン島などにも有名なビッグウォールがある。しかし、自然条件は厳しく、アプローチにも時間がかかる。岩登りだけでなく、雪山とアイスクライミングの技術を求められ

振り子トラバースのフォロ

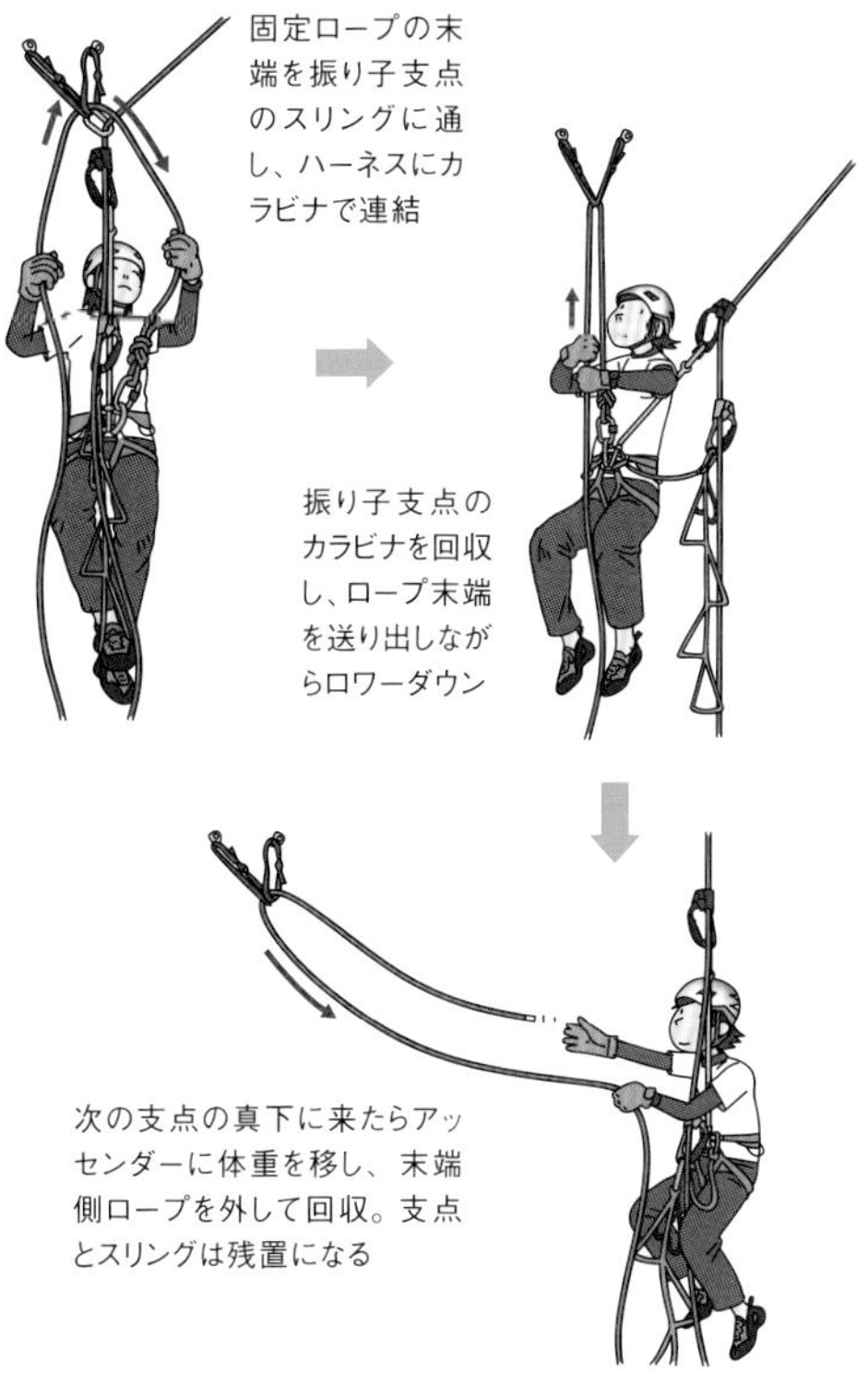
固定ロープの末端を振り子支点のスリングに通し、ハーネスにカラビナで連結
振り子支点のカラビナを回収し、ロープ末端を送り出しながらロワーダウン
次の支点の真下に来たらアッセンダーに体重を移し、末端側ロープを外して回収。支点とスリングは残置になる

トラバースのユマーリング

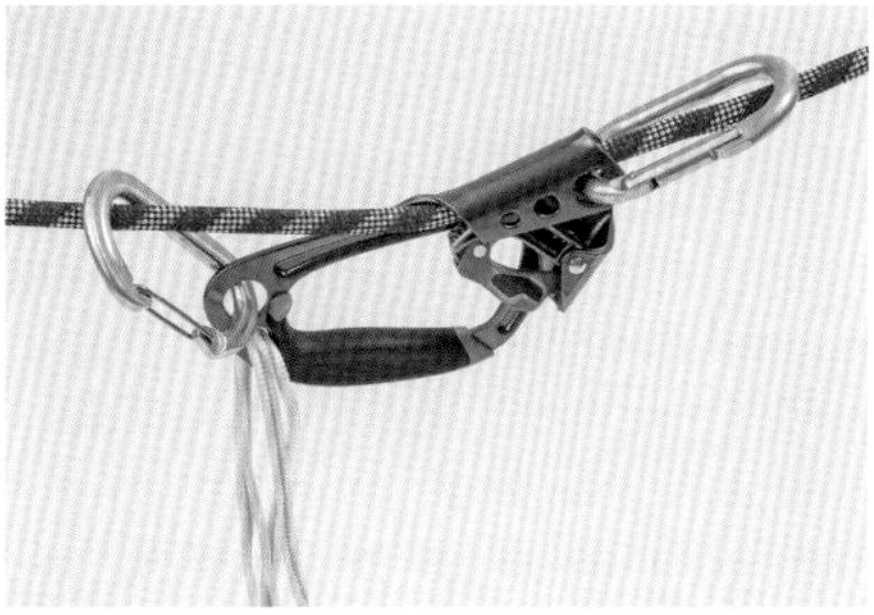

アッセンダーはロープと平行にならないと制動力が効かない。横方向に移動するときは、写真のようにアッセンダーをカラビナでロープに連結する

ユマーリングのシステム

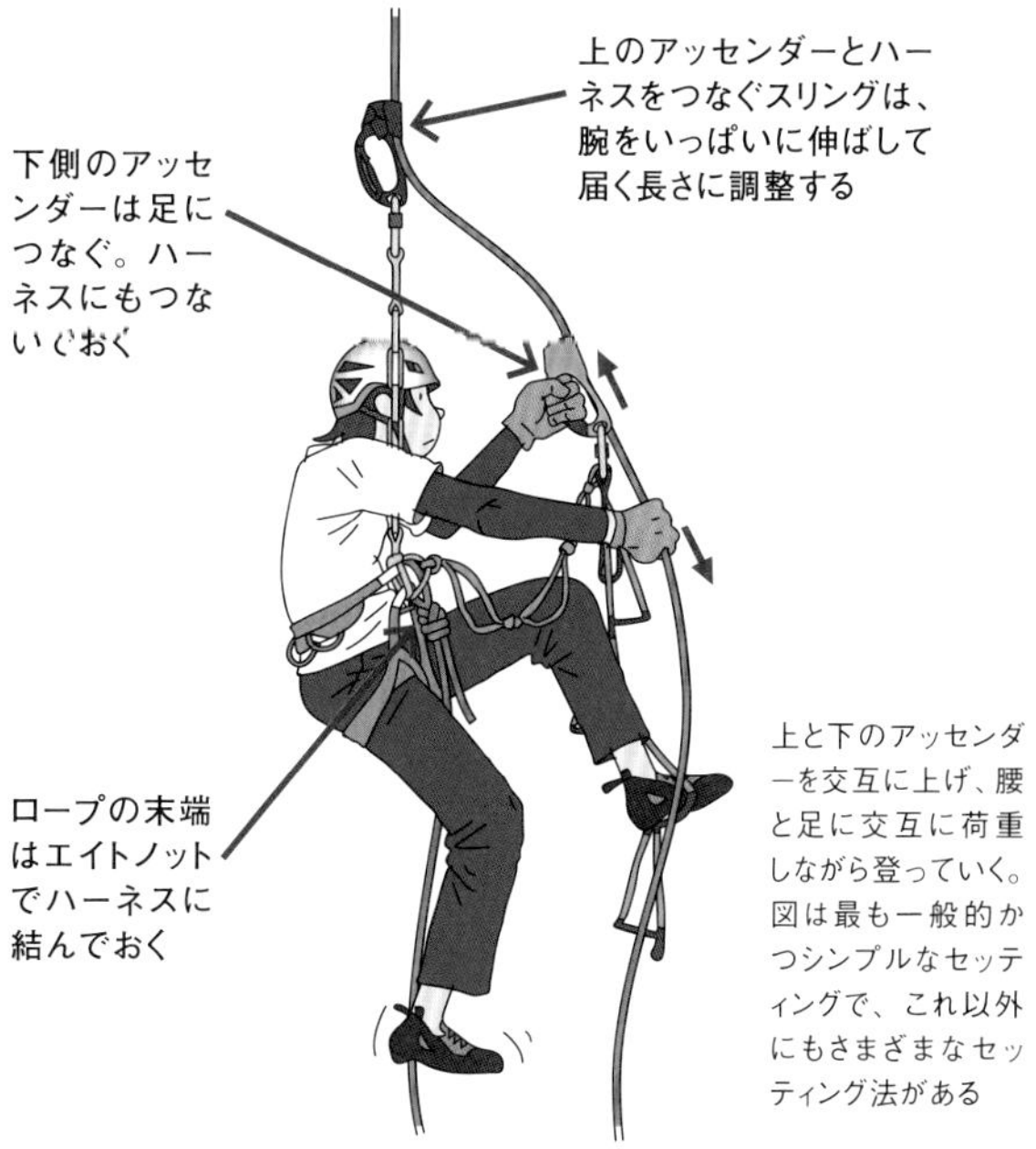
上のアッセンダーとハーネスをつなぐスリングは、腕をいっぱいに伸ばして届く長さに調整する
下側のアッセンダーは足につなぐ。ハーネスにもつないでおく
ロープの末端はエイトノットでハーネスに結んでおく
上と下のアッセンダーを交互に上げ、腰と足に交互に荷重しながら登っていく。図は最も一般的かつシンプルなセッティングで、これ以外にもさまざまなセッティング法がある

荷上げのシステム

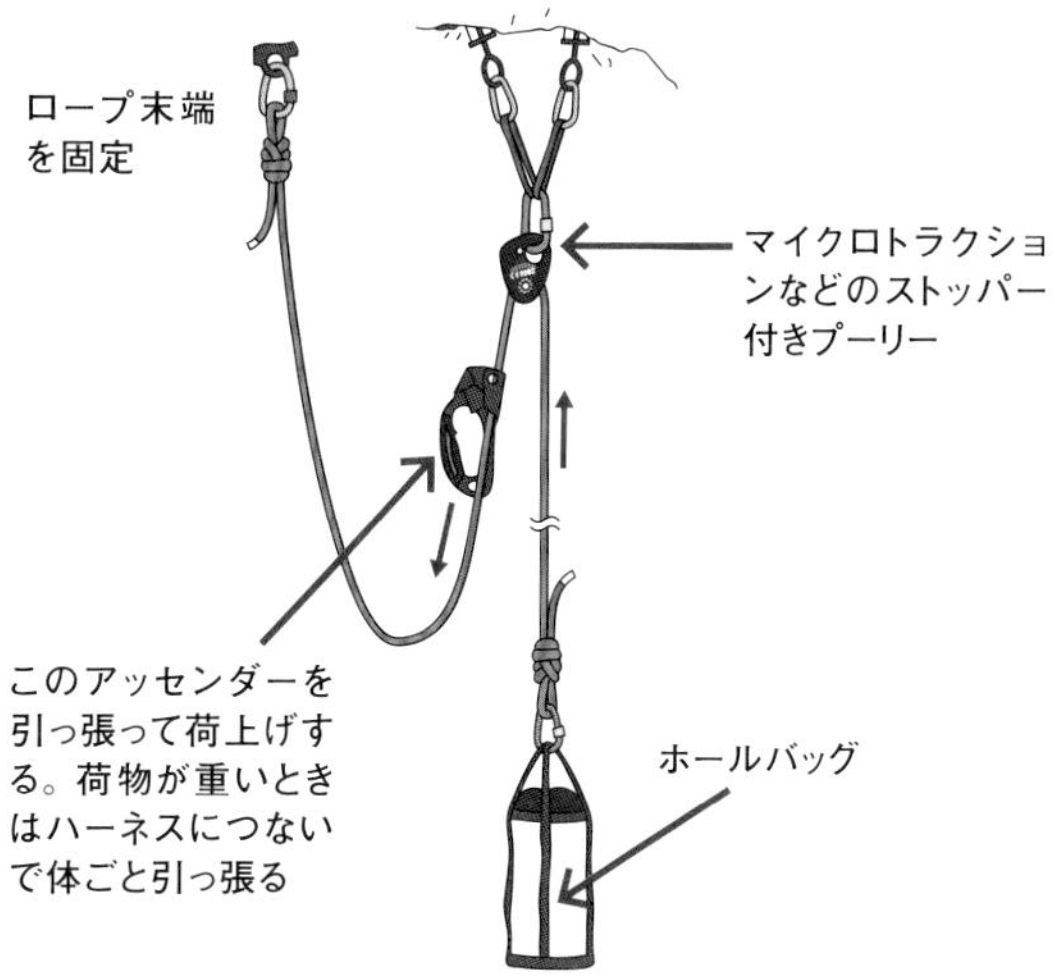
ロープ末端を固定
マイクロトラクションなどのストッパー付きプーリー
このアッセンダーを引っ張って荷上げする。荷物が重いときはハーネスにつないで体ごと引っ張る
ホールバッグ

ることもある。登攀には数日、ときには1カ月間もかかる。テントを張れるような岩棚は少なく、ポータレッジ（フレーム式のハンモックテント）をぶら下げて、そこで炊事や寝泊まりをして過ごすのである。すべてを自分たちの技術と経験で対処しなくてはならず、冒険的要素に満ちた世界がある。

　ビッグウォールでは岩壁に長期間留まるため、生活用具を荷上げする必要がある。荷上げの重量は100kgを超えることもあるため、図のような荷上げシステムで行なう。これは、ヨセミテでも同様のシステムを使うので練習できる。登攀システムは、リードして、荷上げ、そしてフォローがユマーリングでプロテクションを回収しながら登る。

　ビッグウォールを登るには、荷上げやユマーリング、振り子トラバース、フィックスロープの張り方など、日本ではなかなか実践する機会のない技術が必要となる。それらのひとつひとつは実践で学ぶしかなく、その場での柔軟な対応も求められる。そういった数々の苦労も、壁を登りきったなら、ほかでは絶対に味わえない満足感が待っているだろう。

ビバーク技術

早い決断が重要だ

■ツエルトの使い方

くるまる

ツエルトをレスキューシートのように使う方法。防寒着を着てツエルトにくるまる。ツエルトの薄い布一枚でも、あるとないとでは暖かさが段違いである。岩陰など、できるだけ風や雨を避けられる場所を探してビバークしたい

かぶる

頭からツエルトをかぶり、裾をザックや足で押さえる。頭を支えにして空間をつくる。素早く空間をつくれるので、とりあえず風を防いで休みたいときなどに有効。長時間になるときは別の方法できちんと張ったほうがいい

横に張る

タープのように横倒しに張ると多人数が入ることができる。ただし密閉空間にならないので、寒い時期には向かない。沢登りではこのスタイルがよくとられている。ちなみに設営する場合は、風上側に屋根を向けるといい

張る／吊り下げる

樹木や岩角など支柱になるもの2カ所にロープを渡し、ツエルトをかけて、下を石や荷物などで固定すればテントの形になる。ペグになるものを固定できるのであれば、トレッキングポールなどを支柱にして張ることもできる

ビバークには、はじめから計画に組み込んで行なうビバークと、なんらかのトラブルのために追い込まれた緊急ビバークがある。計画的なビバークの場合は、それなりの装備を用意していることが多い。たとえば夏ならシュラフカバー、冬なら雪洞を掘るショベルなどだ。予定どおりにビバークすればよく、リスクは少ないといえる。緊急事態のビバークの場合はそうはいかない。天候の急変、登攀時間のかかりすぎ、メンバーが体調を崩したなど、すでに困難な状況に至ったうえでの時間切れということであり、しかも、不充分な装備で乗りきらなくてはならない。

ビバークで重要なのは、決断を早くするということだ。早めにビバークを決めて、いい場所を見つけ、明るいうちにビバークの態勢に入りたい。快適な状態でビバークできれば翌朝までに体力を回復して、より安全に脱出への行動ができるだろう。逆に、暗くなるまでビバークを決断できなかった結果、精神的にも追い

岩壁でのビバ　ク

すべての装備をロープにつなぐ。絶対に落としたくないものは安全環付きカラビナで

安定したテラスを見つけたら、アンカーを2カ所以上にセットして、端から端へとメインロープを渡す。そこにツエルトをかけてセルフビレイをセットする。ギアなどの装備はテラスには置かず、メインロープに連結して落とさないように管理する。事前にビバークが予想される場合は、シュラフカバーやコンロを持っていくこともあるが、登攀時の装備の重量を考えると、ビバーク用に何を持っていき何を削るかは悩むところだ

岩壁での緊急ビバーク

パーティが上下に分かれたり、1人分の小さなレッジしかない場合、あるいはまったくレッジのないビバーク。手持ちの装備を使い、できるだけラクな体勢を工夫する

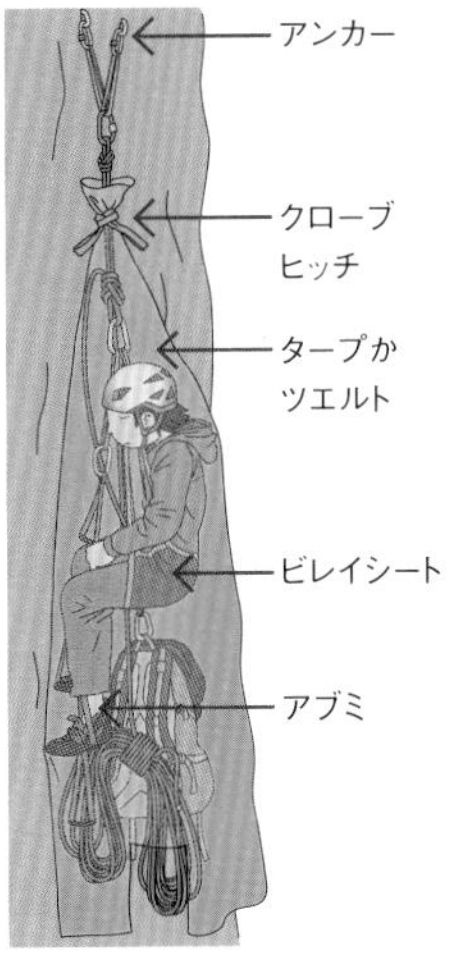

レッジがないとき

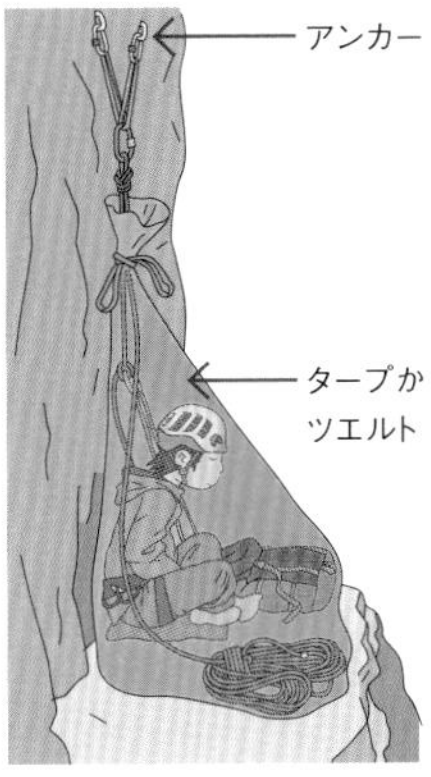

レッジでのビバーク

雪中でのビバーク

できるだけ雪を利用して有利な態勢をつくりたい。半雪洞は比較的短時間で作ることができるため緊急ビバークでよく使われる。平地では縦穴式雪洞が有効だが、穴掘りが大変なうえツエルトの上に雪がたまりやすい。雪の多い安定した斜面に限られるが、横穴式雪洞が掘れれば快適だ。風の入り込みも少なく、比較的高い室温をキープできる

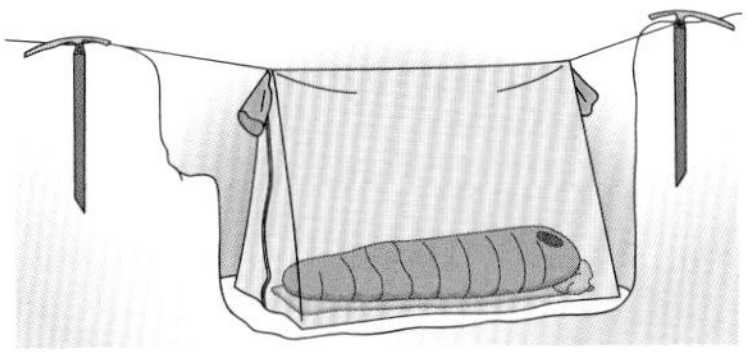

縦穴式雪洞＋ツエルト

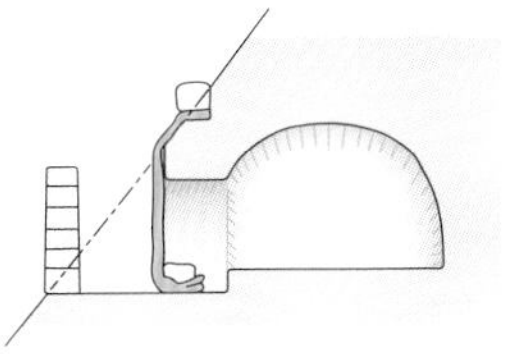

横穴式雪洞

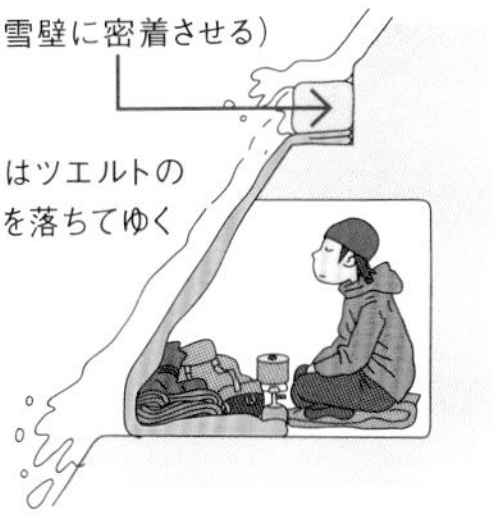
ブロック（雪壁に密着させる）
雪はツエルトの外を落ちてゆく

半雪洞＋ツエルト

詰められ、支点にぶら下がってのビバークなどになったら最悪だ。体力の回復どころか、朝までに消耗しきってしまうかもしれない。

できるだけ座ってビバークしたいし、足を伸ばせればもっといい。広いテラスで横になれれば最高だ。右ページのツエルトビバークの例は、クライミングでのビバークというよりも一般登山のものだが、これに近い態勢でビバークできれば理想的だ。

上の図の例は、広いテラスで計画的なビバークができているものである。それに対して左下の例は、メンバーが1人ずつ孤立してビバークしており、かなり厳しい状況かもしれない。確実にビレイをセットしたうえで、できるだけ楽な体勢で体力の回復に努めたいところだ。

雪中でのビバークは、ツエルトか雪洞かどちらかになる。できるだけ雪洞を掘ったほうが有利だが、雪が少なかったり硬すぎたりして掘れないこともある。その場合は、岩陰やハイマツの間に入るなど、風を避けられる場所を工夫してツエルトをかぶるしかないだろう。いずれにしても、絶対に雪崩の起こらない場所でなくてはならない。

レスキューテクニック
万が一のとき、あなたを助ける

【セルフレスキューの流れ】

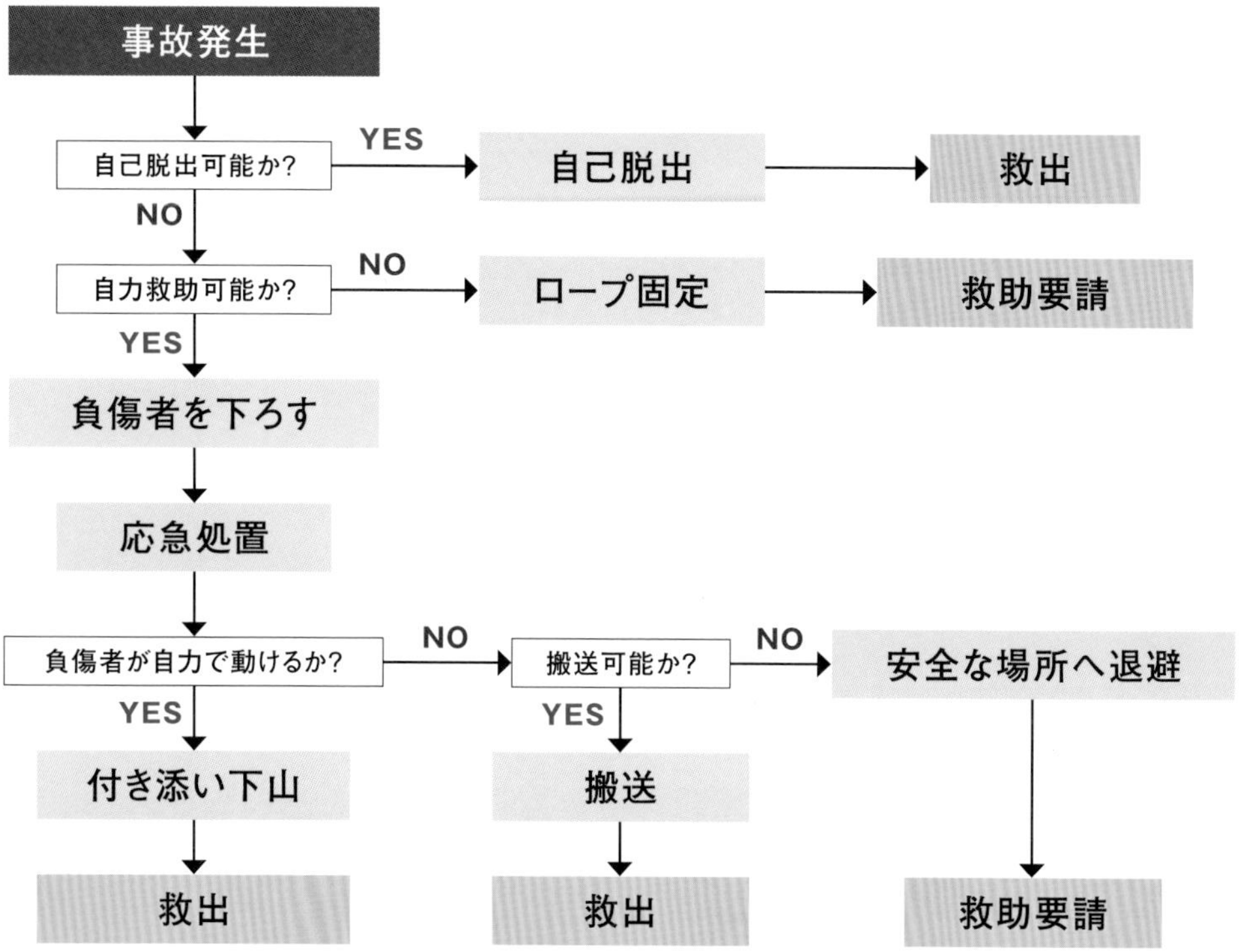

セルフレスキューは、さまざまな状況に応じて複雑なロープワークを必要とする。一般のクライマーがそのすべてをマスターするのは難しいだろうが、全体的な流れだけでも理解しておきたい。

まず、事故を起こさないことが一番重要ということが大前提である。そのうえで、不幸にも事故が起こってしまったら、どう対応すればいいか考えてみたい。

メンバーが墜落して、それ以上登ることが不可能な場合。まず本人が自分自身で脱出できればいちばんよい。そのために、フリクションヒッチによる自己脱出の技術は必ずマスターしておきたい。

本人が自己脱出できないときには、パートナーがテラスまで下ろしてやらなくてはいけない。これは状況によっては、かなり難しいケースもある。どのような方法で行なうかは、93～94㌻で簡単に紹介してみた。

負傷者をテラスまで下ろすことができなければ、その場で救助要請の連絡をしなくてはならない。ビレイヤーは確保していたロープをアンカーに固定して、携帯電話などで通報する。こんなときのために、そのエリアで携帯電話の通話可能な場所はどこかなど、あらかじめ把握しておきたいものだ。

負傷者をテラスまで下ろすことができた場合は、応急処置が必要になる。生命に関わる重篤な傷害を負っているなら、一刻も早く人工呼吸、心臓マッサージ、止血などの救急法を施す。当然、救急用具や薬品を持っていることが前提である。救急法とキズの手当ては大事なことなので、個々のクライマーができるようにしておいてほしい。

このあとは、負傷者を取付まで下ろし、さらに一般登山道などを搬送することになる。これらは登山技術書などで、搬送法として解説されているものと同じである。現代ではあえて搬送の危険を冒さなくても、公的な機関に救助要請して病院へ運んでもらうほうがいいだろう。

【 自己脱出システムのセッティング 】

主にフリクションヒッチを用いて、自己脱出のシステムをセットする。右の図は、最小限の用具で可能な、最もシンプルな例。ロープの太さや壁の傾斜によって、必要な制動力が変わってくるので、フリクションヒッチの種類を使い分けるとよい

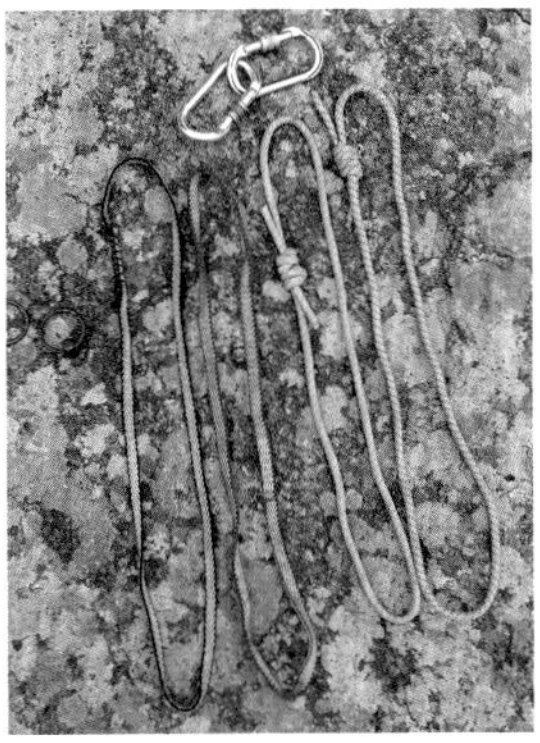

■レスキュー用のギア

レスキュー用として、専用のスリング2本、安全環付きカラビナを2個用意する。スリングはプルージック用として売られているものがあるので、それを使うのがベスト。このスリングはメインロープとの相性がよく、フリクションヒッチがよく止まる。安全環付きカラビナは大きめのものが使いやすい

ブリッジプルージック
60cmのプルージックスリングなどを用いて、ブリッジプルージックなどでロープに結ぶ

クレムハイスト
120cmのスリングを用いて、制動力の強いクレムハイストでロープに結びつける

スリングで連結
プルージックスリングとハーネスを連結。腕をいっぱいに伸ばして届く距離にセット

オーバーハンドノット
ソウンスリングの縫製部分に足がかかるように調整して、オーバーハンドノットで固定

自己脱出が必要になるとき

オーバーハングやトラバースの箇所で、墜落などによって宙吊り状態になった場合、ロープをつたって、つかめる岩かプロテクションまで登り返す技術が必要になる。このようなときに、メインロープにフリクションヒッチを用いて登り返す技術が自己脱出といわれる。

トラバース箇所での墜落は、予想以上に長い距離を落ちることがある。思わぬケガや事故を起こしやすく、特にフォロワーも注意が必要

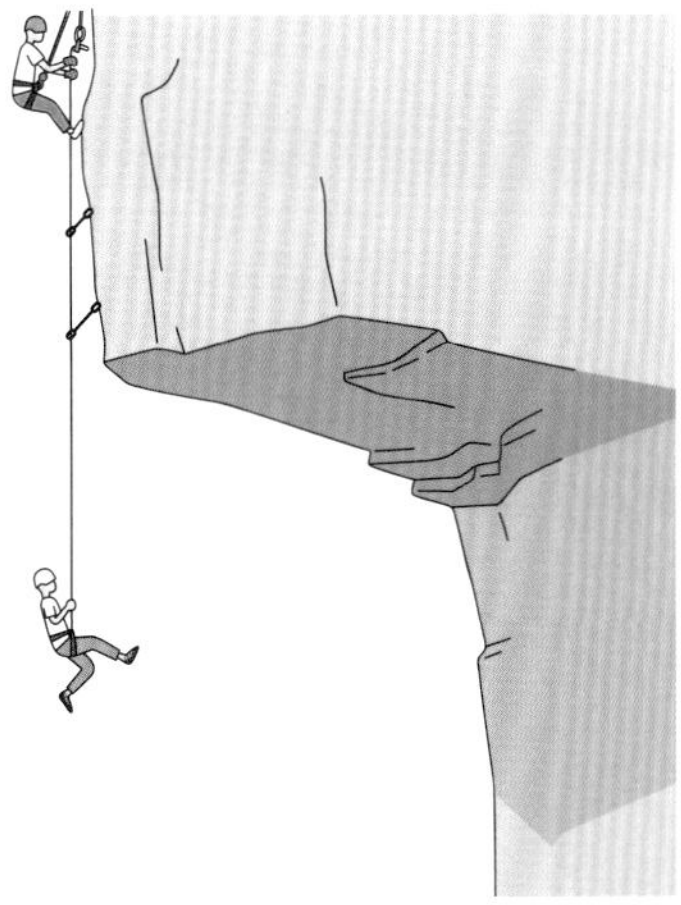

オーバーハングの箇所があるルートでの墜落は、リード、フォロー、どちらの場合でも空中に投げ出されて宙吊りになってしまうことがある

【 ロープ登高の手順 】

全体のセッティングが完了したら、試しに50㎝ほど登ってみよう。フリクションヒッチの巻き数が足りないと滑ってしまい、多すぎると動かしにくいことがわかるはず。ハーネスからフリクションヒッチまでのスリングの長さや、足で乗り込むスリングの長さの調整も重要。これらが正しくセットできれば、登る動作自体はそれほど難しくない

ロープにつないだスリングのループに土踏まず部分を乗せて立ち上がる

立ち上がると同時に、ハーネス側のフリクションヒッチを上に押し上げる

ハーネスに体重を預け、足側のフリクションヒッチを少しゆるめてから上にずらす

フリクションヒッチを上にずらしたら、①と同様に、再びスリングに立ち上がる

②と同様、以下、これを繰り返して、少しずつ登っていく

■セッティングのバリエーション

セッティングと操作がしやすい小型の専用器具を携行しているクライマーも多い。タイブロックなどが代表的

ハーネス側のフリクションヒッチは、安全環付きカラビナと併用するバッチマンを用いると操作がしやすい

ハーネス側にオートブロック、足側にブリッジプルージックを使用。制動力は劣るが、操作性に優れている

■バックアップも必要

フリクションヒッチがゆるんだりしたときのために、3～4mほど登るごとに、バックアップとしてメインロープをエイトノットでハーネスのビレイループに固定しておく

【フォロワー救助の方法】

■フォロワーを下ろしたいとき

ATCガイドやルベルソなどの、フォロワービレイ用デバイスは、方法を知っていないとフォロワーのロワーダウンで手間取る。現在のデバイスの多くは、ロワーダウン用の穴が設けられているので、そこにカラビナをかけて押し上げるとスムーズだ。突然流れださないように、確保手（写真では右手）はグリップビレイの要領でしっかりすべてのロープを握っておくこと

ビレイデバイスにカラビナをかけて押し上げるとロックが解除されてロワーダウン可能になる。穴にカラビナが通らない場合は細いスリングを通して引っ張る

フォロワーをビレイしているところ。この状態でフォロワーにアクシデントがあり、下まで下ろしたいというときには……

■フォロワーを引き上げたいとき

5分の1引き上げ法。右の3分の1システムにもうひとつオートブロックを加えて2回折り返しを作る。より少ない力で引き上げることができるが、一度の引きで上がってくる距離は少なくなるので、何度も引く必要がある

3分の1引き上げ法。フォロワー側のロープにオートブロックをセットし、そこで折り返したロープを引っ張る。引き上げるたびにオートブロックを元の位置にズラす。理論上3分の1の力で引き上げることができる

岩壁でのセルフレスキューは、負傷者をまずテラスなり取付まで下ろさなくてはならないが、これが実際にはなかなか難しい。

ロープ全長の半分以内でリードが宙吊りになったのなら、ロワーダウンさせて簡単に下ろせる。ロープが半分以上出てしまっている場合は、ビレイヤーがセルフビレイを外して登っていき、負傷者をテラスに下ろしてから、自分は懸垂下降で戻るという手順が必要になる。

ただし、これらはルートが直線的で、ロープがスムーズに流れる場合だけである。ルートが左右に屈曲していたり、トラバースが入っている場合などは、もっと複雑なロープワークが必要になってくる。また、ここでは取り上げなかったが、ヨーロッパアルプスやヒマラヤなど海外の山に行くのなら、氷河のレスキューで引き上げの技術が必須項目となっている。

このようなレスキュー技術は、一般クライマーのレベルを超えたものといえるかもしれない。現在は、いろいろなところでレスキュー講習が行なわれているので、ぜひ深く掘り下げて勉強してほしい。

【 リードクライマーの救助の方法 】

■ビレイの固定

リードのクライマーが負傷などして動けなくなり、ロワーダウンもできない場合は、ビレイヤーがリードクライマーのところに行き、レスキューしなくてはならない。そのときに必要なのがビレイの固定。これをしたあと、92㌻のロープ登高の要領でリードクライマーのところまで登るのが基本的な手順となる

クライマー側ロープにフリクションヒッチをセット

プルージックスリングをアンカーに連結

メインロープを少しずつ送り出していく

テンションがプルージックスリングに移ったら、メインロープをアンカーにつないでおく

■負傷者の下ろし方

パートナーがケガをして、自力で下降できない場合は、特殊な下降方法が必要になる。2人パーティの場合は、介助懸垂という方法で2人同時に懸垂下降しなくてはならない。3人以上のパーティの場合はかなりラクになり、負傷の程度によっていくつかの方法がとれる。この場合は、下降操作を別のパートナーに任せることができるので負担が少ない

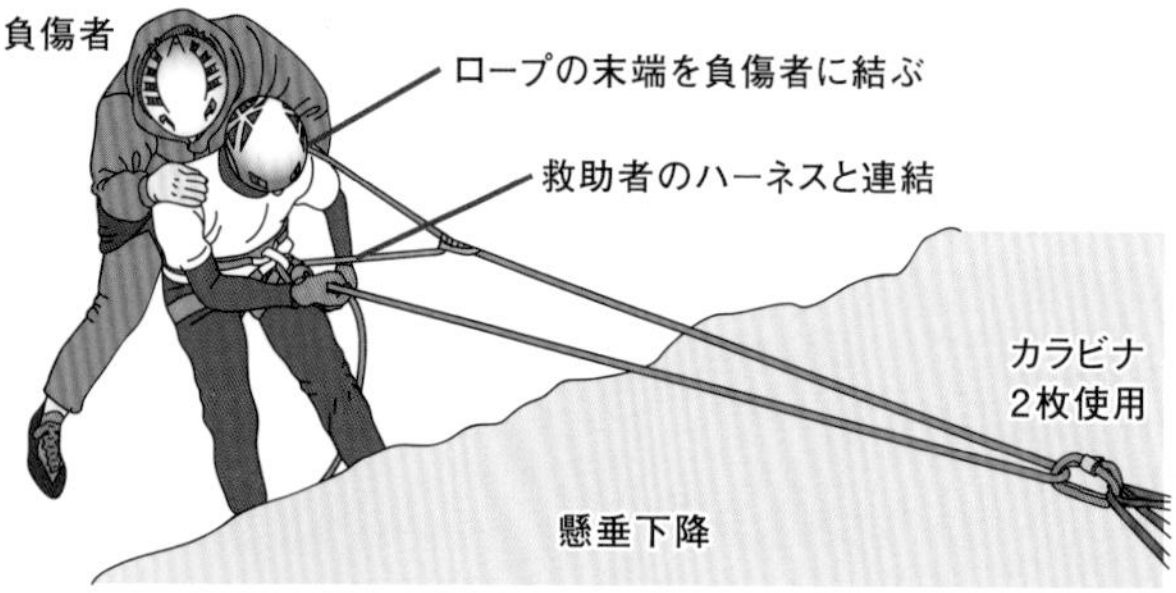

負傷者にロープ末端を結び、支点で折り返したロープで懸垂下降する。支点には大きな負荷がかかるので、不安がある場合は補強しよう。カラビナも2枚残置すればロープ操作がよりスムーズになる

負傷者が動けない場合は、介助者が背負った状態でロワーダウンしてもらう。負傷者と介助者はスリングなどでしっかり固定しておく。負傷者にもメインロープを連結しておくことを忘れずに

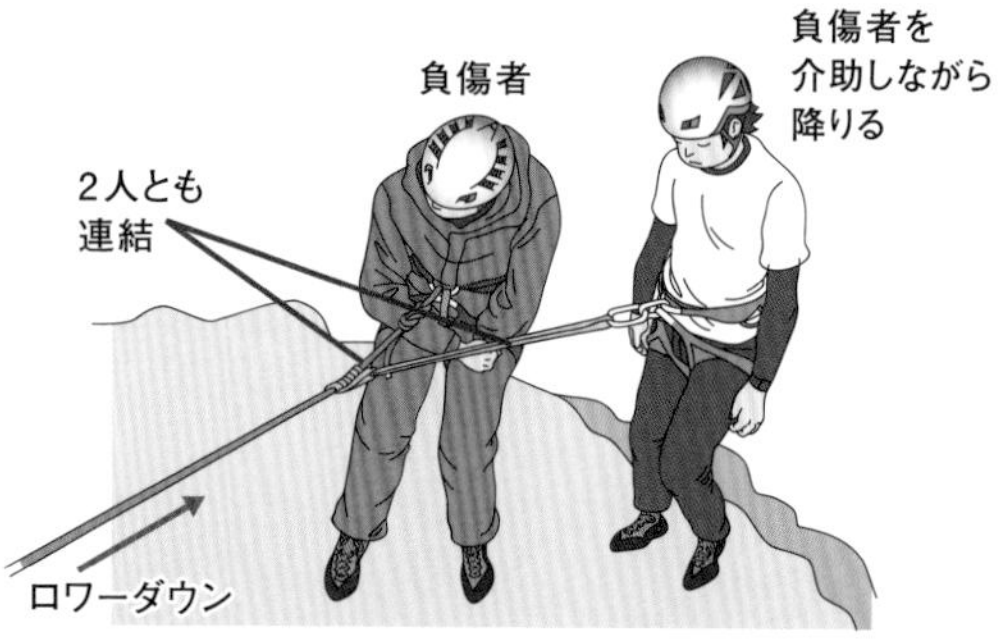

負傷の程度が軽い場合は、介助者をすぐ近くに連結して、ロワーダウンしてもらう。負傷者は基本的に自分の足で降りていくが、無事に降りていけるように介助者が必要に応じて助けてやる

Part 4

冬季クライミング

冬季クライミングとは

冬山の総合力が問われる

【冬季クライミングのフィールド】

■ミックス壁

急峻な岩壁は積雪がたまることができず、氷雪と岩の部分が混ざり合った壁になる。複雑な動作を強いられる部分が多く、雪が乗った岩はホールドとして扱いにくい

■アイスクライミング

凍った谷などをルートとしてたどるクライミング。道具の進歩とダブルアックス技術によりスピーディに登られるようになったが、常に雪崩の危険を考えて行動する必要がある

■岩稜

稜線上でも傾斜が急な部分は岩が露出して難所となっていることが多く、アイゼンを岩に効かせて登る動きが連続する。無雪期のクライミング技術の下地が重要になる

■雪稜

豊富な積雪におおわれる日本の雪山は、雪稜をたどるルートが多い。積雪が安定し、雪崩の危険性が谷よりも少ない。ただし難しいルートは支点をとるのが非常に困難

快晴の春山。岩と雪のコントラストのなか、残雪を踏んでの登山は楽しいものだ。しかし、モノトーンの雪の山に抱かれて、自分の技術と体力を信じ、頂上をめざして挑戦していく冬季のクライミングは、もっと魅力的かもしれない。さらに真冬の白く凍てついた岩壁や、急峻で長く続く雪壁を乗りきったときには、自分がクライマーとして、またひとつ成長したことを実感できるだろう。

雪山のシーズンは、山域にもよるが、一般的に12月から5月ごろまでである。なかでも特に気象条件が厳しく、山が真冬の寒気に支配される12月から2月ぐらいまでを厳冬期としている。近年の気象の変化によって、以前に比べると多少厳しさは減少しているが、それでも3000m級の山々で、ひとたび荒れると真冬の厳しさに変わりはないだろう。

冬季のクライミングを行なうには、まず、アックス（ピッケル）&アイゼン（クランポン）を使用した歩行技術を身につけていないといけない。

【シーズン別の特徴】

厳冬期

12月～2月。晴天率が低く、極寒、風雪のなか行動をすることも。雪庇の踏み抜きや雪崩のリスクも高い。ほかの時期に比べ、非常に困難なクライミングを強いられる

残雪期

4月中旬～5月。日差しは暖かく、雪のコンディションも非常によくなる。厳冬期に比べれば困難性は半分以下だろう。装備も少なくてすみ、快適なクライミングが楽しめる

春期

3月～4月。徐々に気温が上がってきて締まった雪になるときが多く、雪崩の危険も比較的少ない。この時期をねらい、スピーディに登攀を行なうクライマーも多い

八ヶ岳のルートで説明すると、赤岳鉱泉から硫黄岳の往復や、文三郎尾根から赤岳頂上を踏み地蔵尾根を下るといった、一般ルートからの技術と経験が基礎となる。これに続くプランとして、阿弥陀岳北西稜や赤岳主稜のような岩壁登攀ルート、裏同心ルンゼなどのアイスクライミングといった、バリエーションルートが冬季クライミングの入門となる。これらのルートでは、岩登りの技術、アイスクライミング、コンティニュアスの技術が必要となる。

マイナス20度以下で強風にさらされてのクライミングは、じつに厳しいものがある。じっと動かずにいるビレイの姿勢も体が凍りつく思いだ。冬山の経験がない者がいきなりこのような条件に陥ったなら、荒々しい自然の前で、なすすべもなくのみ込まれてしまうだけだろう。

しかし、無雪期のクライミングからステップを踏んで徐々にレベルを上げていき、雪山の登山・生活技術も学び、猛威をふるう危険からの退避の仕方を身につけて、どんな自然条件にも対応できる自信がもてるようになれば、厳冬期でのクライミングにも立ち向かっていけるだろう。

冬季クライミングのギアとウェア

ルートによって選択は変わる

冬季用登山靴

アッパーから足首までを高く覆うゲイターが一体になったタイプ。保温性に優れており、近年では軽いモデルも増えている

保温性・軽量性・フィット感・防水性・耐久性などのバランスに優れ、現代の主流となっているレザー製シングルブーツ

インナーブーツとアウターブーツの二重構造になったダブルブーツ。別格の保温性を誇り、高所登山などで愛用者が多い

冬季のクライミングは、雪壁、岩登り、アイスクライミングといったシチュエーションに分けることができる。それぞれの場面によって使うギアやウェアは異なるものを必要とするだろう。

目的とするルートや状況によって、装備やウェア選びは変わってくる。アイスクライミングでゲレンデ的な場所に行く場合は、アイス専用の道具だけ持っていけばよいことが多い。しかし、岩登り、雪壁、アイスなどすべての要素が含まれるルートを登るとなると、オールラウンドに使えるものが必要になる。

登山靴は、レザーのシングルブーツが主流。軽さ、フィット感、歩きやすさや、登攀での使用感のよさを考えると、総合点が高い。一方、靴のアッパーから足首までも覆うゲイターと一体になったタイプも近年人気が高まっている。こちらはレザーのシングルブーツと同程度の重量ながら保温性が一般に高いことがメリットだ。また、インナーとアウターの二重構造になったブーツもあるが、これは高所登山などの極低温下用で、国内では長期縦走をする人以外は活躍できるシチュエーションがあまり多くない。

アックスは、歩き、岩登り、アイスクライミング、なにに主眼をおくかによって、シャフトの形状やピックの種類が違ってくる。比較的マイルドな雪稜なら、シャフトがストレートに近いタイプがいいが、すべてをこなしたいと考えるなら、グリップが付いていてバーティカルのアイスクライミングにも使え、岩登りでの岩や草付への引っかけや、雪壁での使用にも兼用できるタイプを選びたい。

アイゼンも同様に、アイス、岩登り、雪壁などすべてをこなせるタイプが望ましい。個人によって好みがあるだろうが、縦爪のデュアルポイントがその点では最もオールラウンドに使える。そしてできるかぎり軽く、スノープレートが付いているモデルがよい。

アックス

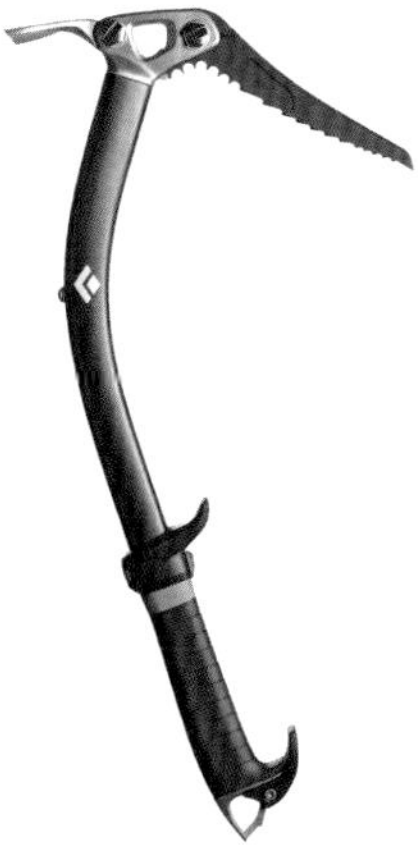

シャフトが強くカーブしているため氷に打ち込みやすく、岩にも引っかけやすいハイパフォーマンスタイプ。氷に刺さりやすいピックと成形グリップが付く

シャフト下部がストレートで雪面に刺しやすく、オールラウンドなピックが付いたタイプ。冬季バリエーションルートで最もオールラウンドに使えるタイプである

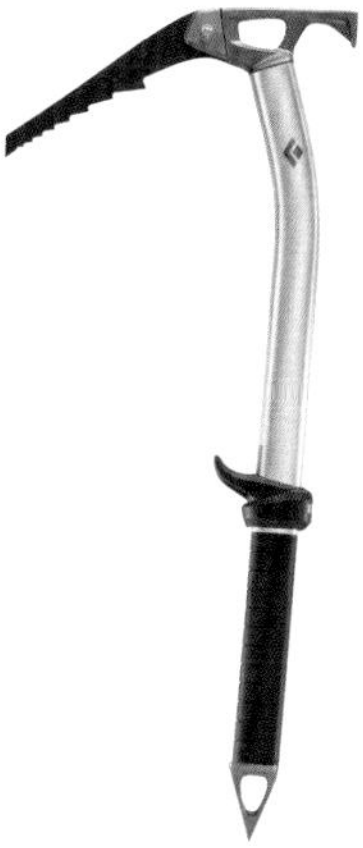

ヘッド部分のブレードの代わりにハンマーが付いているタイプ。スノーバーやピトンを打つときに便利。2本持つならば片方はハンマータイプにするとよい

アイゼン（クランポン）

靴のつま先に引っかけ、かかとのバックルで固定する「ワンタッチ」と呼ばれるタイプ。装着が簡単なだけでなく、固定力も高い

つま先にコバのない登山靴でも装着できる「セミワンタッチ」と呼ばれるタイプ。近年のものは固定力でもワンタッチに遜色がない

つま先・かかとともに樹脂製ハーネスのタイプ。コバのない登山靴用で、クライミング用途としてはこれを選ぶメリットは少ない

【アイゼンの前爪の形】

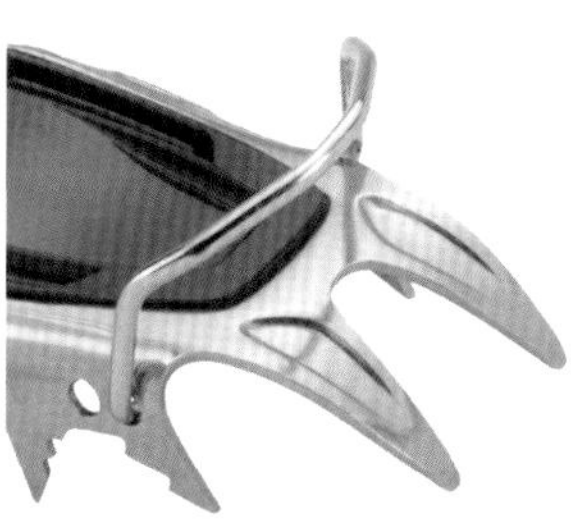

ノーマルな平爪2本型。氷には刺しにくいが、雪を面でとらえるため、雪壁などでは滑りにくい

縦爪2本型（デュアルポイント）。氷への刺しやすさと雪面のグリップ力をある程度両立させる

変形タイプ。これは岩登りのしやすさに特化したタイプで、モノポイント的な足使いができる

冬季クライミングのウェア

ベースレイヤー
薄手で体にぴったりフィットするもの。快適性ではウール製、汗をかいたときの速乾性では化繊素材が優れる

ミッドレイヤー
フリースなど。通気性のある中綿ウェアにもよいものが登場している

アウター
気象条件の厳しい場所では防水透湿素材のもの（ハードシェル）がよい。比較的気象コンディションのよいところではソフトシェルも使いやすい

シェルパンツ
防水透湿素材のものが防水性・防風性に優れている。コンディションが厳しくないときはソフトシェルタイプもよい

パンツ
シンプルで動きやすいものがよい。下半身が冷える人は保温性の高いものを

ベースレイヤー（タイツ）
薄手で体にぴったりフィットするもの。ウールのものと保温性の高い化学繊維のものがある

アンダーウェア
保温性の高いメリノウール製が快適。速乾性の高い化繊素材のものもよい

ウェア

冬季のクライミングウェアは、目的によって使用するものが変わってくる。自然条件や登攀条件に合わせ、目的のルートを登るために、安全で快適に行動できるウェア選びが基本である。

厳冬期のウェアは、目的の山でのいちばん厳しい場面を想定して選ぶようにする。気温はどれくらいまで下がるだろうか、吹雪になったときの体感温度はどうなるのかなど、それまでの経験とも照らし合わせて想像し、選んでいく。しかし、感じる寒さには個人差があり、それも経験のなかで学んでいくことになる。もしかしたら、極寒のビバークだってありうる。すべての起こりうる場面を想定してウェアを選ばないと、冬季のクライミングでは生死にかかわってくる。

春山で気温が高く、雨になるような場合や、厳冬期でもアイスクライミングなどでは、濡れることを考え、アウターは防水性に優れたものを選ばなくてはいけない。重い荷物を背負って長時間歩くときにはたくさんの汗をかく。そのあとに稜線で吹雪

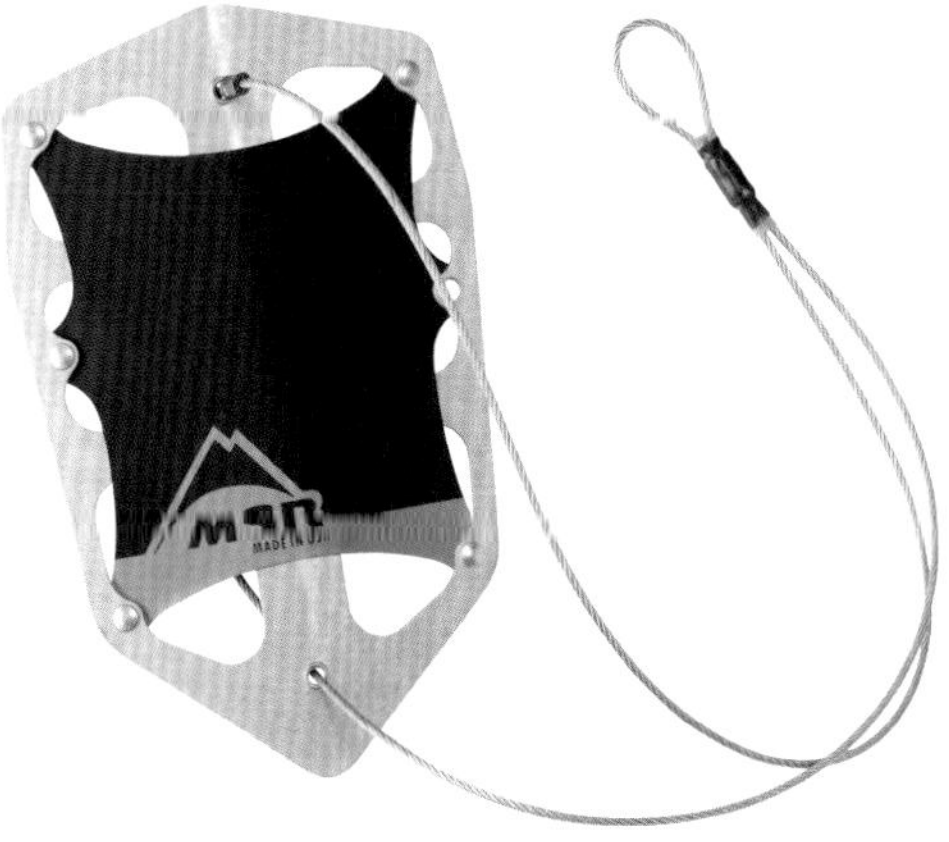

デッドマン

雪に埋めて支点として使う道具。特にやわらかめの雪に有効。穴があいているショベルのブレードは、下の写真のようにスリングを通してデッドマンとして利用することもできる

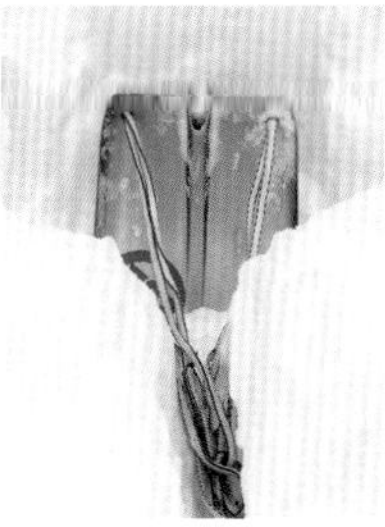

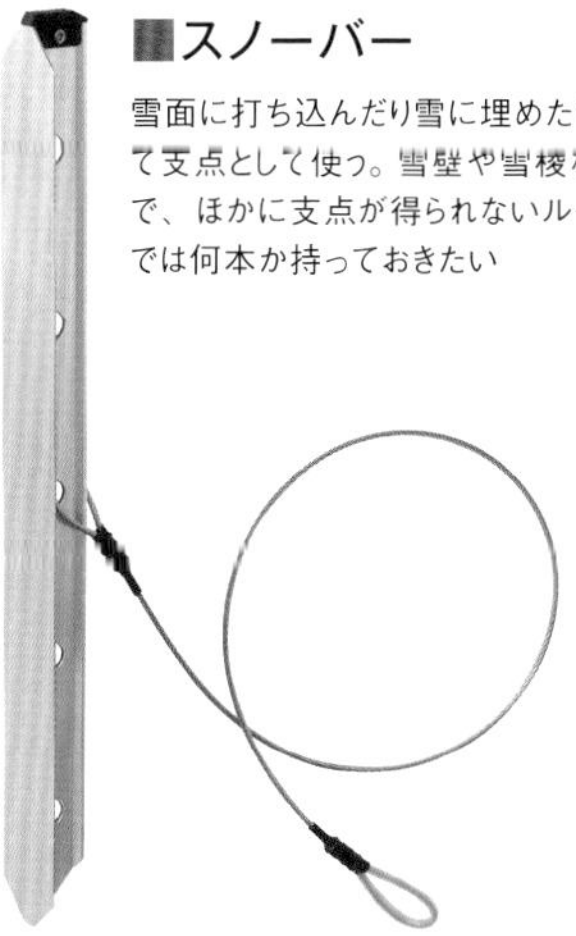

スノーバー

雪面に打ち込んだり雪に埋めたりして支点として使う。雪壁や雪稜などで、ほかに支点が得られないルートでは何本か持っておきたい

アバランチギア

アバランチビーコン、プローブ（ゾンデ）、ショベルの3点セット。仲間が雪崩に埋まったとき、ビーコンの電波で大まかな位置を探り当て、プローブで特定し、ショベルで掘り出すという手順で使う。ひとりだけ持っていても意味がなく、パーティ全員が持っていないといけない

リーシュ

手首につなぐリストループとハーネスにつなぐタイプがあり、リストループはわずらわしさが少ないが持ち替えができない、ハーネスタイプはその逆となる。ダブルアックスのときは下の写真のような2本タイプも便利

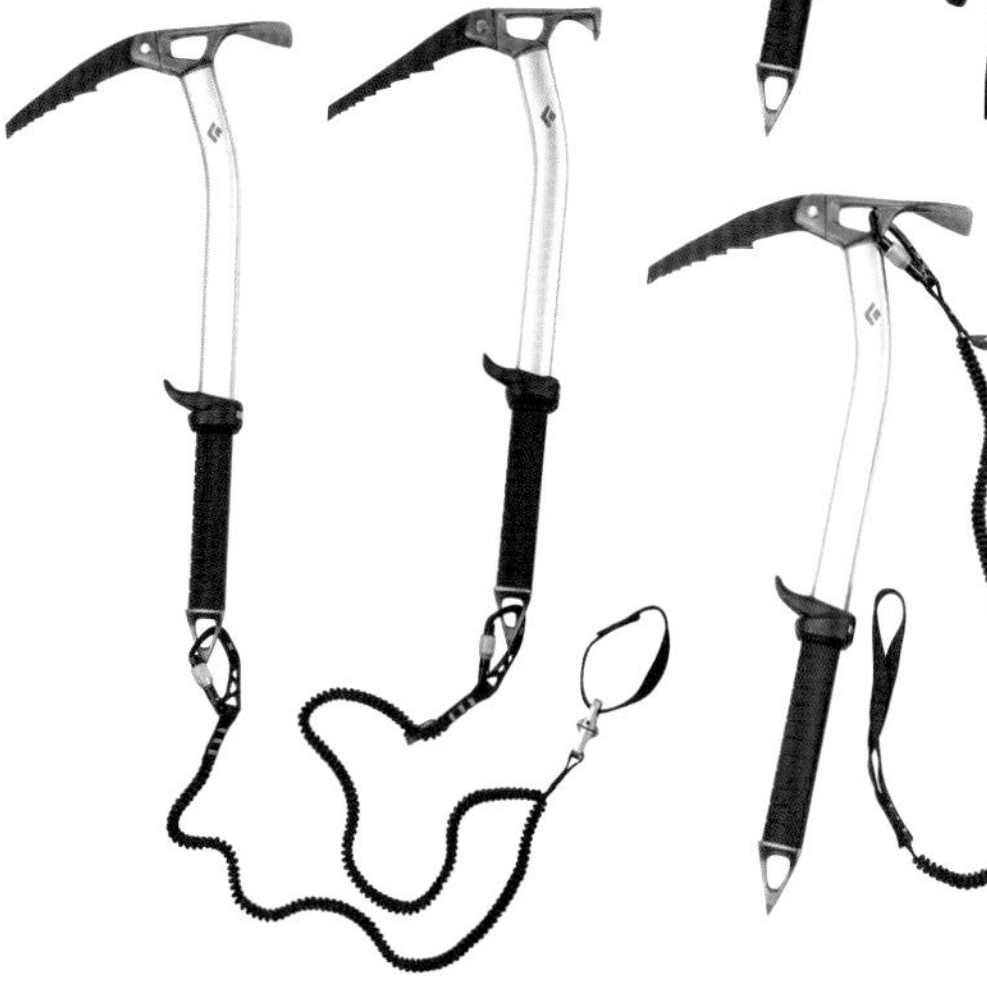

かれたら、汗が一気に凍りつき、非常に危険でもある。また、岩壁でじっとビレイしているときは寒くてたまらないだろう。その場面ごとに感じる温度が大きく異なるが、幅広い状況に対応できるように、冬季のウェアは機能の異なるものの重ね着が基本となる。

　ウェアの素材は今後も進化していくだろう。アウターは通気性のあるものや、抜群のストレッチ性を備えるものも登場している。

冬季特有のギア

　雪面でのプロテクションを得るための道具として、スノーバーとデッドマンがある。これらはかさばるので、常に持たなければいけないものではないが、滑落の危険がある雪壁や雪稜を行くルートでは貴重な支点となるので持っておきたい。デッドマンとして使えるショベルは装備を節約できて便利だ。

　この10年ほどで、雪崩対策用具は格段に進歩した。それなりにかさばるので軽量化したいときは躊躇するが、雪崩の危険が高いルートに行くときはパーティ全員が持つことをすすめる。

コンティニュアス

実は奥が深く難しい技術だ

■雪稜のコンティニュアス

スノーリッジは技術的に容易な部分が長く続くため、コンティニュアスがよく使われる。アックスや雪の抵抗を利用した確保方法をよく練習しておきたい

■ルート途中で使うコンティニュアス

ルートの途中で、一時的にコンティニュアスで行動することも多い。ロープを結んでいる以上、墜落を止める準備は常に必要だ

1ピッチごと区切っていく登攀システムを「スタカット」というが、これに対して「コンティニュアス（コンテ）」とは、2人以上がロープで結ばれた状態で、同時に移動する登攀システムである。つまり、だれかがスリップまたは墜落した場合には、ほかの人が瞬時に確保して止める必要がある。一見、簡単なようだが、実はとても奥が深く、経験が必要とされる技術だ。

スタカットで登るかコンティニュアスにするかは、そのパーティの力量による部分が大きく、雪の斜面ではその雪のコンディションにもよる。当然、同時に登るコンティニュアスのほうがスピードは速いが、「墜落を止めることができるか」というリスクがつきまとう。墜落の危険がほとんどない箇所ならば、むしろ確保は必要なく、ロープなしで同時に登ればもっとスピーディである。

墜落の危険があるにもかかわらず、絶対的な確保ができないケースもある。不安定な雪稜やナイフリッジな

【ロープのセット方法】

ハーネスに結んだ側から、ロープをたすきがけにして巻いていく

巻く回数はコンティニュアスの方式によって異なる

適度なところでロープを二重にしてハーネスのビレイループに通す

そのロープを、たすきがけにしたロープの束にも通す

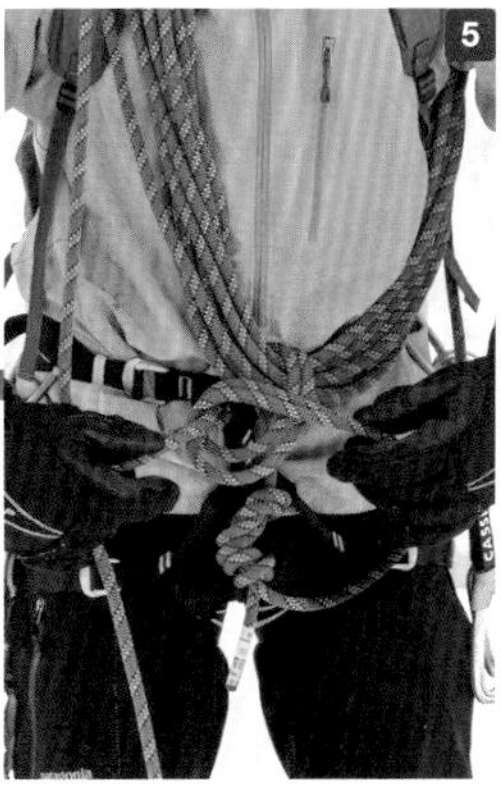

たすきがけのロープの束をまとめるようにオーバーハンドノットで結ぶ

このようになる。結び目がゆるまないように適度に締め込むと完成

余った末端はそのままでOK。カラビナでビレイループにかけてもいい

4〜5巻きのループを手に持つ。ループは直径30cmほどが目安

ど、あるいは岩稜帯などで、中間支点（スノーバーやピトンなどのプロテクション）も設置できない場合は、墜落しないことが最も大切であり、確保云々よりも慎重に登ることが優先すべきことである。

そのほか、氷河上で行動する際にもコンティニュアスを使用する。日本ではクレバスのコンティニュアス技術を使うことはないが、ヨーロッパアルプスなどの氷河上では、必要不可欠な技術である。氷河では、ヒドゥンクレバス（割れ目が雪に隠されたクレバス）がきわめて危険なため、細心の注意が必要となるからである。

コンティニュアスを行なうとき、重要なのがロープのセット方法である。余ったロープ（非常時に必要な部分）を自分の体に巻きつけるのだが、パートナーの墜落を止めて荷重がかかった際に、ロープで体が締めつけられないようにしなければならない。ロープが垂れ下がると登攀のじゃまになるため、多少タイトに巻く必要もある。束ねた最後の止め方には数種類あるが、要するに締めつけられないで、解除も簡単にできる方法ならばよい。

【 一般的なコンティニュアス 】

アックスとは逆の手に、4〜5巻きのループにしたロープを握る。パートナーとは4〜5mの間隔をあけ、同じスピードで登っていく

パートナーがスリップした瞬間、素早く左右の足場を固めて身構える。滑落者はできるだけ「ラク!」と合図を送るようにする

ループにアックスのシャフトを素早く通して雪面に刺し込み、上から押さえ込んで動かないようして、滑落を止める

アックスの刺し方

胸の前にループを置き、荷重がかかる箇所にシャフトを刺す

制動を確かめるようにしながら、アックスを深く刺し込んでゆく

コンティニュアスには主にふたつの種類があり、パートナーとのレベルの違いによって使い分ける。

一般的に行なうコンティニュアスは、技術的に同じくらいの者同士で行なう。墜落の止め方は、手に持ったループにアックスを差し込んで、ロープが締まっていく抵抗による制動で行なう。

しかし雪の状態によっては、アックスがしっかり刺さらず、墜落を止められないことがある。やわらかく深い雪の場合には、滑り落ちることはないだろうが、硬く締まった雪壁や凍った雪などは注意しなくてはいけない。

特に先頭が落ちた場合には、後続者の横を通過して長い距離を滑ってから、墜落を止めなければいけないことになる。このときはかなりの衝撃荷重がかかる。状況を見て、墜落を止められないだろうと思ったときには、迷わずスタカットに切り替える判断も大切である。

パートナー同士の力量が同じくらいの一般的なコンティニュアスでは、疲れたら先頭を交代することが可能である。疲れがスリップの原因となることもある。また、先頭を入れ替わるときや休憩するときには、アックスなどでセルフビレイをセットすることも忘れずに。

スタカットへの切り替え

コンティニュアスは基本的に滑落の可能性がほとんどない場面での方法である。滑落の危険が少しでもある場合、また、滑落すると致命的な結果を招く場面では、スタカットに切り替えるようにしよう。コンティニュアスで行動するような場所は、確保支点が得にくいことが多いが、岩角にロープを回したり、リッジの反対側で雪の抵抗を利用して確保できることもある。アックス1本でビレイする方法（106㌻参照）は、セルフビレイの問題はあるが、雪があればどこでも可能だ。

【 タイトロープ（ガイドコンテ）】

ロープの持ち方

直径約30cmのループを4〜5巻き持ち、最後のループを手のひらのなかでクロスさせて持つ

パートナーとの距離を短くし、ロープをなるべく張った状態にして登る。原則的に上にいる者が確保を行ない、パートナーの滑落を止める

ロープが正しくピンと張っていれば、軽く引いてやるだけでバランスを修正できる。ただし、衝撃を感じた瞬間に反応しなくてはいけない

パートナーがバランスを崩すと、ロープが瞬間的に強く引かれる。先頭の人は、いつ引かれても対応できるように意識しながら歩くことが必要

ガイドとクライアントの関係など、どちらかが技術的に経験豊富で、もう片方が不安な場合は、タイトロープ（ガイドコンテ）を行なう。このとき先頭を登る者だけが確保を行ない、あとから登る者は確保を行なわない。タイトロープで確保する側の者は、技術的にも体力的にも優れていないとできない。

　ロープの持ち方は、一般的なコンティニュアスとタイトロープとでは異なる持ち方になる。一般的なコンティニュアスでは、4〜5周ループを作って手に持つだけだが、タイトロープでは、束ねたロープにもう一周クロスさせて手のなかで巻き、人さし指と中指の間からロープを出す。こうすると墜落を止めたときに、握ったロープによって手が締めつけられない。

　タイトロープで行動中は、パートナーとの間隔は狭く、場合によっては手でハーネスをつかめるくらいの距離にする。ロープは常にピンと張った状態で、滑落を止めるというよりは、バランスを崩したらロープを引いて修正するというほうが近い。場合によっては3人以上でタイトロープを行なうことがあるが、人数が増えるほどリスクは高くなる。タイトロープは熟練した上級者にのみ可能な方法で、安易に頼らないようにしたい。

3人以上でのコンテ

　3人以上でのコンティニュアスは、全員が確保技術をマスターしていて、滑落を止められるのが条件になる。ありがちな例として、初級者を間にはさみ、前後にベテランがついてコンティニュアスにするパーティがある。しかし、初級者が滑落したときは止められるかもしれないが、その前後のメンバーが滑落すると初級者も引き込まれ、残る人が2人分の荷重を受けなくてはならない。状況を判断して、コンテからスタカットに切り替えるのも躊躇しないで行ないたい。

雪上でのビレイ

アックスをうまく活用する

衝撃荷重は真下に働くので、腰や膝は曲げずに体を棒のようにして突っ張る
制動手
スリング+カラビナ
セルフビレイ
クライマーへ

■スタンディングアックスビレイの基本フォーム

踏み固めた雪にアックスを刺してロープをセット。その上に足を置き、肩がらみ体勢をとる。体は曲げずに突っ張るのがポイント。セルフビレイは斜面上方のアンカーにセットする

■フォームの悪い例

×

上半身が折れ曲がると荷重に耐えられずにつぶされてしまう。スリングが長すぎるときに犯しやすい失敗だ

斜面下方向に体を向けてしまっている。前方への荷重に対して弱く、引きずり込まれる危険が大きい

雪面では、確保支点をしっかりとセットするには時間がかかり、しかも不安定なことが多い。リードビレイの場合、雪面を滑り落ちてきたクライマーを止めるのは、強固な支点でないと簡単に抜けてしまう。また、雪面に設置した支点は、一定方向に対しては効いているが、他方向に対して弱いことがある。雪を使ってビレイを行なうのは、ほかの方法でできない場合や、フォローのビレイでそれほど荷重がかからない場合のみと考えたほうが安全である。

スタンディングアックスビレイは、リードのビレイにもフォローのビレイにも使えて、練習をして慣れるとかなり信頼できる方法だ。しかしアックスにかけたスリングが長すぎたり、ビレイの姿勢が悪いと墜落の荷重に耐えられない。セットは確実に行ない、体勢も荷重のかかる方向をイメージして行なうことが大切である。

雪質は、アックスのヘッドを踏みつけるかハンマーで打ちつけて、やっと最後まで入るくらいの硬さが適している。雪が硬すぎてヘッドが最後まで入らない場合は、スリングだけを踏んでも制動は充分かかる。

スタンディングアックスビレイ、ブーツアックスビレイのどちらも、適度に雪が硬い状態に適した方法である。ふかふかの雪や、硬すぎる雪や氷などの条件で、アックスの支持力が得られない場合には、ほかの方法を選ぶべきである。

【 スタンディングアックスビレイのセット方法 】

雪がやわらかく、アックスが動くような場合は、スリングを靴の上に出す方法を用いることもある

パートナーからのロープをカラビナに通す。スリングの長さは靴幅と同じぐらいがよい

シャフトの幅広い面を斜面下方向に向けてアックスを雪面に刺し、足で踏みつけて根元まで刺し込む

アックスのシャフト上端にスリングをガースヒッチで取りつけ、カラビナをセットする

【 ブーツアックスビレイ 】

フォローの確保で荷重がそれほどかからない斜面ならば、この方法でも滑落を止めることはできる。アックスのシャフトと登山靴にロープをからませて、そのフリクションを利用する方法である。

制動時には、制動側で持ったロープを脚に回して半周させるようなかたちにし、さらに屈曲抵抗を高める

刺したアックスのすぐ横に足を置いて踏み込む。ロープをアックスのシャフトで折り返し、脚にからませる

岩や木を積極的に利用する

岩が露出していれば、無雪期と同じ方法で確保支点を作ることができる。その状態にもよるが、アックスやスノーアンカーで作った支点よりも確実なビレイができることが多い。支点さえ得られれば、無雪期と同じ方法でビレイすればよい。よく登られている冬季登攀のルートなら、ビレイポイントにはなんらかの支点が残されているだろう。強度が不充分なことも多いので、補強できるように、長めのスリングと軽量なカムやナッツをいくつか持っていれば、いろいろと利用できる。

【 リードのビレイ 】

フォロワービレイのときとは逆に、山側の足でスリングを踏むようにする。クライマーが落ちたときの衝撃荷重が大きいので、支点のセットやビレイ中の体勢には充分に注意

【体を使ったビレイ】

×

足の踏ん張りが効いていない悪い例。上半身も谷側に傾けているので、荷重がかかれば簡単にもっていかれてしまう

しっかりと踏み固めた雪の上に踏ん張ることで、体全体に力が入る。セルフビレイは足元ではなく、斜面上方にセットすること

腰がらみビレイ

ロープを
腰にまわす
セルフビレイ
足を踏ん張る

雪を踏み固めて腰をかけ、ロープを腰に巻きつける。腕力ではなく、体とロープの摩擦で制動を効かせる

×

上体を谷側に傾けた状態だとバランスを崩しやすく、フォロワーが滑落したときの衝撃荷重にも耐えられない

制動は腕力ではなく、ロープと体の摩擦をコントロールすることでつくる。このとき、腰やひざを曲げずに突っ張ること

肩がらみビレイ

セルフビレイ
腰やひざを曲げず
まっすぐ立つ
踏ん張れるように
足場を固める

ロープを脇の下から背中、肩へと回し、制動手で持つ。制動を効かせるほうの肩を上方に向けるかたちで立つ

ふかふかでやわらかな雪の場合、アックスを雪に刺してもほとんど支持力は得られないだろう。そのようなケースでは、体を使ったビレイをすることがある。ほとんど滑落の可能性がない箇所や、滑落したとしても確保者に荷重があまりかからない場合などにも、素早く確保体勢をとれるこの方法が有効である。

腰がらみの体勢をつくるには、体がすっぽりと座り込めるくらいまで雪を掘り、腰にロープをまわす。滑落を止めて荷重がかかったときには、足で踏ん張ることになるので、足元の雪が崩れないようにしっかり踏み固めておこう。

しかし、腰がらみではフォロワーの動きが見にくいため、フォロワーの様子を見たいときには、立った状態で肩がらみビレイを行なう。腰がらみに比べて、荷重がかかったときに踏ん張りにくいので、谷側の足でしっかり踏ん張り、引きずり込まれないようにする。

注意点としては、どちらの方法も確保者よりフォロワーのほうが10kg以上重い場合は、引きずり込まれる可能性があるため、セルフビレイもしっかりしたものが欲しい。

雪上での確保支点

臨機応変なノウハウが必要

【アックスを利用した確保支点】

2カ所の支点で構築したアンカー。ある程度雪が締まっているときに有効だ。写真では奥の支点にスノーバーを使用しているが、2本ともアックスでも問題ない

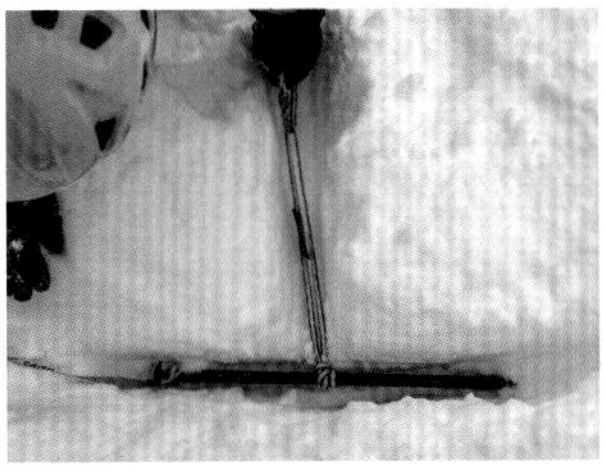

積雪がやわらかいときは、アックスを横向きに埋めるほうがよい。シャフトの中心にスリングをセットして利用する。詳しいセット法は次ページ参照

シャフトにクローブヒッチかガースヒッチでスリングをセット。この後、アックスのヘッドを踏みつけて雪面に埋め込むとさらによい

雪面を踏み固めてからアックスのシャフトを雪面に刺し込む。根元まで入らないときは足で踏み込むか、アックスのハンマーで打ち込んでもいい

雪にアックスやスノーアンカーなどを埋めて、それらを支点にしてビレイを行なう方法がある。

しかし、雪上の支点は効いていると思っても、意外なほどあっけなく抜けてしまうことがある。シーズンはじめの山の斜面は、硬いアイスバーンかサラサラの新雪が吹き溜まっている。このような条件では強固な確保支点を作ることは非常に難しく、滑落そのものをしないよう気をつけなくてはいけない。しかし、雪の状態がよく、アックスなどで支点構築できるのであれば、滑落の可能性がある箇所では、面倒がらずにセットしてほしい。

支点作りで基本となるのが、アックスの利用。積雪がある程度硬ければ、まっすぐ縦に刺し込むだけで滑落に耐えうる強度は出る。目安としては、3分の1から半分くらい刺し込んだところから、足で踏みつけてやっと入るくらい。それよりやわらかい雪では、アックスを横に埋める方法のほうが安心だ。

【各種スノーアンカー】

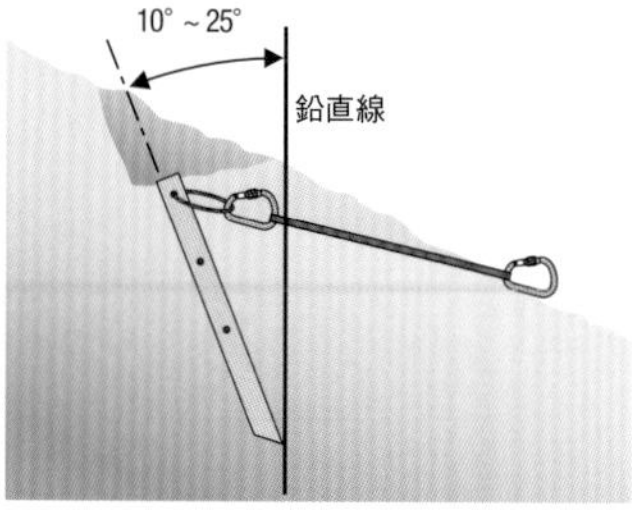

雪に刺して使う場合は、10～25度山側に傾けて、頭部を雪中深く埋める。長いスリングを使って、荷重されたとき下向きに引かれるようにセットする

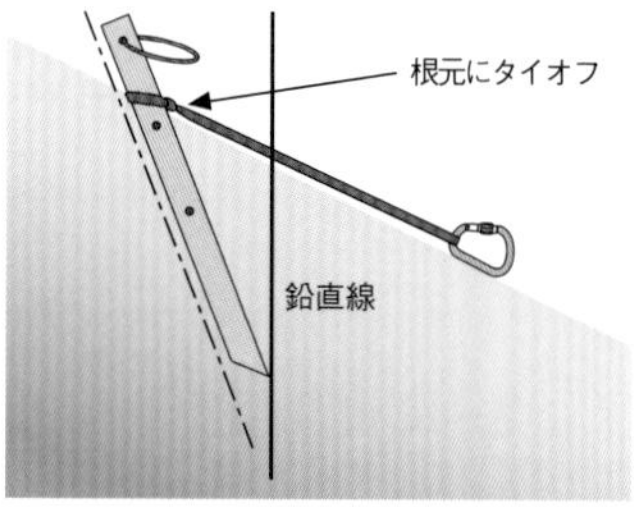

積雪が硬くてスノーバーの頭まで入らない場合は、できるだけ根元（雪面近く）にスリングをガースヒッチなどでタイオフして使うようにする

■デッドマン

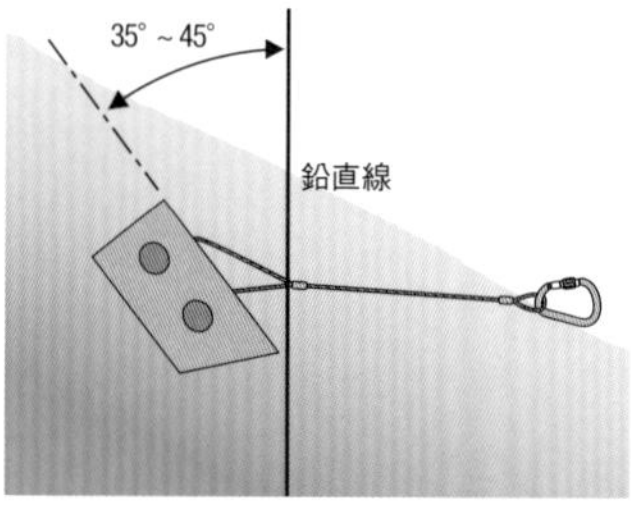

軟雪で特に効果的。製品によって設置方法が異なるが、一般的なものは35～45度の角度をつけて雪中に埋設する。ワイヤーが2本固定されている場合は長いほうを上にする

■スノーバー

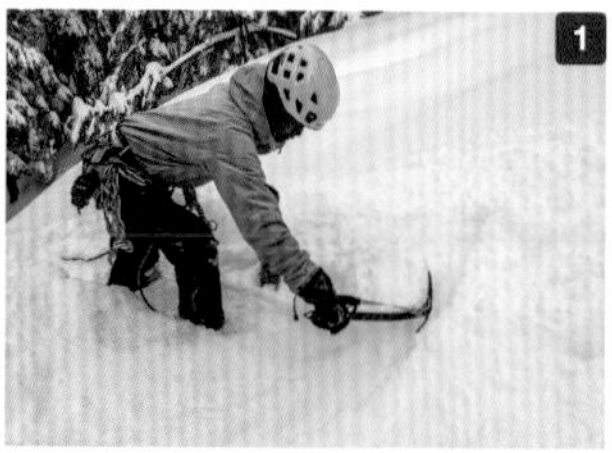

アックスなどで雪面にT字型の溝を掘る

スノーバーの中間にスリングをセット

溝に入れたら雪をかぶせて踏み固める

完成。上方向には荷重しないように

■スタッフバッグなどを利用

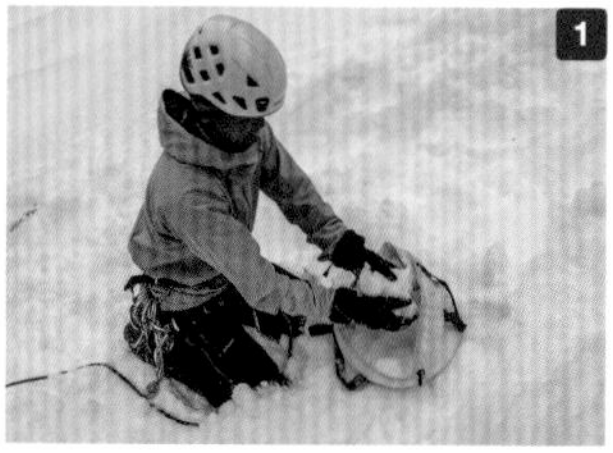

手持ちのスタッフバッグなどに雪を詰める

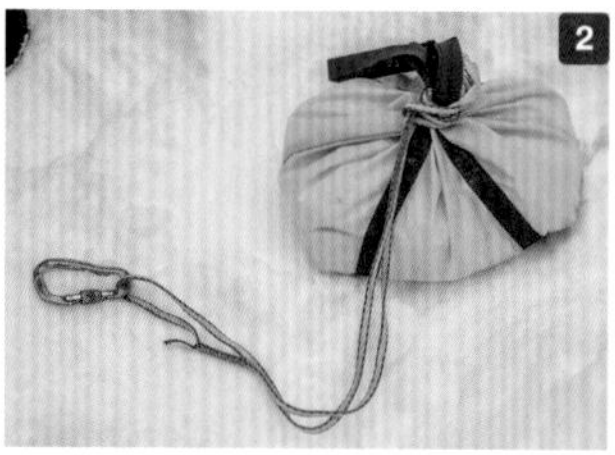

スタッフバッグにスリングをガースヒッチやクローブヒッチで結ぶ

バッグが入る大きさの穴を掘る

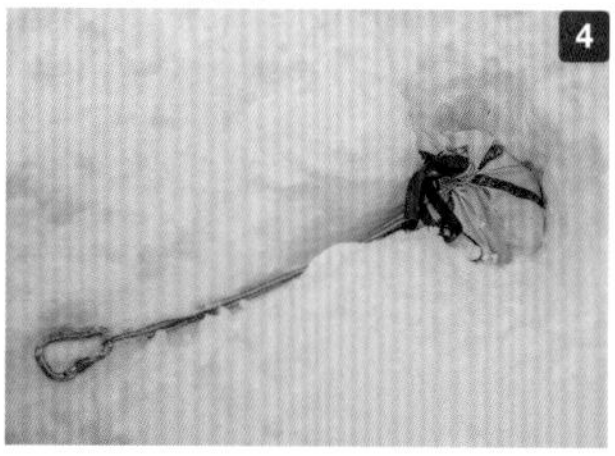

雪をかぶせて踏み固める。意外なほど強度がある

急な雪壁やスノーリッジがあるルートを登るときには、あらかじめ装備にスノーアンカーを加えておく。スノーアンカーとは、雪に埋め込んで確保支点とするための専用ギアで、スノーバーやデッドマンなどがある。

スノーバーの使い方は、アックスと同様に縦に刺し込むか、横向きに埋める。アックスと併用して2本の支点を作り、荷重を分散させてセットできるので、広く利用されている。デッドマンはやわらかめの雪でも、比較的支持力があるのが利点。

設置する際に注意したいのは、荷重したときに抜けないように角度を調節してあげることである。そして結んだスリングは雪に溝を掘って埋め、荷重されたときにアンカーが引き出されないようにしなくてはいけない。セットしたあと思いっきり荷重方向に引いて、充分強度があるか確認する。踏み固めた雪は、少し時間が経過するとさらに締まって硬くなり支持力が増してくる。

スノーアンカーの代用として、スタッフバッグなどにスリングを結んで埋めることもある。意外と信頼できるアンカーになる。

【自然物を利用する】

■岩角

ピナクルやクラックは、適切に扱えば強固な支点を作ることができる。180cm以上の長いスリングを持っておくと役立つことが多い

岩角にスリングをかけるだけでもいいが、ロープの動きで外れることがあるので注意

岩角に中間支点をとる場合は、ガースヒッチかラウンドターンでスリングをセットする

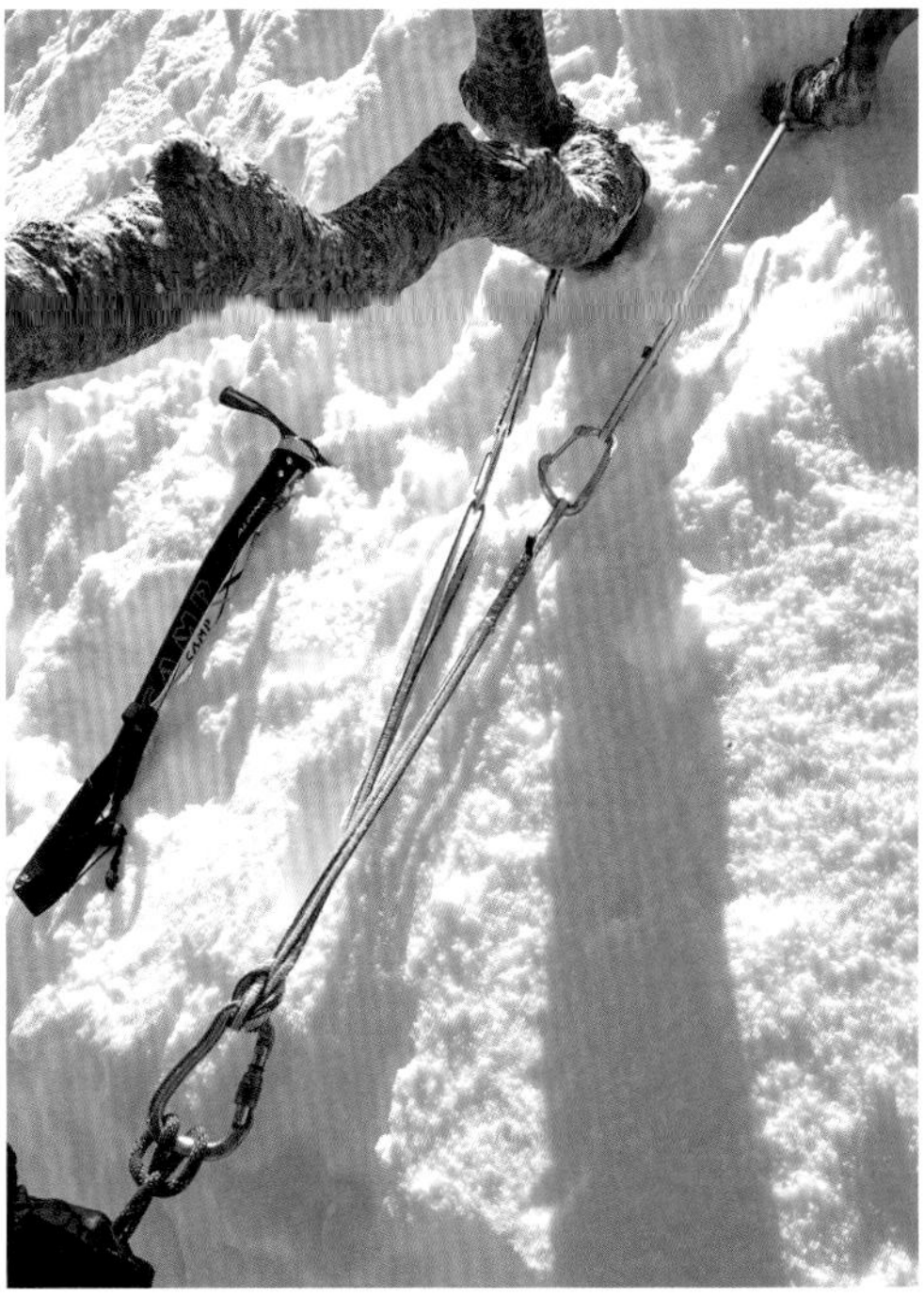

■樹木

冬季登攀で利用できるケースは多くはないが、手首ほどの太さがあればある程度の強度がある。細い枝でも、複数本を連結すれば使える場合もある。アックスを併用して補強するのも手だ

■スノーボラード

雪そのものを支点とする方法。雪面に溝を掘り、水滴を逆さにしたような形の円柱を作る。充分に硬い雪なら10kN（約1020kg）程度の強度があるとされているが、雪質の判断に経験が必要で、単体でアンカーにするのは勇気がいるところだ。できるだけアックスアンカーなどと組み合わせたい。

うまく作れば、残置物を残さずに懸垂下降も可能だ

溝にロープを回す。木の枝などを刺し込むと強度が上がる

大きさは直径1m程度、深さ50cm以上が原則

太い樹木があれば、それだけで充分な確保支点になるだろうし、セットの時間も少なくてすむ。また、細い樹木でも2本以上あれば、雪を掘り下げて下のほうにスリングをかけ、荷重を分散させてセットすると使えることもある。ピナクルやチョックストーンなどの岩は、長いスリングやロープを使えば、素早くセットできるだろう。

しかし、枯れ枝や抜けそうなピトンなど、強度が不充分な支点は、アックスやスノーバーなどと併用する必要がある。どの支点をセットすればいちばん強くて、そしてセットするのに時間がかからないか考える必要がある。どうしても強固な支点をセットしなければいけない場合は、多少時間がかかることを承知で、落ち着いて作業することが大切である。

クライミング全般においていえることだが、安全を重要視することは大切だが、時間がかかりすぎて結果的に登攀に支障をきたすようでは、安全の意味がなくなってしまう。時間オーバーして敗退、または悪天候につかまることもある。特に雪上での確保支点の設置は、技術の差が顕著に出やすい部分である。

アックスを使った雪面登高

傾斜と雪質に応じて

傾斜45度ほどでやわらかめの雪の斜面を、ビレイをとって、アックスのシャフトを深く刺しながら（ピオレマンシュ）登っている

一般的な雪山登山でのアックス（ピッケル／ピオレ）の使い道は、ほとんど杖としての役割がメインになっている。60〜70㎝と比較的長めのアックスを使うのが一般的だ。

しかし、急斜面で使用するには、シャフトが長すぎると使いにくい。アルパインクライミングで使うには、長さの目安としては50㎝くらいが適している。シャフトの下部分や中間部を握ったりもするので、ラバーやシリコンで巻いてあるものが滑りにくい。アイスクライミング専用のハンドルアックスもやや使いづらい。

ヘッド部分は、雪や氷を削るために使うブレードが付いたものと、ピトンやスノーバーなどを打ち込むためのハンマーヘッドとがある。どちらのタイプも必要だが、ハンマーは小型のタイプでも代用できる。また、あまりシャフトのカーブが大きくないほうがハンマーとして使うとき打ち込みやすい。

アックスの使い方は、大きく分けてシングルアックス（1本使用）、ダブルアックス（2本使用）がある。そのうち、シングルアックスにもいくつかの種類があり、雪質や傾斜によって使い分けている。傾斜がゆるく、ほとんど足だけで歩けるような雪面ならば、杖のようにして使うだけ（ピオレカンヌ）で登ることができる。

さらに傾斜が強くなってきたら、ダガーポジションで登る。ダガーポジションには、傾斜や雪面の状態によって、4種類ほどのポジションがある。これらはやや硬めの雪質でピックが半分以上刺さると、より安定する。

ピックの先端部分しか刺さらず、少しの動きで抜けてしまいそうな硬い雪質では、アイゼンもしっかりと刺して、アックスとアイゼンとのコンビネーションが必要になる。

雪壁のどんな箇所でも、基本的にはスリップしないことが第一だが、もし足を滑らせたときには、アックスで体を支えることができるように備えておくことが大切である。

【 アックス・アイゼン技術の体系 】

■ピオレラマス

片手でヘッド、もう一方でシャフトを握り、スパイクでバランスをとる。主に下降で使う

■ローダガーポジション

ヘッドを覆うように握り込んでピックを刺す。傾斜がゆるいときにやりやすい

■ハイダガーポジション

シャフト最上部を握り、ピックを刺して登る。ヘッドに指をかけるやり方もある

■アンカーポジション

片手でヘッド、片手でシャフトを持ち、打ち込んだピックを支えとする

■シングルアックス

アックスを1本だけ使用する。シャフト下部を握ってピックを打ち込み、支えとする

■ダブルアックス

両手にアックスを持って、ピックを打ち込みながら登る。詳しくは5章参照

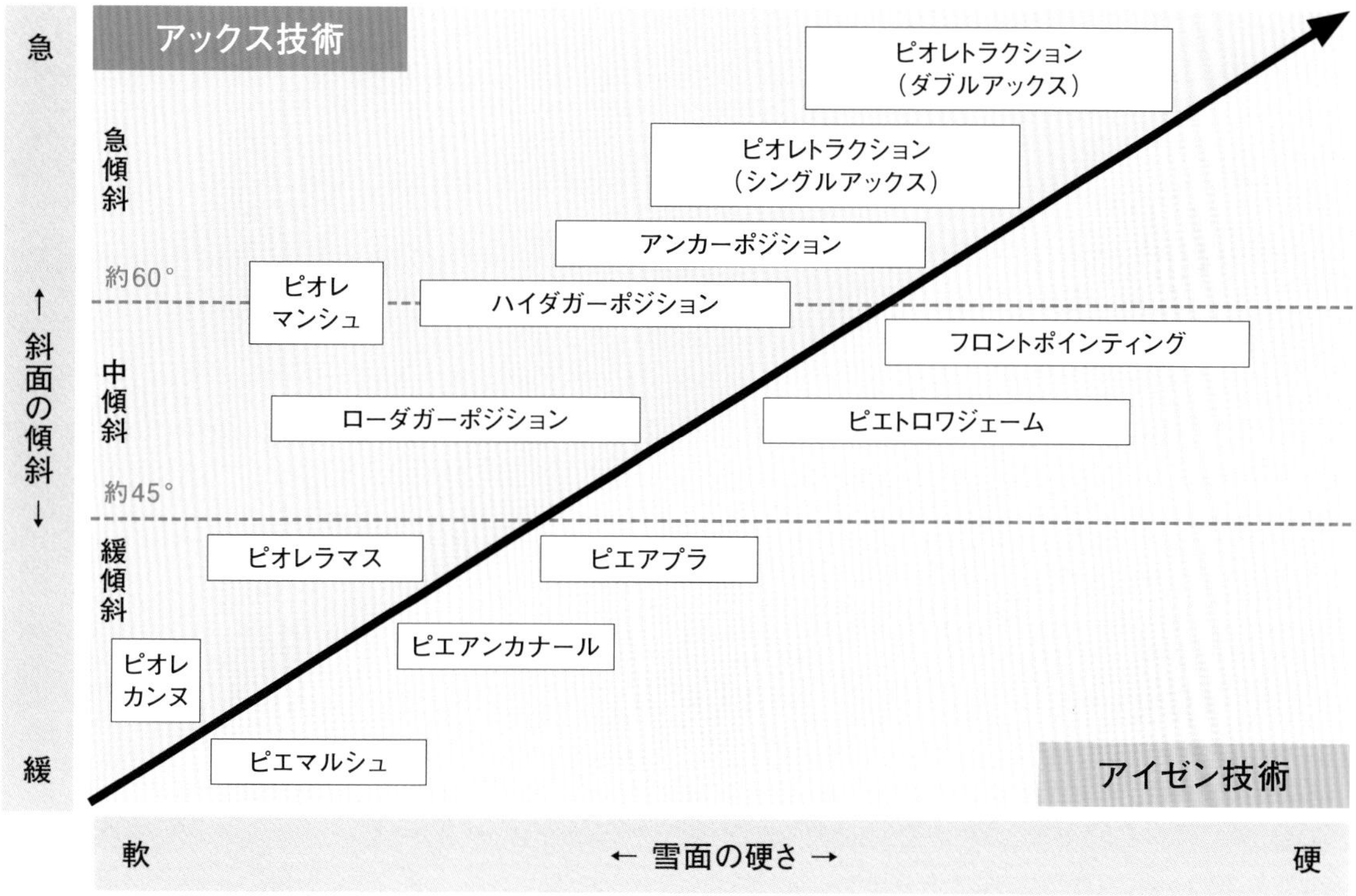

アックス・アイゼン技術の多くはヨーロッパアルプスが発祥で、細かな技術ひとつひとつにフランス語で詳細な名称がつけられている

■ピオレマンシュ

シャフトを深く雪に突き刺しながら登る。雪がやわらかいときにやりやすい

■ピオレカンヌ&ピエマルシュ

アックスを杖として使い、アイゼンは通常歩行。特に技術を必要としない基本形

■ピエアンカナール

両足を逆ハの字に開いてフラットフッティングで歩く。傾斜が強くなってきたときに有効

■ピエアプラ

フラットフッティングを保ちながら、両足を交差させるように斜上していく

■ピエトロワジェーム

片足フラットフッティング、片足フロントポインティングの組み合わせ

■フロントポインティング

アイゼンの前爪だけで立つ。傾斜の強い斜面で必須の技術

【堅雪斜面の登高】

■シングルアックス

ピックを強く打ち込み、それを支えとして登っていく。あまり体を上げすぎると不安定になるため、数歩足を上げるごとにピックを上に打ち直しながら登っていく

■ダブルアックス

両手にアックスを持って、2カ所にピックを打ち込みながら登る。足は前爪を蹴り込むフロントポインティングになる。アイスクライミングで必須の技術で、詳しくは5章参照

■各種ダガーポジション

ハイダガーポジション

アッズの基部に親指を下からまわし、4本指でヘッドの上を押さえて持つ。最も強傾斜に対応できる持ち方

ミドルダガーポジション（シャフトを持つ）

シャフトがカーブしたアックスなら、シャフトの上部を持ってピックを刺すこともできる

ミドルダガーポジション

人さし指をヘッドの上に出して押さえ、残りの指でシャフトを持つ。肩ぐらいの高さでピックを雪面に刺す

ローダガーポジション

アッズ（ブレード）を手のひらで包むように持ち、ピックを雪面に押し当てるように軽く刺す。ゆるめの斜面向き

傾斜が強く、やわらかな雪の斜面では、ピック部分だけでは保持力が弱い。シャフトも利用して、できるだけ深く刺し込む。シングルアックスでは、顔の前に横向きに刺し込み、両手でヘッド部分を持ち、体を引き上げるようにするとよい。

傾斜が強く困難な斜面では、両手でアックスを持ち対応する。2本のシャフトを刺し込む「ピオレマンシュ」や、シャフトをスイングしてダブルアックスで登る。傾斜や雪質などに合わせて、使い分けが行なえると体力的にも余裕が出るだろう。

雪面はフラットな面ばかりではなく、尾根上はアップダウンがあり、また雪庇もあるだろう。ビレイが不安定な箇所ではスリップは絶対に許されない。特に雪庇部分では、尾根の形状を観察して慎重に行動しなくてはならない。

自分の手の一部のように、アックスを登るための補助用具として、また確保支点として、自由に使いこなせるようになりたい。雪の斜面では雪崩の危険もあるため、安全かつスピーディに行動するのは、アルパインクライミングでは、常に求められていることである。

【 軟雪斜面の登高 】

シングルアックスでの雪壁登高

両手で持ったアックスのシャフトを雪中に深く突き刺す（ピオレマンシュ）

左手でバランスをとりながら、右足を一歩踏み出す

足場が崩れないように注意しながら、左足も踏み出す

体勢が安定したところでアックスを上部に打ち替え

ダブルアックスでの雪壁登高

両手にアックスを持ち、シャフトを雪に深く突き刺しながら登る。ホールドがひとつ増えるため、より困難な斜面に対応できる

左手のアックスを雪面に刺す。ここではミドルダガーポジションに持っている

右足で一歩登り、右手のアックスを雪面に刺す。ハイダガーポジションで持っている

左足で一歩登り、左手のアックスを打ち替える。足場を崩さないように慎重に登る

ダガーポジションの持ち替え

ピオレトラクションでピックを打ち込む

シャフトの中間あたりに持ち替える

そこを支えにして体を引き上げる

ローダガーポジションに持ち替える

雪庇の乗り越し

張り出しの小さい部分をねらって、アックスで溝を掘る

目の高さぐらいの位置にアックスのシャフトを刺し込んでホールドにする

アックスで体を引き上げる。傾斜の強い部分は雪壁登高と同じ

足場をひとつずつ固めながら前進して乗り越す

アイゼン登攀

アイゼン独特の感覚を身につける

岩登りのルートに適したアイゼンについて考えてみたい。まず大切なのが、アイゼンの装着が確実であること。靴につけたときにガタがあるようでは、登攀中に外れるおそれがあるからだ。

これには、ワンタッチあるいはセミワンタッチといわれるタイプのアイゼンが適している。ワンタッチタイプはがっちり装着できる一方、靴との相性によっては外れることもある。近ごろはセミワンタッチタイプでもかなりしっかり装着できるので、こちらを選ぶのもありだ。

アイゼンの爪は、一般的な12本爪のものでは、サイドの爪がやや長く前に突き出ているものが岩登りに適している。岩に立つときには、前に飛び出たフロント爪2本を乗せて、さらにサイドの爪を支えとして使うと、足（ふくらはぎ）への負担が少なくてすむ。フロントの爪が1本のモノポイントタイプは、2本前爪のものより安定性に欠けるが、動きの自由度では勝る。上級者を中心に、岩でもモノポイントタイプを選ぶ人は少なくない。

アイゼンを装着しての登攀は、フリークライミングで使用するフラットソールシューズとは違い、岩に立っているときの感覚が伝わりにくい。足の指先から、アイゼンの先までは数センチの距離があり、靴も底が厚いためである。また、基本的に正対で登る。登攀の経験を積んで慣れてくると、だんだんと感覚も伝わるようになる。

用具でカバーできる点としては、できるだけ軽めのアイゼンを選び、登山靴も足首が適度にしなやかなタイプを選ぶこと。

練習方法としては、関東でいえば三ツ峠や越沢バットレスなど、アイゼントレーニングがクライマーの間で認められている岩場で行なうようにしよう。フリークライミングのルートでアイゼンをつけて登ると、ホールドを傷つけて、ルートの性質・難易度を変えてしまうからである。

フリクションの乏しいアイゼンのみで岩に立つため、フリークライミングとは異なる独特のテクニックが必要だ

【アイゼンで岩に立つ】

上半身を
まっすぐ
起こす
手袋のまま
ホールドを
つかむ
つま先は
壁に正対
かかとは
水平に
保つ

エッジに引っかけた前爪2本に、全体重と神経を集中させて立つ。ハンドホールドはバランス補助にするだけで、最小限の力しかかけないようにする

前爪で立つ

横幅のあるエッジに前爪2本を乗せて立つのが最も基本的な形。サイドの爪で支えるとより安定する

左右に動かさない

かかとを無闇に左右に動かすと、接地していた前爪が浮き、スリップしやすくなる

モノポイントの場合は、ある程度動かしても大丈夫。ただし脚力は必要になる

かかとは動かさない

○

正しく的確なかかとの高さ。靴底はほぼ水平になっている

×

かかとが上がると前爪が外れやすく、滑落の危険性が高くなる

岩壁の途中の凍った草付帯。アックス、アイゼンがしっかり決まり、登りやすいことが少なくないが、突然剥がれることもあるので注意

傾斜の強い岩壁に、サラサラの雪が薄く乗っている。最もやっかいなシチュエーション。雪を払いながら丁寧にフットホールドを探そう

傾斜が強くて雪や氷があまり付かず、岩登り要素が強いルート。フリークライミングの能力と、アイゼンで正確に立つテクニックが必要だ

ベルグラと呼ばれる薄い氷が張った岩壁。岩登りとアイスクライミング両方の技術が重要となる。氷が薄いと非常に困難なセクションになる

冬季登攀では、夏のクライミングのように岩だけを登るというわけにはいかない。岩のみというルートはむしろまれで、薄く乗った雪や氷、草付など、そのシチュエーションはさまざまだ。

足使いも、状況によってさまざまなテクニックが必要になってくる。岩登りと並んで最も重要なのがアイスクライミングの技術だ。しっかりした氷は理想的なフットホールドになるので、岩だけにこだわらず、氷にも積極的にフットホールドを求めよう。

同じルートでも、気象の変化によってまったく異なってくるのも冬季登攀ならではだ。たとえば前日の吹雪で、岩にびっしりとエビのシッポが張り付いていると、それを払い取るのにとても苦労するだろう。サラサラの雪が岩に積もっているのもやっかいだ。かえって湿った雪がしっかり付いていてくれたほうが、アックスを引っかけやすいかもしれない。

冬季登攀は、ガイドブックやルート図だけでは読みきれない、多くの課題が潜んでいる。さまざまなコンディションに対応できるように、足使いを洗練させていこう。

【アックスを利用する】

クラックにピックを差し込む。シャフトをねじるような力を働かせると安定する

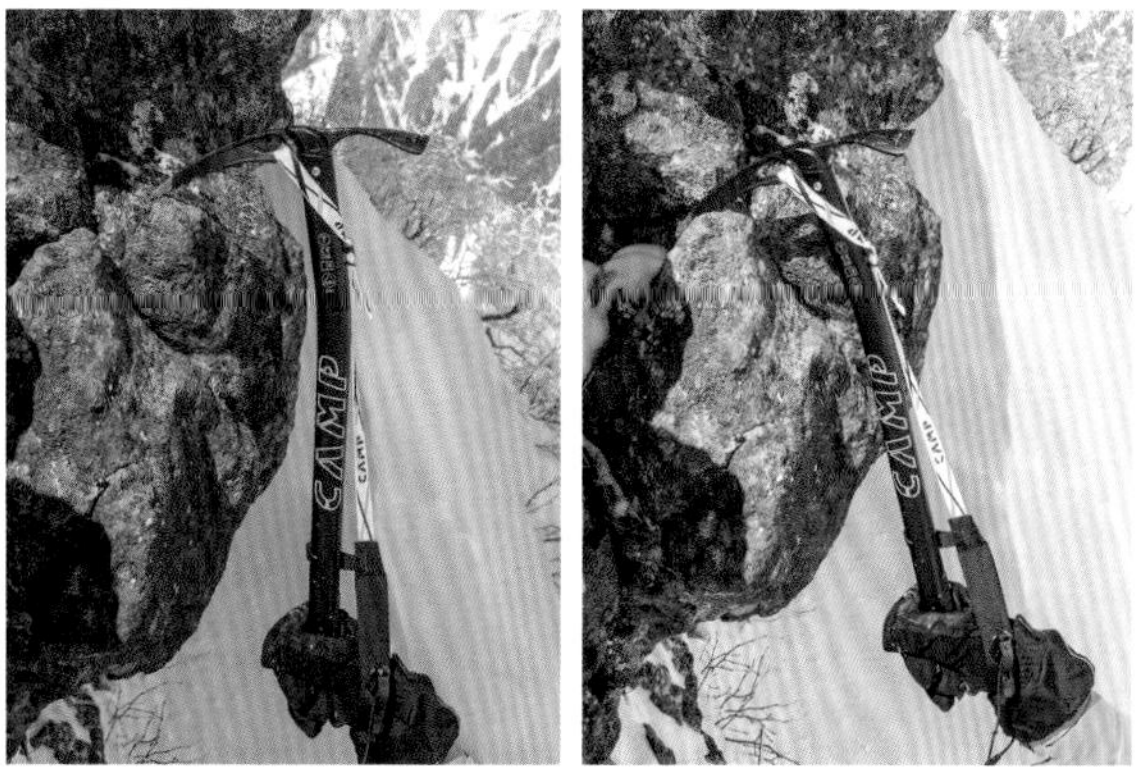

岩のエッジにピックを引っかける。エッジが外傾していたり小さかったりする場合は注意。左の写真のようにピンポイントで引っかけるときは、ピックのわずかな動きで外れてしまうことがあるので、アックスを極力動かさないようにする

凍った草付に刺す。氷よりも刺さりやすく、いいホールドになるケースが多い

ホールドが氷で覆われているときには、アックスのブレードで氷をたたき壊し、ホールドを露出させる

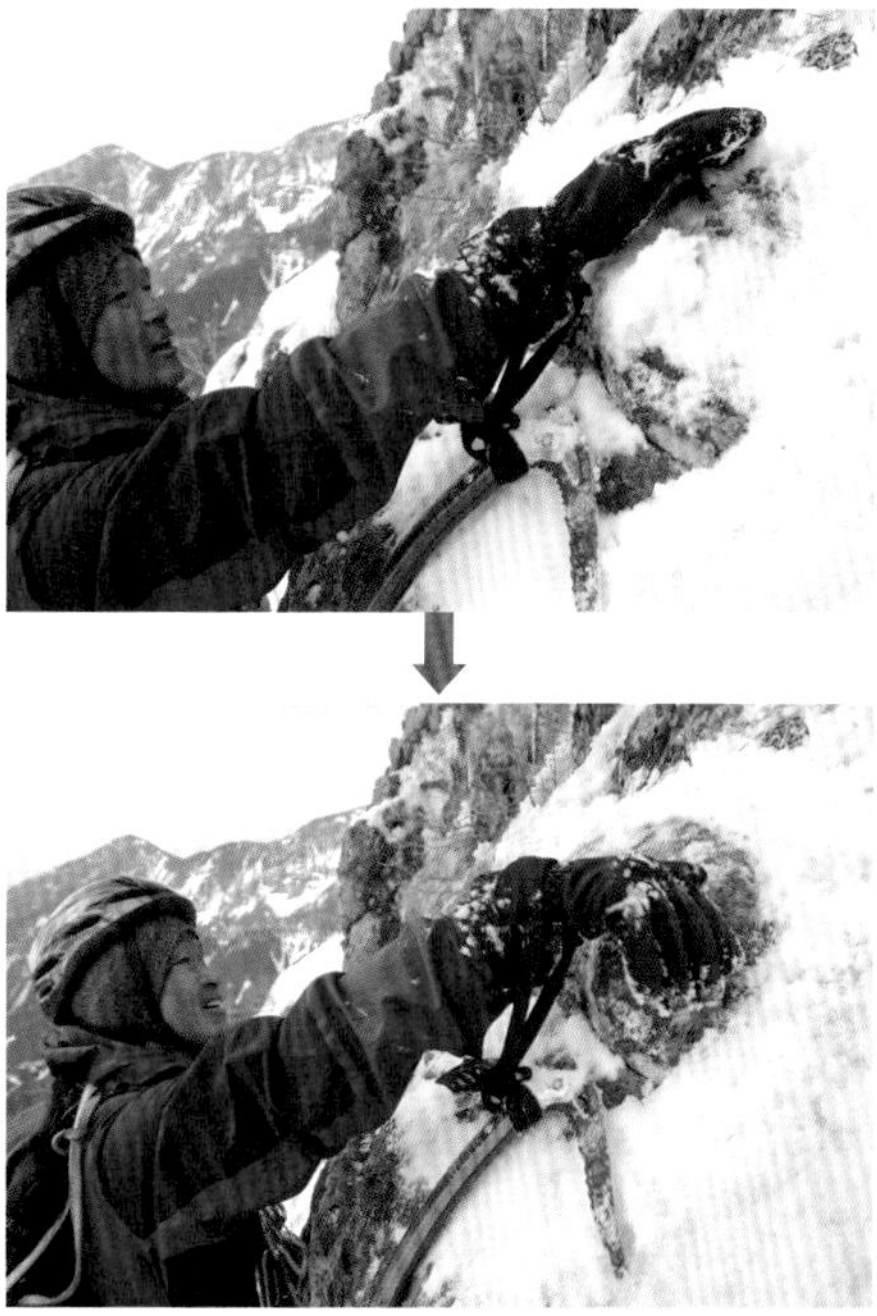

ホールドが不安定な雪で隠れているときは、手で雪を取り払ってからつかむしかない。時間もかかり、忍耐のいる作業を強いられる

冬季登攀で岩をホールドするとき、厚い手袋をはめているためにしっかり持つことは難しく、腕にも負担がかかる。そんなときアックスのピックを、岩角に引っかけ、あるいはクラックに差し込み、また凍った草付に打ち込むと腕への負担が少なくなる。自分の第二の腕として、自由に使えるようになりたい。

　アックスは、長さが50cmくらいで、シャフトが少しカーブしているタイプが、ストレートシャフトより、岩などに干渉しにくいため使いやすい。草付やベルグラはダブルアックスで登るとスピーディで効果的だ。リーシュを付けるかどうかは判断が分かれるところ。しっかりしたグリップが付いたアックスはないほうが軽快に登れるが、ロングルートでは落下防止に付けたほうがいいだろう。

　しばらく岩登りが続く箇所では、ホルスターに収納したり、カラビナでハーネスに下げたりする。ザックと背中との隙間に差し込む、昔からのオーソドックスな方法があるが、慣れないときちんと収まらない。背中にサッと差し込み、スパッと引き抜くことができるのも、なかなかかっこいいものだ。

【アックスの収納】

リーシュはつけるか否か

アルパインクライミングでアックスのリーシュについては、選択肢は主に以下の3つ。

①つけない
②ハーネスとつなぐ
③手首とつなぐ(リストループ)

①はとにかく軽快なのがメリットだが、アックスを落とす心配がある。②は持ち替えが簡単にできるなど、①のよさをもちつつも落とす心配がないが、若干わずらわしさはある。③は落とす心配がないことと、グリップが握りにくいアックスでも腕力をセーブできることがメリットだが、左右の持ち替えができない。登るルートと好みで使い分けよう(写真はハーネスにつなぐタイプのリーシュ)。

背中とザックの隙間にアックスを差し込んでおく方法。昔から行なわれているやり方で、アックスを素早く出し入れできる

リストループの場合、手を離して手首に下げておくだけ。瞬時に手をフリーにできるので、部分的にアックスを手放したいときに便利

ヘッドをカラビナにかけてハーネスに下げる方法。どんなアックスでも使える方法で、近年、このやり方をとる人が多い

アイゼン登攀の練習

アイゼンで岩を登る練習は、最初はII～III級ぐらいのルートで行なうとよい。トップロープをセットして、はじめは登山靴と素手で登る。真上に登るだけでなく、クライムダウン、トラバースもやってみよう。登山靴の先端で立つことに慣れたら、登山靴と手袋、登山靴+アイゼン+手袋というように、徐々に進めて慣れていくとよい。

アイゼンと手袋をつけると、最初はII～III級というグレードが信じられないくらい難しく感じるだろう。III級の壁がリラックスして登下降できるようになったら、IV～V級もやってみるとよい。トップロープでIV級が楽に登れるなら、III級をリードできるだろう。しかし、アイゼンをつけたまま墜落すると、爪を岩に引っかけて足首を捻挫するか骨折する危険がある。アイゼンでのリードは100%墜落しない覚悟でやることが条件になる。通常はトップロープの練習でも充分だろう。

アイゼン登攀が許されている岩場で練習しよう

Part 5

アイスクライミング

現代のアイスクライミング

身近なスポーツへと進化

アイスクライミングというと、以前は登山のなかでも特殊なジャンルと位置付けられ、限られたクライマーたちが行なっているにすぎなかった。用具はまだ発展段階にあり、登るテクニックも確立されておらず、大変な苦労をし、ときには恐ろしい目にも遭いながらアイスルートを登っていた。

ところが2000年ごろから道具が急激に進化したことによって、アイスクライミングは一般化し、普及していった。軽量で振りやすく、よく刺さるアックスと専用のアイゼン、軽量で保温性もありフットワークの優れた靴、そして飛躍的に性能の上がったアイススクリューなどを使用することにより、今ではだれもが楽しめ、雪山のクライミングのなかでも比較的身近なジャンルとなってきている。

シーズン中の週末の八ヶ岳などは、多くのアイスクライマーでにぎわい、また人工的に作られたアイスクライミングのゲレンデも、冬山とは思えない明るい雰囲気に包まれている。しかし、身近なスポーツになったとはいえ、アイスクライミングを学び、楽しんでいくためにはクライミングの基本技術は必要不可欠である。雪山というフィールドで行なう以上、天候判断や雪崩などの危険因子に対する知識や対処方法、寒さへの対策なども身につけておく必要がある。

これからアイスクライミングを始めるには、このスポーツの危険性をよく理解したうえで、経験豊かな指導者のもと、技術を伸ばし、自然を楽しみながら学んでいってほしい。

アイスクライミングに習熟すれば、氷は絶好の壁の弱点になる。アルパインクライミングには欠かせない技術だ

【アイスクライミングのフィールド】

■ルンゼ（アイスガリー）

岩壁の凹角部分に氷が詰まってできる。壁の弱点として登られることが多い

■氷柱（ピラー）

崖から垂れ下がった巨大なツララの集合体。傾斜が強く困難なものが多い

■氷瀑

凍りついた滝。アイスクライミングのフィールドとして最もポピュラーなものだ

■コンペ

アイスクライミングは競技にもなっている。フリークライミング以上にアクロバティックなムーブが要求される

■アイスミックス

氷と岩の両方が出てくるライン。フリークライミングの技術も必要とされ、非常に難しい

人工氷壁

八ヶ岳・赤岳鉱泉の「アイスキャンディー」

長野県川上村・岩根山荘の「アイスツリー」

人工的に作られた氷壁は、ヨーロッパや北米などでは以前から一般的に利用されてきた。徒歩のアプローチがまったく必要ない便利な場所に作られたものは、だれもが手軽に練習でき、アイスクライミングの普及にも一役買ってきた。また、氷壁の形状を自由に作れるため、初心者用から上級者用まで、理想的な練習環境を自在に作り出すことができる。日本では、八ヶ岳・赤岳鉱泉のアイスキャンディーが有名で、多くのクライマーに利用されている。そのほかにも全国にいくつかあり、初心者の体験、講習会、中・上級者の効率的な練習の場として利用されている。これらが近年のアイスクライミングの普及とレベルアップに貢献していることは間違いない。

アイスクライミングのギアとウェア

専用品か汎用品か

■アックス

独立したハンドルグリップが付いたアイスクライミング用アックス。リーシュは使わない前提で、グリップは中間部で持ち替えもできる。傾斜が強い氷ほど登りやすい

アイスクライミングだけでなく、アルパインルート全般で使えるオールラウンドタイプ。返しの付いたグリップのためリーシュレスで使え、ミックス壁でも使いやすい

■アイゼン（クランポン）

前爪が1本のみのモノポイントタイプ。前爪がアックスのピックのようにわずかな力で氷に刺さり、氷を登ることだけを考えるなら、これがいちばん登りやすい

前爪が2本あるデュアルポイントタイプ。氷と雪壁が両方出てくるようなルートで使いやすい。ほとんどのモデルはモノポイントにすることも可能だ

アイスクライミングの用具は、大きく3段階に分けることができるだろう。ひとつにはミックスアイスやコンペを目的としたもの、第2にゲレンデ的な身近な場所で使うもの、そして、山の自然条件の厳しいルートを登るものがある。

ゲレンデエリアや人工のアイスゲレンデでは、条件に合わせて自由に選ぶことができる。しかし山のなかのルートを登るには、防寒性を備えた服装が必要だし、用具も長時間歩くことや雪壁を登ることを想定したものでなければならない。

アックスとアイゼン

アイスクライミング用具のなかで重要なのが、アックスとアイゼンである。自分の全体重を、アックスとアイゼンとで、氷に接するわずかな点で支えるからだ。

アイスクライミング用のアックスは、大きく分けてアイス専用とオールラウンドタイプがある。アイス専用のものは2段に分かれたハンドル

ギアのチューンナップ

ピックの先端の角を落としてなめらかに仕上げると、氷への刺さりがよくなる

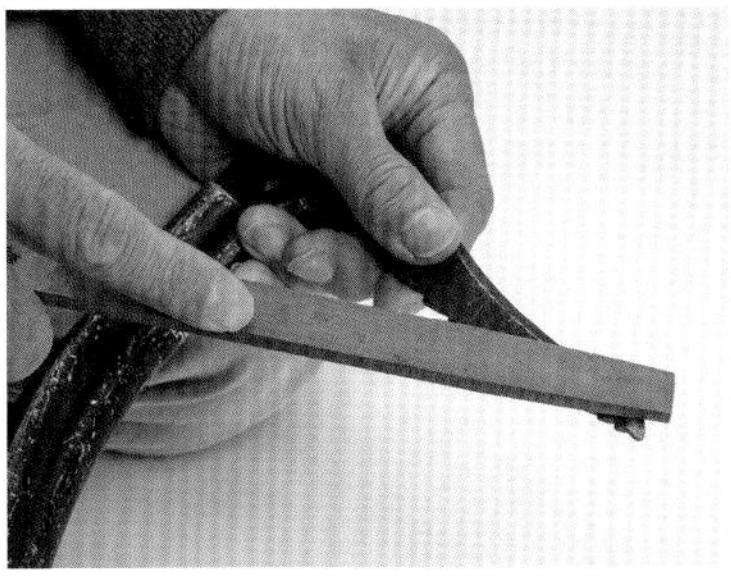

金工用のヤスリを使用する。ヤスリの品質によって作業効率が大きく変わるのでいいヤスリを使おう

アックスは購入したそのままではなく、ピックの刃先を研いでおくと、氷への刺さりがよくなり登りやすくなる。最近の製品は最初から鋭く仕上げてあるものも多く、以前よりチューンナップの必要性は少なくなっているが、硬い氷を登るときなどは、ピックをできるだけ鋭くしておくと氷が壊れにくく、登りやすくなるだろう。

アックスのピックには、岩対応のミックスタイプとアイス用タイプがあり、使用目的によって付け替えることができる。アイゼンの前爪は角度や長さの調節ができるものが多く、やはり使用目的によって調節する。モノポイントとデュアルポイントとに付け替えられるタイプは、自分好みに調整でき、いろいろ試してみるのもいいだろう。アイスクライミングギアは、自分流に調整し、改造するのが楽しみという人も少なくない。

モノポイントの刃先。アックスのピックのように鋭くなっているので、氷を壊さずにスムーズに刺さる

デュアルポイントの刃先。爪自体はモノポイントと同じだが、2本あるので雪面のグリップ力もある

このような縦爪と横爪がミックスしたT字断面の前爪の製品もある。縦爪と横爪の中間的な性能がある

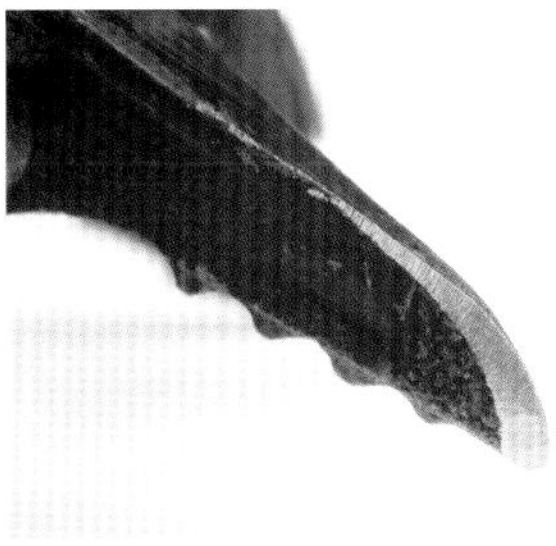

アイゼンの縦爪もピックと同じように先端を磨く。ほかの爪は磨耗したときにヤスリをかけるだけでよい

グリップを備え、オールラウンドタイプは1本シャフトで構成されている。ただし、ハンドルグリップを備えるタイプでも、アルパインルートに対応するものが増えてきて、その境目は明確ではなくなってきている。

これから始める人は、アイスクライミングに集中したいのか、それともアルパインアイスをオールラウンドに登りたいのかをよく考え、そのうえで、自分の体格や手の大きさに合ったものを選ぼう。重さや振ったときのバランスはものによって異なる。重量については体感の個人差が大きく、特に女性には重くて扱いきれないアックスも少なくない。

アイス用アイゼンが縦走用と異なる点は、前爪が縦爪になっていて、刺さりがよく、横滑りしないつくりになっていることである。アイスクライミング用としてはモノポイント（1本爪）が主流になっているが、アルパインアイスではデュアルポイント（2本爪）も使い勝手がいい。

モノ／デュアル両対応式と、どちらか固定式がある。両対応式は固定式に比べてやや重量が増すが、はじめは前爪の角度や長さ調整もできる両対応式を選ぶほうが無難だろう。

■アイススクリュー

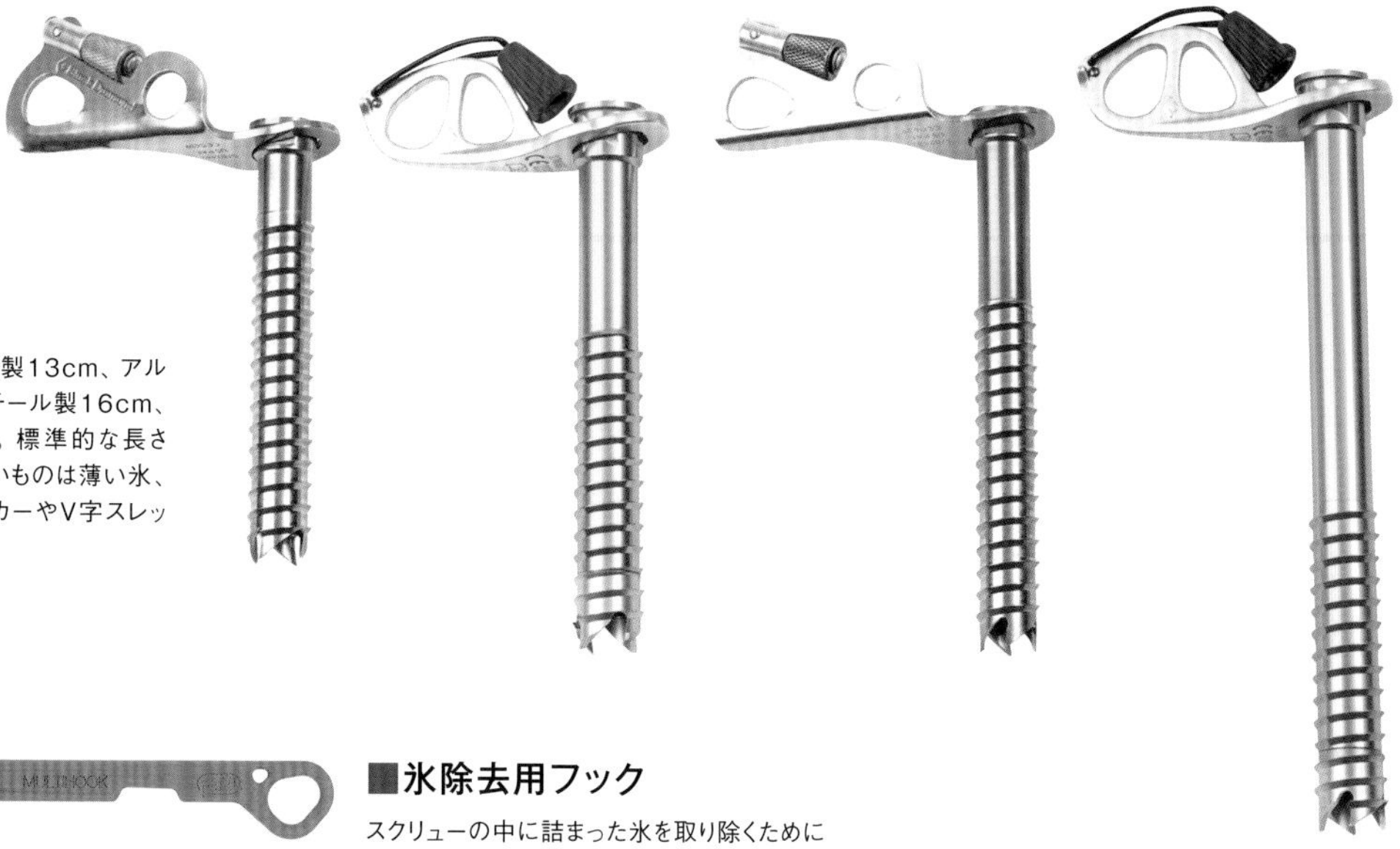

左から、スチール製13cm、アルミ製16cm、スチール製16cm、アルミ製22cm。標準的な長さは16cmで、短いものは薄い氷、長いものはアンカーやV字スレッド作りに便利だ

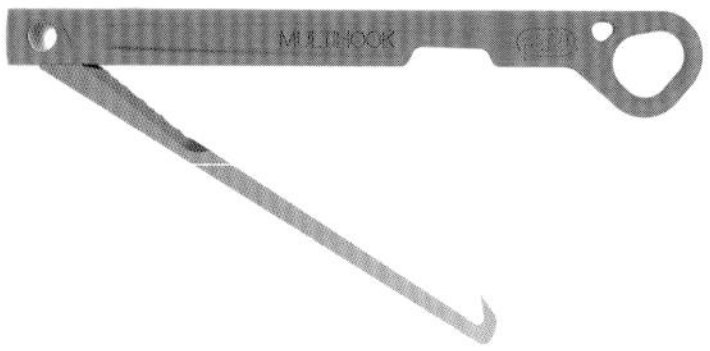

■氷除去用フック

スクリューの中に詰まった氷を取り除くために必要。多くの製品は、V字スレッドを作るときのツールとしても使えるようになっている

■アイスフック

スクリューを入れられない薄い氷や草付でのプロテクションに使えるほか、細いクラック内の氷に打ち込むこともできる

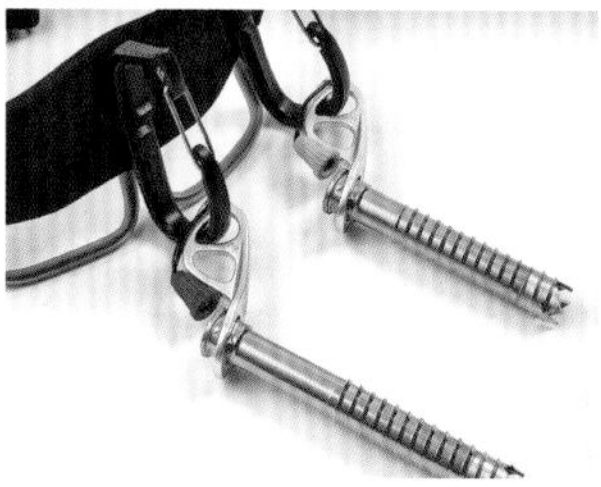

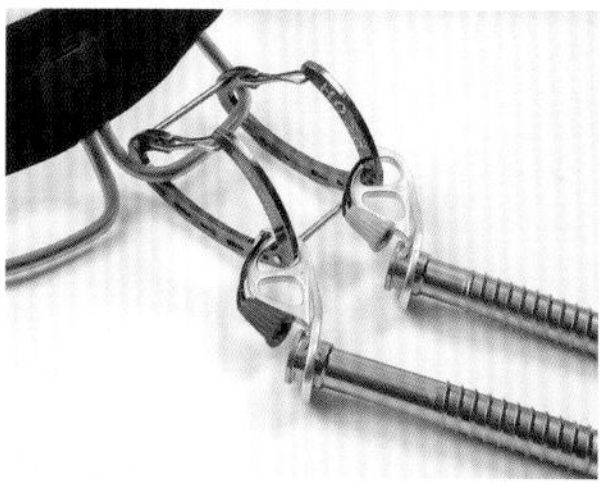

■スクリューラック

クライミング中、スクリューはハーネスにセットしたラックにかけて携行する。ラックは写真のようなものが市販されており、片手でかけたり外したりできるので、素早いセットが可能になる

プロテクション

アイスクライミングのプロテクションは、アイススクリューというチューブ状のものが使われている。鋭い刃先や氷の抜けをよくしたチューブの形状によって、片手でも簡単に回転させてセットでき、氷の状態さえよければ高い支持力が得られる。アイススクリューが進化したことによって、アイスクライミングは大きく発展してきたと言ってもよいだろう。近年は、従来のスチール製と比べて劇的に軽いアルミ製のアイススクリューが登場し、人気を得ている。長さも従来よりやや短く軽くなってきている。

スクリューは刃先とチューブのらせんの鋭さが重要なので、持ち運ぶときや保管するときは専用のケースを使う。また、錆びないように、防錆剤などで使用後のメンテナンスも大切だ。刃先が丸まってきたときは研ぎ直したいが、これはコツが必要なので、専用の研ぎ器を利用したほうがいい。

ほかにアイスフックという、アックスのピック部分のようなプロテクションギアがある。これは凍った草

■アイスクライミングのウェア

アウター
アイスクライミングは体を大きく動かすので、動きやすいソフトシェルが有利

ベースレイヤー
薄手で体にぴったりフィットするもの。快適性ではウール製、汗をかいたときの速乾性では化繊素材が優れる

ミッドレイヤー
フリースなど。通気性のある中綿ウェアにもよいものが登場している

ビレイパーカ
ビレイ中は冷えるので、防寒用にダウンジャケットや中綿ジャケットがあるといい。アウターの上から着られるサイズが便利

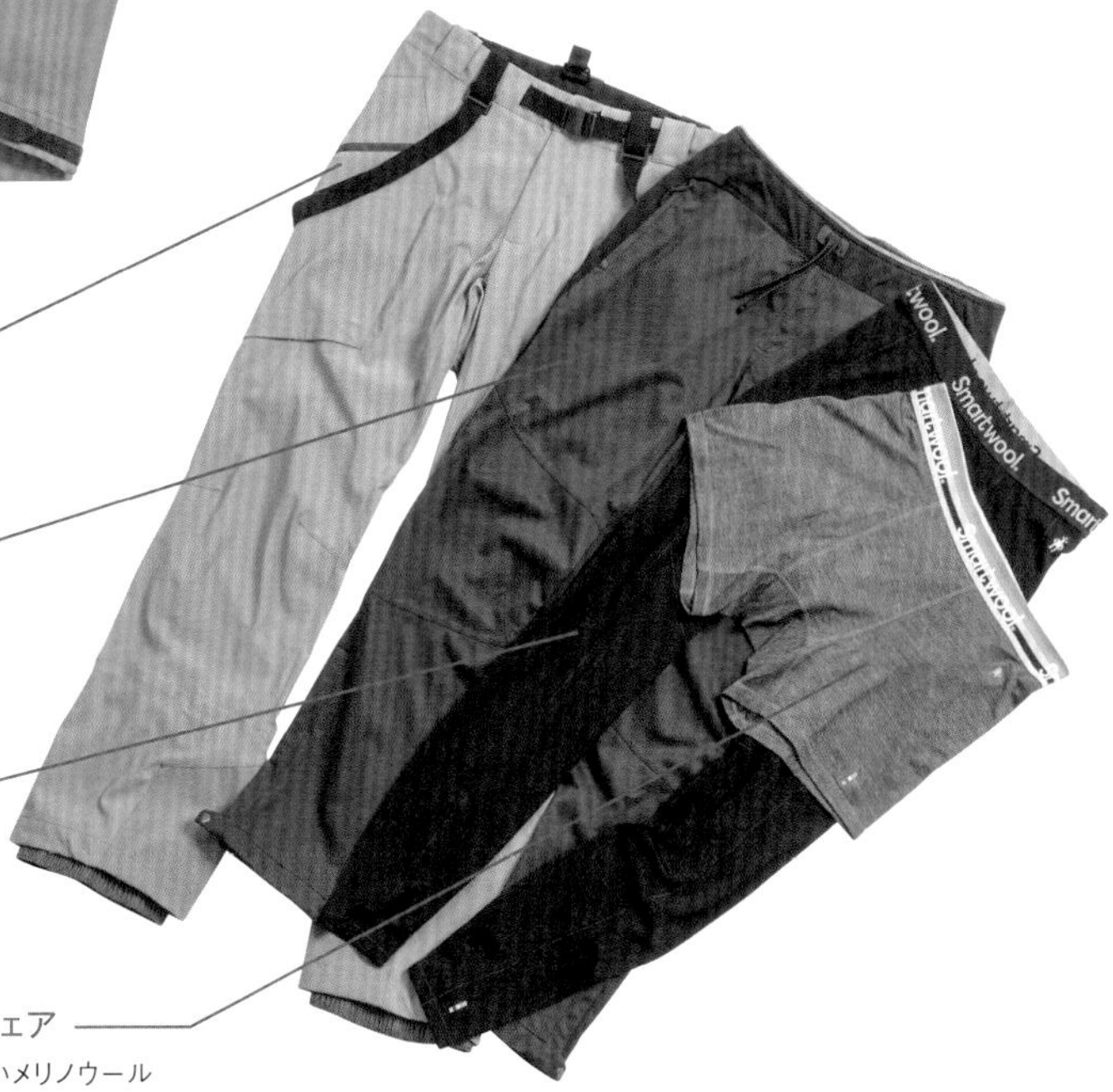

シェルパンツ
パンツもストレッチするソフトシェルタイプが登りやすい

パンツ
シンプルで動きやすいものがよい。下半身が冷える人は保温性の高いものを

ベースレイヤー（タイツ）
薄手で体にぴったりフィットするもの。ウール製と、保温性の高い化学繊維のものがある

アンダーウェア
保温性の高いメリノウール製が快適。速乾性の高い化繊素材のものもよい

付やクラック、薄い氷など、スクリューが使えない箇所で使用する。

ウェア

ウェアは伸縮性の素材を使用し、なおかつ透湿性と耐水性を備えたものがアイスクライミング用として適している。腕を振り上げたときや、ひざを上げたときに突っ張る感じがないものを選ぶ。その点では、防水透湿素材を使ったハードシェルより、動きやすいソフトシェルのほうが向いているといえる。最近では各メーカーからアイスクライミングに適した製品が出ている。ただし、条件の厳しいアルパインアイスでは、多少の動きやすさを犠牲にしてもハードシェルを選んだほうが無難な場合もある。

手袋は、内側が保温素材でアウターと一体型のものが使いやすいだろう。手のひら側の生地が濡れたときでも滑りにくい素材になっていて、全体的にやわらかくフィット感があるものを選んでほしい。保温性も大切だが、サイズが大きすぎると細かな作業ができないので、薄手のインナー手袋で合わせるくらいのサイズがよいだろう。

シングルアックス

アックステクニックの基本

横から見たところ。腰を壁面に近づけ、上体を反らし気味に壁から離すのがポイントだ。胸を氷からバレーボールひとつ分ぐらい離すと安定した体勢がつくれる

シングルアックスの基本フォーム。アックスと両足の3点で安定した体勢をつくり、リラックスして立つ。アックスを頂点とした三角形の形になっている

シングルアックスとは、雪山登山に用いられる基本技術のひとつで、アックス1本で急な雪面の登下降やトラバース、岩場などの乗り越しを行なう。

ここで紹介するシングルアックスは、アイスクライミングの基礎を学び、バランス感覚を養うために効果的な練習方法として取り上げてみた。アックスの振り方、フットワークについては、次のダブルアックスで詳しく説明するので、ここでは主にバランスのとり方を学ぶ。

最初は、60度ぐらいの比較的傾斜がゆるめで、高さ5mほどの場所で行なうと、恐怖心もなく、集中して練習できるだろう。

アイスクライミングとフリークライミングの動きを比べたとき、いちばん異なる点は、アイスクライミングのほうが体の動きが制限されている点だ。大きく体を左右に振ると、打ち込んだアックスが抜けてしまうため、フリークライミングでいう「正対」の登り方が基本となる。体は常に氷の面に対して正面を向くようにし、打ち込んだアックスを支点として体を左右に振らないように注意して、できるだけアックスが体の中心にくるように引きつける。そして、足だけで立っていられるようにバランスをとる。

ポイントは、左右の足を肩幅よりやや広めにして、水平の高さにそろえて立つようにすること。太ももの内側を絞るようにすると安定し、バランスがよくなる。基本フォームの写真のように、アックスと両足の3点でリラックスした安定した体勢をつくることができれば合格だ。

太ももの内側に力を入れて絞るように立つと安定しやすい

【 シングルアックスの動作 】

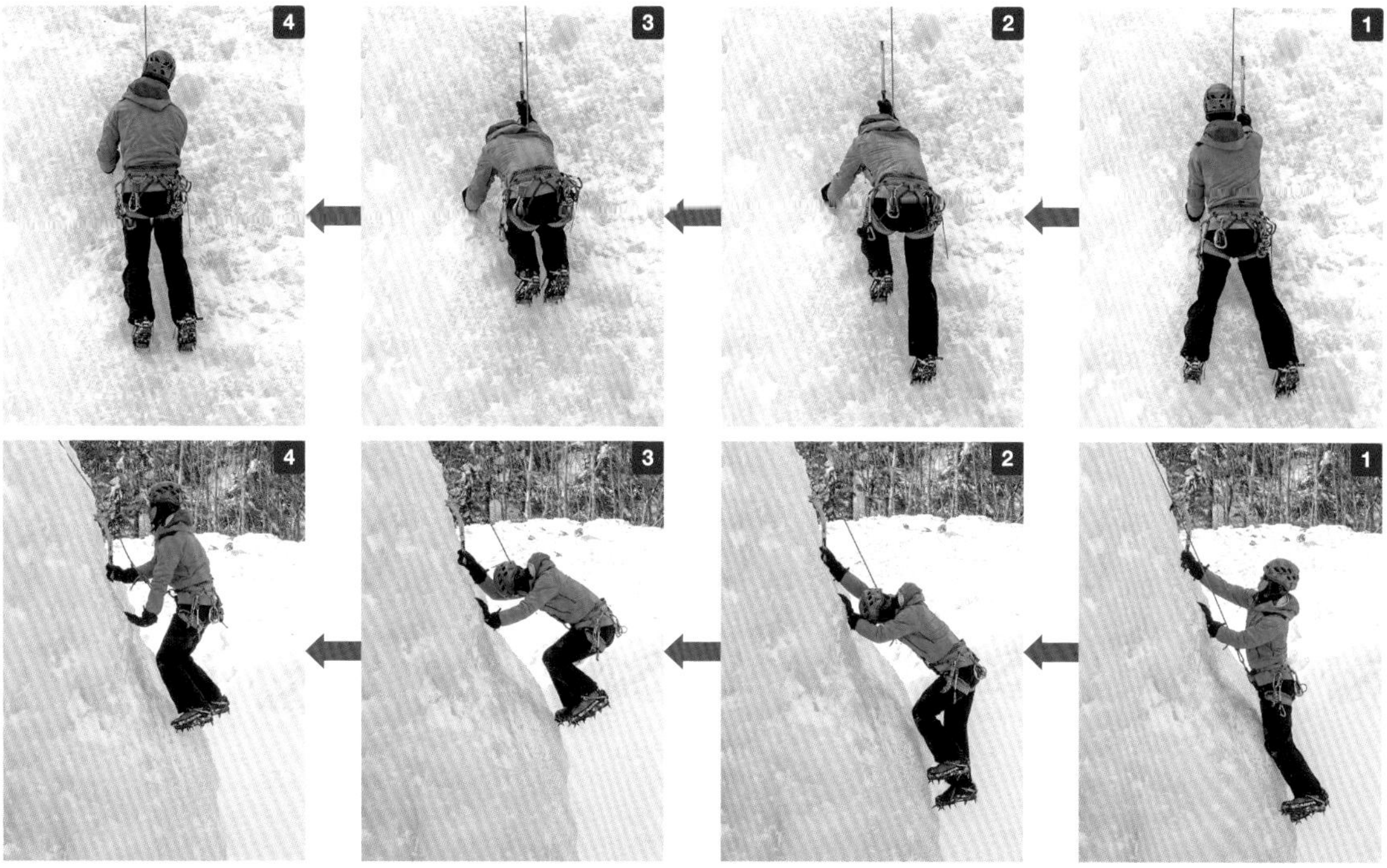

両足の間隔は肩幅より少し広めにとり、左手で胸の前の氷を軽く支える。アックスは頭の真上よりやや右側の高い位置に打ち込む

アックスはひじが伸びるくらいの高さに打つ。そこにぶら下がるような体勢をとり、左足を上げていく

ピックが動かないように注意しながら、ひじを内側に絞るようにして体を引き上げる

アックスを握った手が胸の前ぐらいの高さまできたら両足に均等に荷重して立ち上がり、1の姿勢に戻る

片手ずつ交互に打って登ってみる

バランスをとるための練習として有効なのが、アックスを直線状に片手交互に打つ登り方だ。動きはシングルアックスと同じだが、アックスを打つ場所は体の真上にする。打ち込んだアックスを握った腕は伸ばした状態を保ち、体を上げるときだけ引きつける。そのとき体を横に振らず、まっすぐ引き上げるように注意。引きつけるとき、ひじがへそに向かうようなイメージで登るとうまくいく。この技術は60度以下の傾斜のゆるい氷壁をスピーディに登る手段としても有効だ。

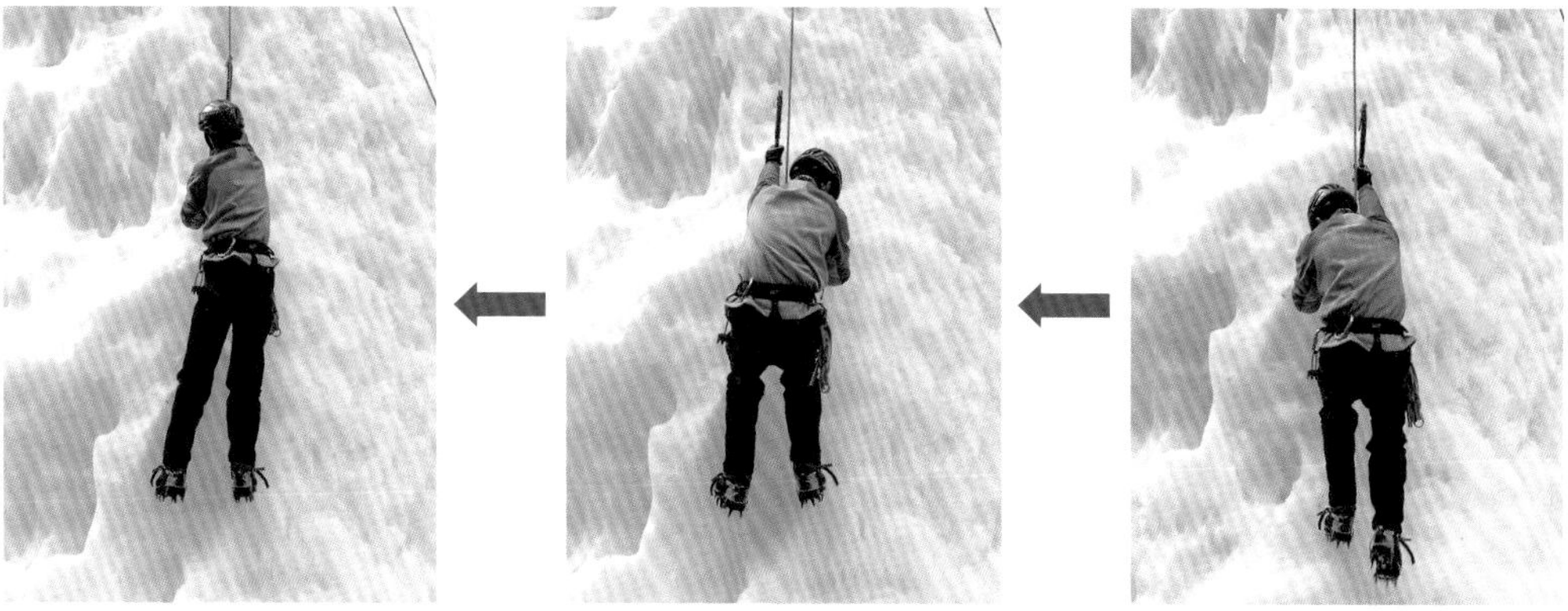

ダブルアックス

アルパインの可能性を広げるテクニック

ダブルアックスを使うアイスクライミングの入門ルートとして定番的存在になっている八ヶ岳裏同心ルンゼ

ダブルアックスの可能性

ダブルアックスとは、文字どおり両手にアックスを持ち、氷壁を登る技術のことである。

この技術が世に知られたのは1970年。イヴォン・シュイナードがスコットランドの急峻なアイスガリー（岩溝の氷壁）を登ったのが最初とされている。その後、日本にもダブルアックス技術が伝わり、現在私たちが登っている主要なアイスクライミングルートの多くは、70〜80年代に登られたものである。この技術が伝わる以前は、たとえば八ヶ岳の大同心大滝などは、ピッケル1本にアイスハンマー、そしてアイスハーケンにアブミをかけて登っていた。

ダブルアックスの技術は、道具の進歩にともない、アックスの振り方やフットワーク、バランスなどの細かなテクニックが確立されてきた。ここではダブルアックスの基礎となる部分について、写真を見ながら詳しく説明をしていこう。

アックスの振り方

アイスクライミングと聞くと、ガーンガーンと、氷をたたき割りながら登っていくイメージをもつ人も少なくないだろう。実際、かつては重いアックスを力いっぱい振りまわして、ピックを深く刺すというような登り方をしていた。ピックも今より厚みがあって刺さりが悪く、強く深く刺さないと抜けてしまうので、このような登り方をしていた。

しかし、現在のアックスは重量は軽く、ピックは薄くなり、刺さりがとてもよくなっている。グリップも滑りにくい素材と握りやすい形になっている。振ったときヘッドがまっすぐに刺さるよう、バランスはよくなり、シャフトのカーブは氷のコブなどに干渉しないように作られ、ピックも刺しやすく抜けにくい角度になっている。そのため、軽い力で腕力をセーブしながら登るのがコツだ。進化したアックスの性能を充分に引き出してあげよう。

【 アックスの振り方 】

■基本フォーム

アックスは親指と人さし指で輪を作るように持ち、あまり強く握らないようにするのがコツだ

刺さったピックの位置は、ひじが伸びた高さになるのがよい

振り始める瞬間に小指側に力を入れて握る。アックスのヘッドを放り投げるようなイメージで振る

振り上げるときは小指側の力を抜く。ひじは軽く曲げる程度にして、こぶしが頭の上くらいまでの高さに抑える

■振り方の悪い例

脇が開いてしまうというのが、初心者にもっともよく見られる悪い例。振りに力が入らず、腕の力もすぐに消耗してしまう

これは振りかぶりすぎ。無駄に大振りするとバランスを崩しやすいうえ、アックスのコントロールもしづらい

ひじが開いてしまうと、ピックの先が氷にまっすぐに入らず逃げてしまい、うまく刺さらない

アックスを振るときは脇を締める。ひじは内側に絞る感じで肩幅くらいにするといい

■凹部をねらう

アックスは凹んだ場所に打つと安定しやすい。よく見ると氷にも凹凸があるのでそこをねらおう。上から下に向かって突き刺すようにすると抜けにくい

ふくらんだ部分に打ち込むと氷が割れやすく、アックスがなかなか決まらなくて苦労させられる

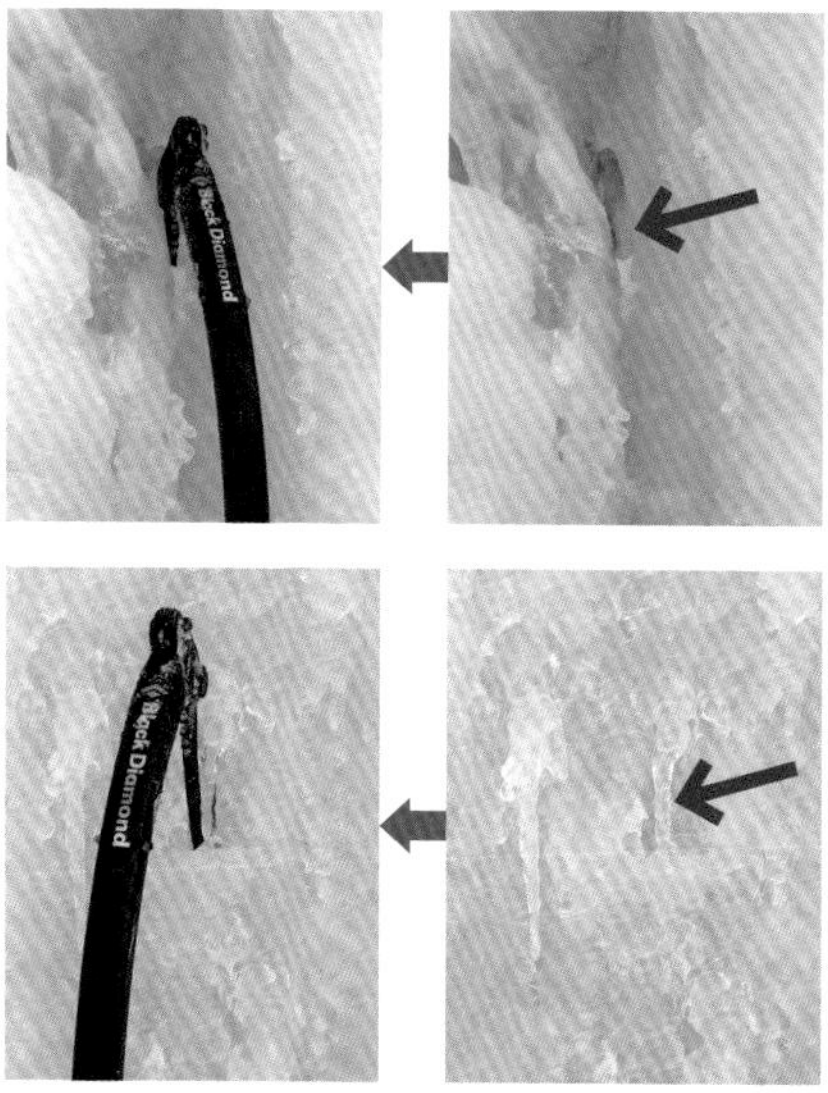

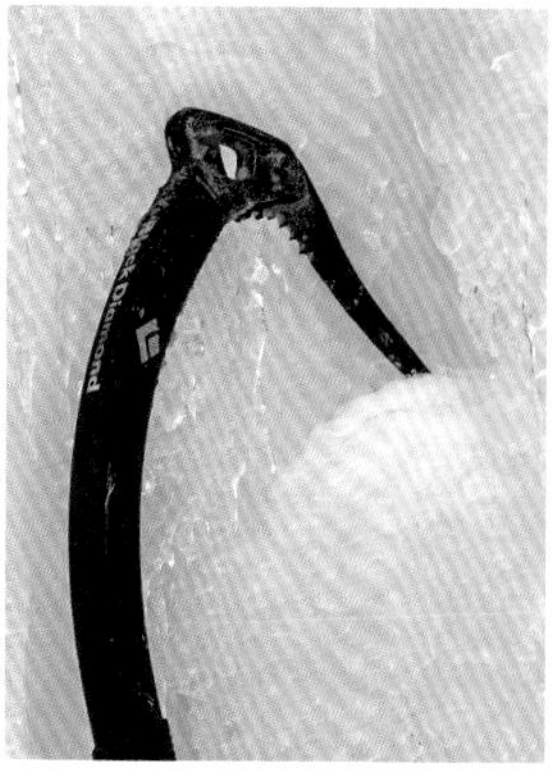

【ダブルアックスのフットワーク】

■ひざを支点にして蹴り込む

脚全体で蹴ろうとするとコントロールがしづらく、バランスも崩しやすくなる

強く蹴らずに振り子の勢いで軽く蹴るようにする。前爪とサイドの爪を使い2〜3回繰り返して蹴る。ステップができたら、軽く蹴り込んで立つ

アイゼンの蹴り込みは、ひざから下の動きだけで行なう。ひざの位置は一定で、ひざ下のみ軽く後ろに引く感じで振り上げる

■靴底を水平に保つ

かかとが下がると前爪に体重が乗らず、爪が外れやすくなる

かかとが上がるとサイドの爪が氷に触れず、アイゼンが外れやすい。ふくらはぎにも負担がかかる

靴底の角度は水平が基本

フットワーク

ダブルアックスのフットワークの基本は、できるだけ足に体重が乗るように立ち、腕の負担を軽減させるようにバランスをとることだ。アックスを振ることに夢中になって、目の前の氷ばかりに意識が集中してしまいがちだが、岩登りと同様に「足で登る」ことが基本となる。一度に高い位置まで足を上げないで、小さなステップで小刻みに上げていくようにする。

アイスクライミング用のアイゼンは、前爪がアックスのピックに似た形状になっていて、氷への刺さりがよくなっている。アックス同様、力いっぱい蹴り込まなくても充分に刺さるので、ひざを支点に後ろに振り上げた反動を利用して、軽く蹴るようにする。無理に1回の蹴り込みで決めようとせずに、アイゼンの前爪とサイドの爪でステップを切るような感覚で氷を蹴り、ステップができたら軽く蹴り込む程度で立つのがコツだ。

アイゼンの爪が、自分の足先のように感じられるようになるまで練習してみよう。

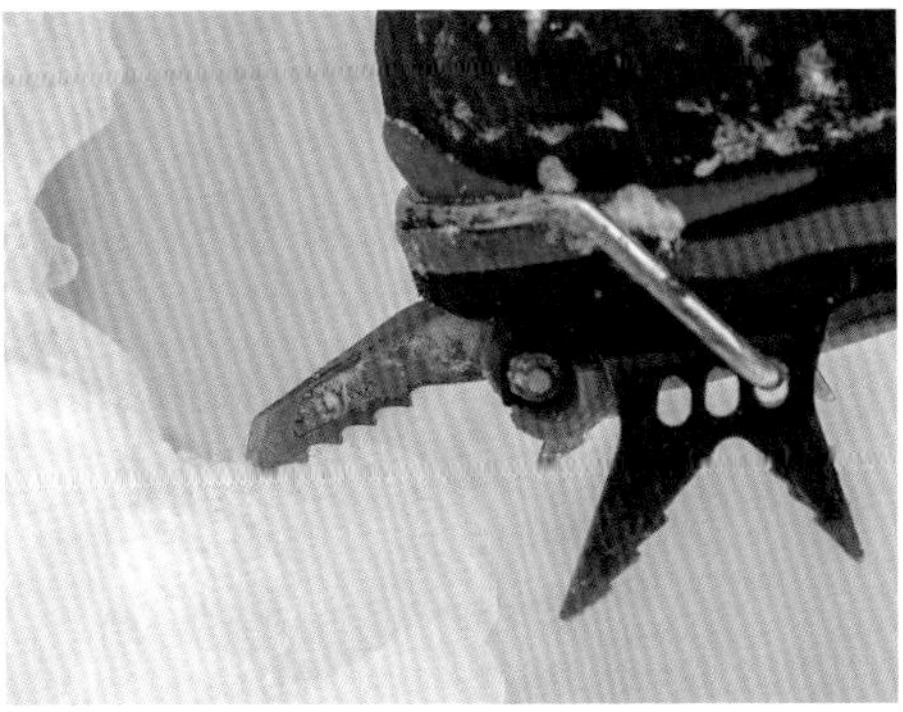

■氷の段差に立つ

氷がふくらんでいるところや段状になっているところは蹴らなくても立てることがある。蹴り込んでいくよりも圧倒的に楽なので、こういうところは見逃さないようにしよう。傾斜が強くなると足元が見えにくくなるので、登るときに使えそうな段差をチェックしておくといい

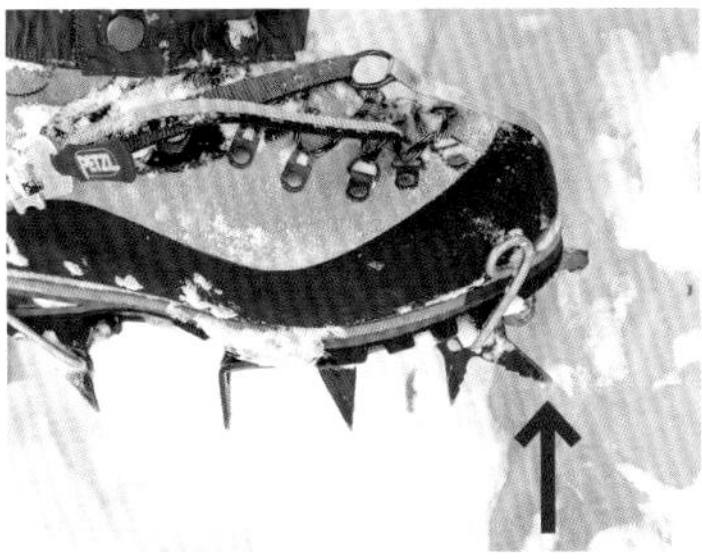

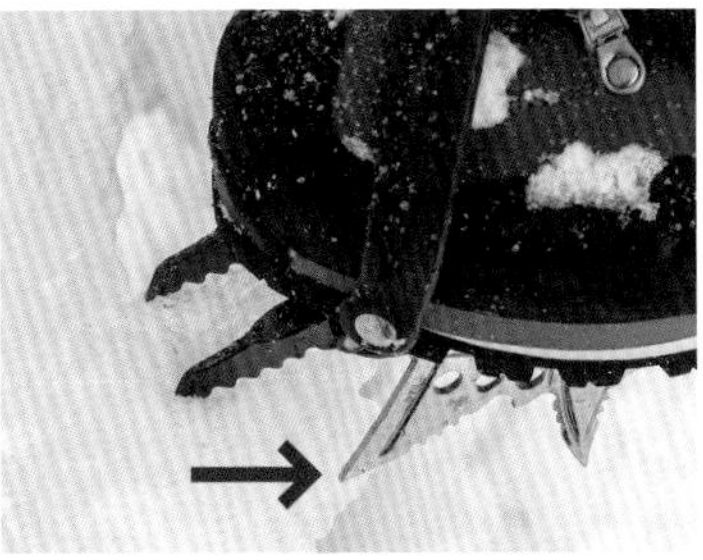

■サイドの爪を効かせる

アイゼンの前爪だけでなく、サイドの爪も活用するとより安定して立てるようになる。可能なかぎりサイドの爪も氷に接地させるようにしよう。爪の出具合の調整も重要だ

デュアルポイント

モノポイント

■モノポイントとデュアルポイント

モノポイントのほうが刺さりがよく、足先のコントロール性にも優れる。一方でデュアルポイントは安定性に優れる。難しい氷になるほどモノポイントが有利になるが、初・中級者にはデュアルポイントもよい

つま先が開いた立ち方は不安定な体勢の原因になる。つま先よりむしろかかとが開くぐらいのほうが安定する

靴のつま先は氷にまっすぐ蹴り込まなくてはいけない。斜めに蹴ると力が外に逃げ、アイゼンをしっかり効かせられない

■フットワークの悪い例

ひざが開いてしまって足が氷に対して斜めになると、体勢が不安定になる原因となる。ほか、足を一気に高く上げようとするのもよくある悪い例。足は小刻みに上げていこう

【 ダブルアックスの基本動作 】

最初に打ち込むアックスは肩の真上の位置で、ひじが伸びきる高さに打つようにする

体を上げ、左手を打ち込む。体の重心を左に寄せていることに注目

左手にぶら下がり、右足から上げていく

左足も上げ、安定した姿勢をとったら右手をさらに打ち込む

横から見たところ。アックスを打ち込むときはひじは伸ばし、肩も力を入れず関節が伸びた状態にする

足は一度に高く上げず、30～40cmぐらいの高さで片足2～3ステップぐらいで上げていく

両足の間隔は肩幅の倍くらいに広げ、ひざと腰を氷につけるようにして、上半身を反らし気味にすると安定する

体を上げるときは、尻を外に突き出し、足元をのぞき込むようにして、壁を押すように蹴り込んでいく

ダブルアックスのムーブは、フリークライミングのオーバーハングの登りと共通している。ポイントになるのが、腕を伸ばしてぶら下がることだ。傾斜が強い氷壁では、特にこのことを意識して練習したい。腕を伸ばした状態で両足のステップを上げていき、足を広げて体勢をつくってから、腕を引きつけるようにする。ひじはへそに向かうようなイメージで引きつけるとうまくいく。ひじが外に出てしまうと、アックスが氷から抜ける方向に力が働いてしまうからだ。

傾斜がゆるい氷壁で練習すると、悪いバランスでも登れてしまうため、この動作を練習するには、むしろある程度傾斜の強い場所で練習するほうがいい。また、あまり長い距離は登らずに、せいぜい7～8m程度の場所で練習したほうが、フォームのチェックがしっかり行なえるだろう。

将来的に氷柱や垂直の氷をリードできるようになるために、ダブルアックスの基本フォームは、完全にマスターしておこう。

支点のセット方法

アイススクリューを使いこなす

【アイススクリューのセットの仕方】

アックスで表面のもろい氷を取り除く。そしてスクリューの下穴として、小さい穴をピックの先で作る

そこにスクリューの先を押しつけながら回す。力を入れて充分に氷に食い込ませてやることがカギだ

スクリューがしっかり食い込んだら、ハンドルを回してスクリューをねじ込んでいく

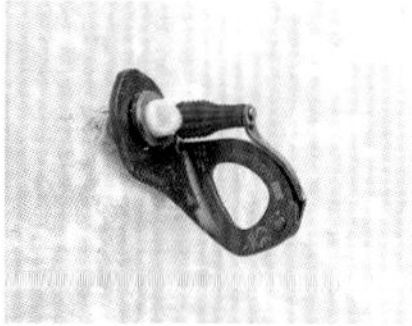

根元までスクリューが入ったらハンドルを倒してセット完了

■スクリューが根元まで入らないとき

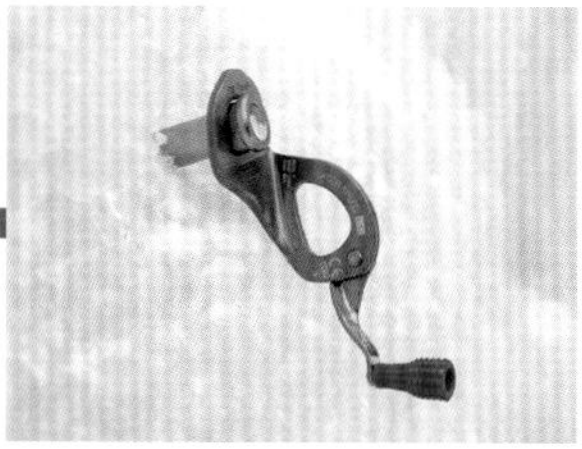

ハンガーが周囲の氷に干渉して回せなくなり、根元まで入らない

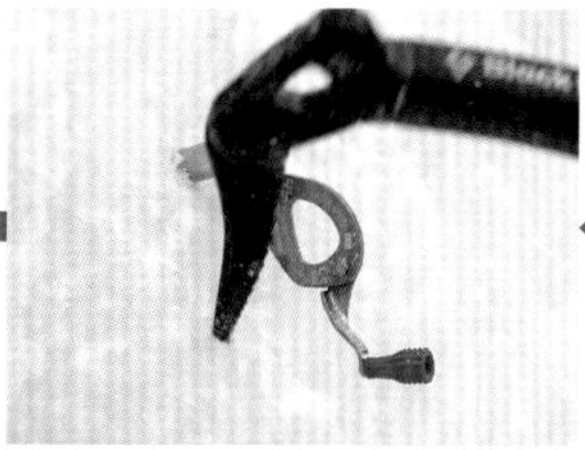

干渉している部分の氷をアックスで削ってやる

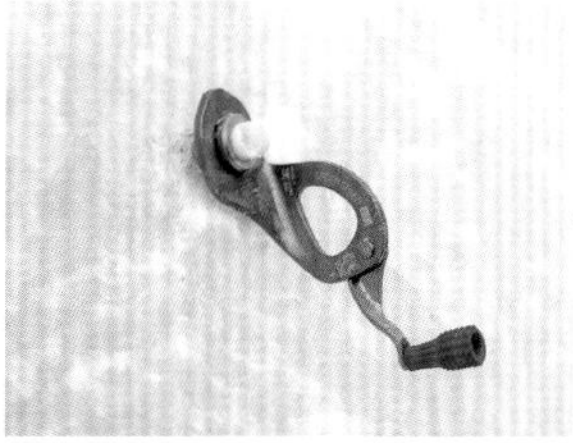

根元まで入った。なお、氷が薄くて入らない場合は無理に入れず、根元に近い部分にタイオフして使う

■氷質に合った長さを使う

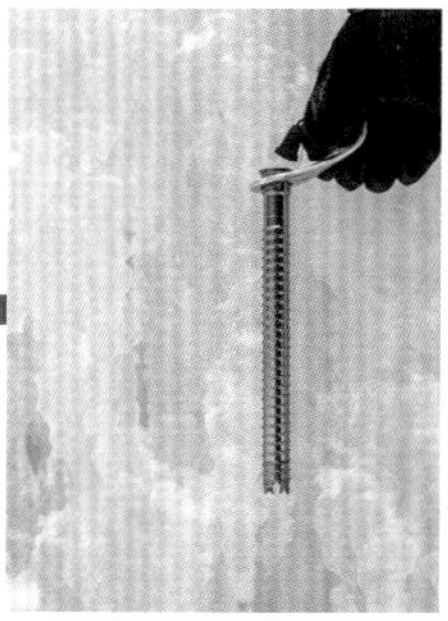

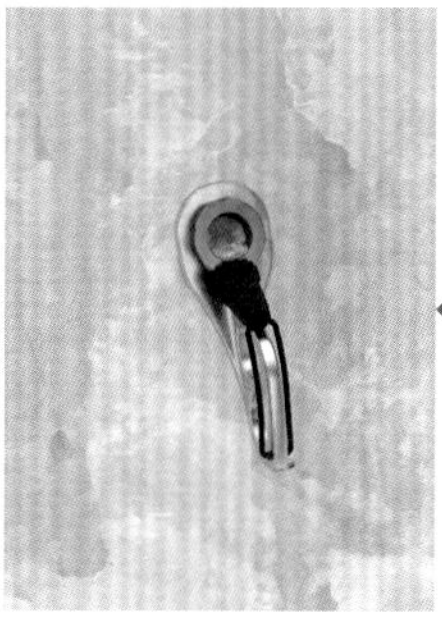

アイススクリューの長さは16～17cmが標準。しっかり氷結した氷ならこれで充分な支持力を得られるが、ツララの集合体ややわらかい氷の場合は心もとない。そういうときは長めのスクリューを使う。写真は19cmのもの。逆に、フラットで安定した氷や、氷が薄い箇所では13cm前後の短いものを使用する

氷壁ルートでの支点はアイススクリューがメインになる。岩や樹木を利用したり、そのほかのギアやテクニックを使うことも場合によっては可能だが、氷さえあればどこでも簡単にセットできるという点で、アイススクリューに勝るものはない。氷がしっかりしていれば強度も充分だ。

アイススクリューを氷に入れること自体は、それほど難しいことではない。しかし実際に登りながらだと、スクリューを入れる位置、力の入れ具合など、なかなか思いどおりにいかないだろう。セットだけなら、登らずに目の前の氷でも練習できる。登るときも、はじめは、できるかぎりフォローで回収する機会を多くして、そのときにセットするイメージをもって練習してみよう。

いざリードとなると、フォローのときとはまったく違うことに驚くだろう。トップロープとでは比較にならないほど大変な作業になる。気温が低く手がかじかむときには泣きたくなるほどだ。

【 アイススクリューでアンカーを作る 】

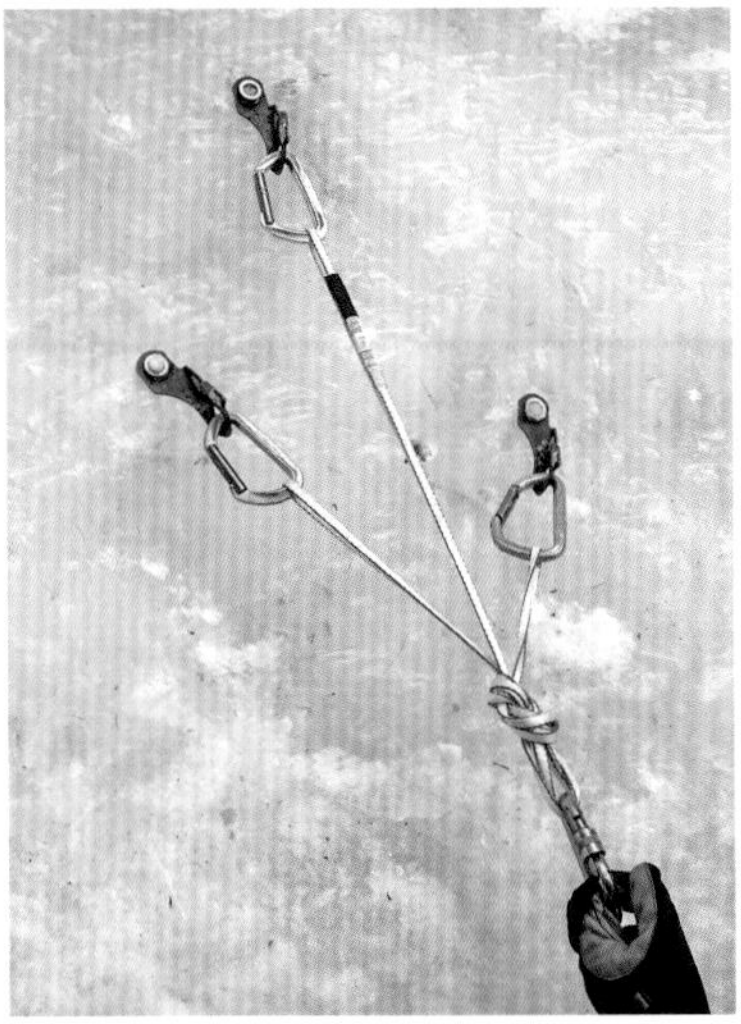

3本のスクリューでアンカーを構築した例。作成の手間はかかるが、より安全性が高まる。ただしこの固定分散には、180cm以上の長いスリングが必要だ

2本のスクリューでアンカーを構築した例。氷がしっかりしていれば、2本でも強度は充分だ。万一、片方が抜けたときにもう一方に強い衝撃が加わるのを抑えるために、スリングは固定分散でセットする。写真はクローブヒッチでカラビナに固定している

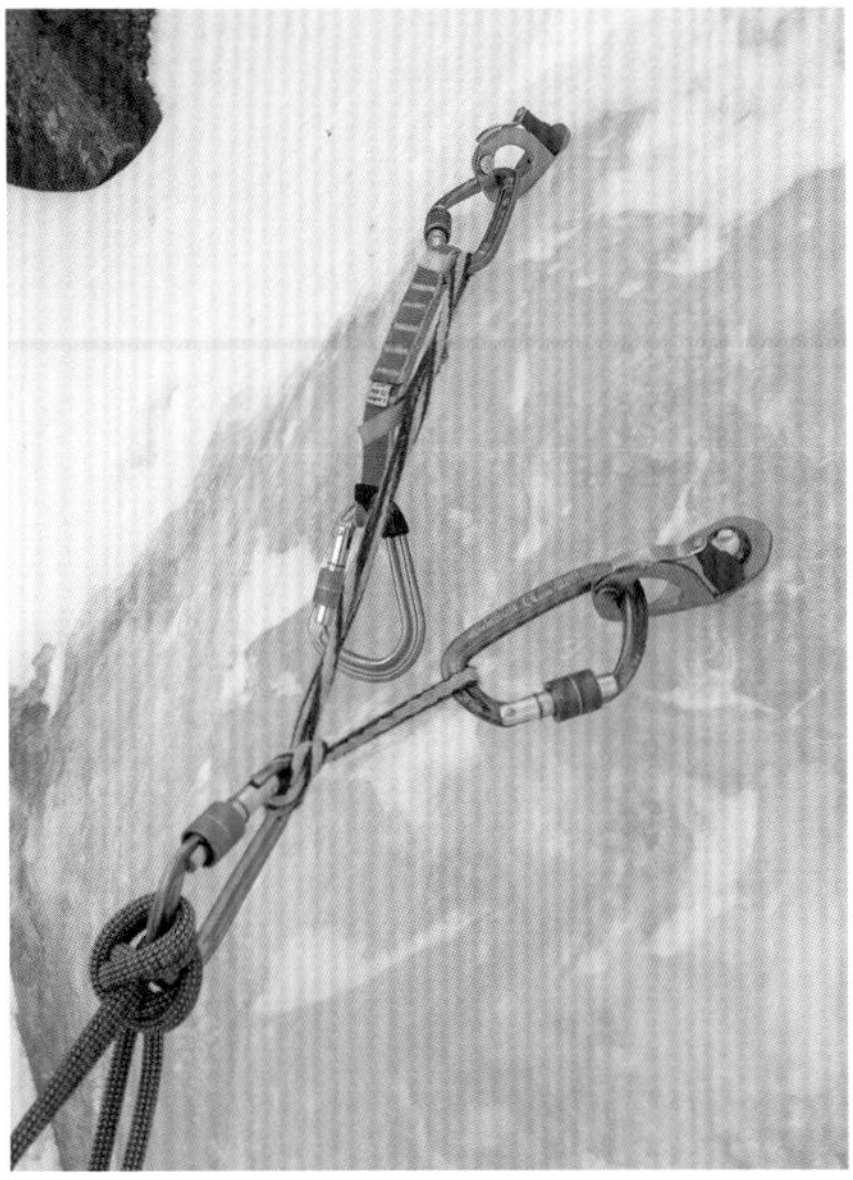

■スクリューを入れる場所

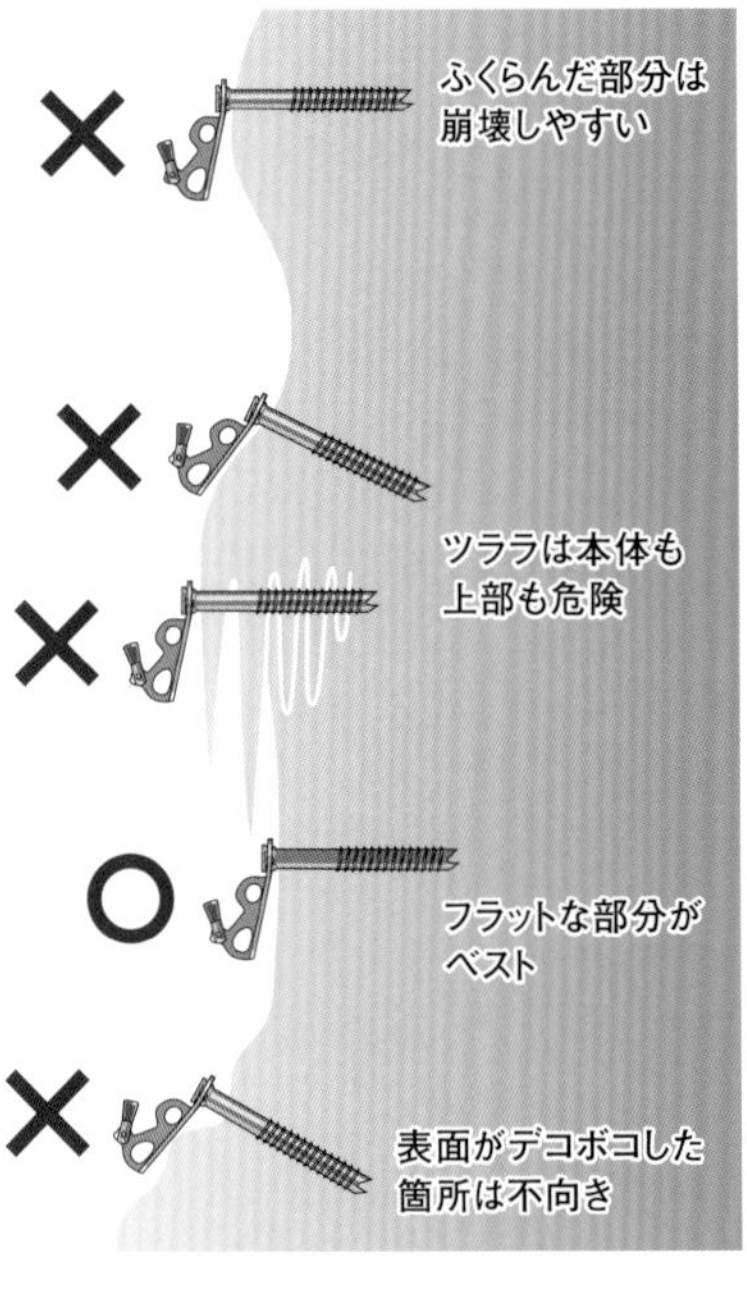
×
ふくらんだ部分は崩壊しやすい
×
×
ツララは本体も上部も危険
○
フラットな部分がベスト
×
表面がデコボコした箇所は不向き

■スクリューの位置

氷は水平方向や縦方向に亀裂が入ることが多い。そのためスクリューは、斜めにずらしてセットする。また、なるべく間隔をあけてセットしたい

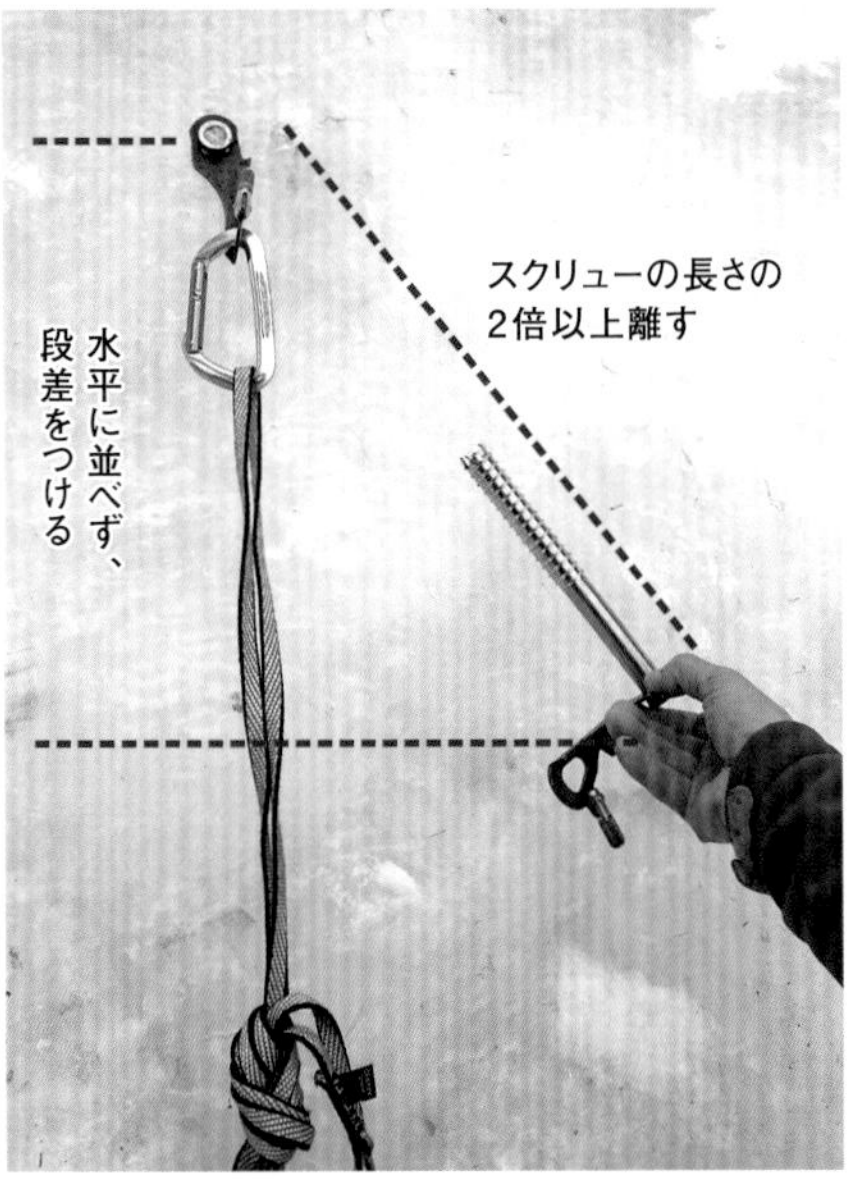
水平に並べず、段差をつける
スクリューの長さの2倍以上離す

■スクリューの氷を取り除く

一度使用したアイススクリューには、チューブ内側に氷が詰まることがよくある。そのままにしておくと凍結して再び使うことが困難になるので、詰まった氷は取り除いておこう

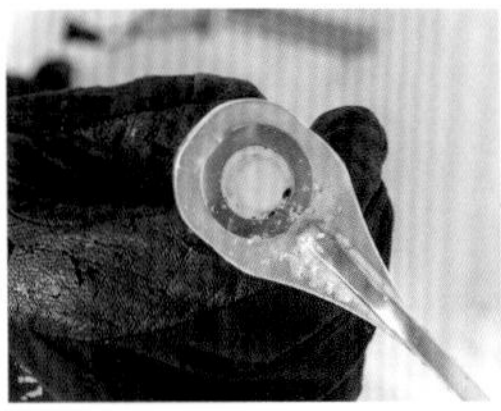

氷をきれいに除去した状態

スクリュー先端から氷が出てくる

ツールで詰まった氷を押し出す

このように内側に氷が詰まる

【 ルート中でのアンカー構築の流れ 】

スクリューを高い位置に1本セットする

そのスクリューにPASなどでひとまずセルフビレイをとる

1本目のスクリューから斜め下にまずは1本分の長さを測る

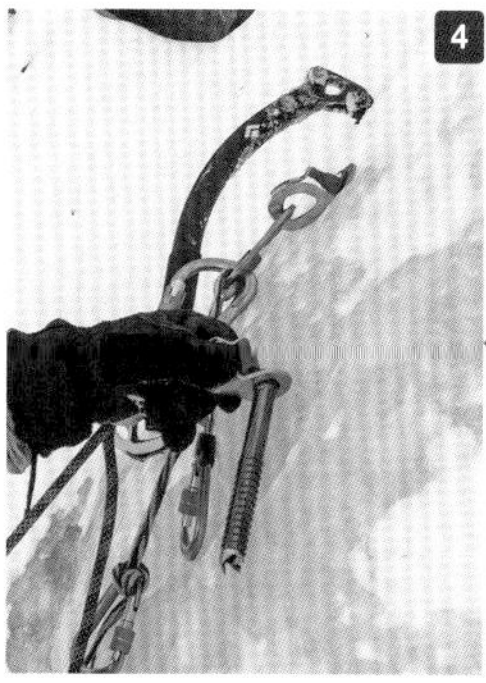

さらにもう1本分の長さを離した場所に2本目の位置を決める

2本目のスクリューをセットする

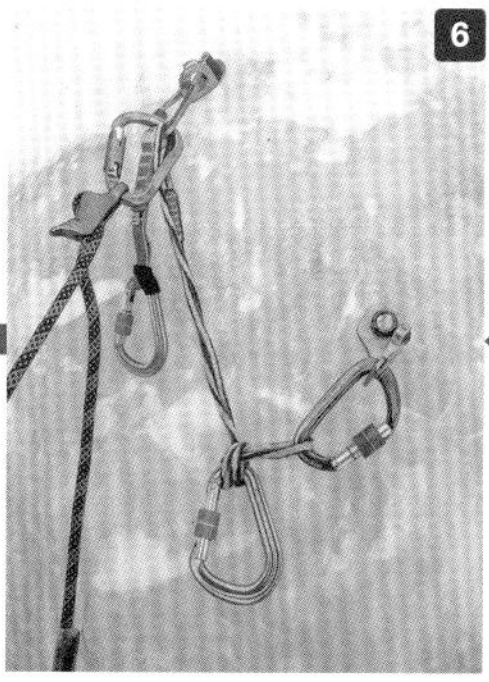

2本をスリングで連結したが、これではスリングの角度が浅すぎる

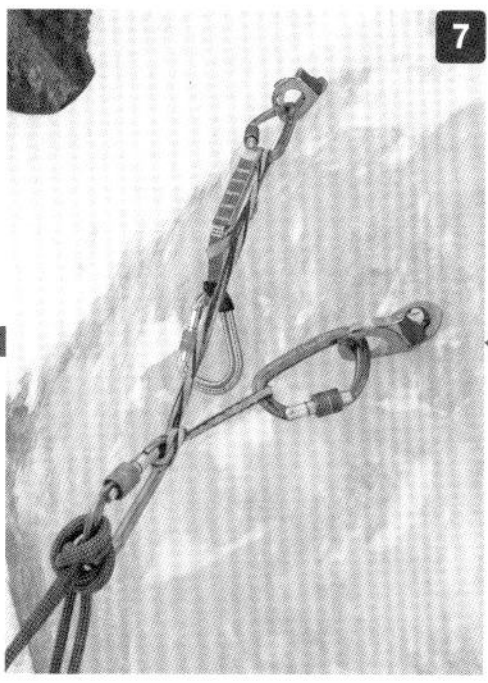

長めのスリングを使ってスリングの角度が60度以下になるように調整

アンカーポイントにメインロープでセルフビレイをとって完了

アンカーポイントにはパーティ全員分の負荷がかかる。可能なかぎり氷質のよい場所を選んで強固なアンカーを構築したい

【 アイススクリュー以外でアンカーを作る 】

氷に穴をあけてスリングやロープを通して作るV字スレッド。正しくセットしたV字スレッドは、氷質がよければ10kN（約1020kg）以上の強度があるといわれている。「アバラコフ」と呼ばれることもある

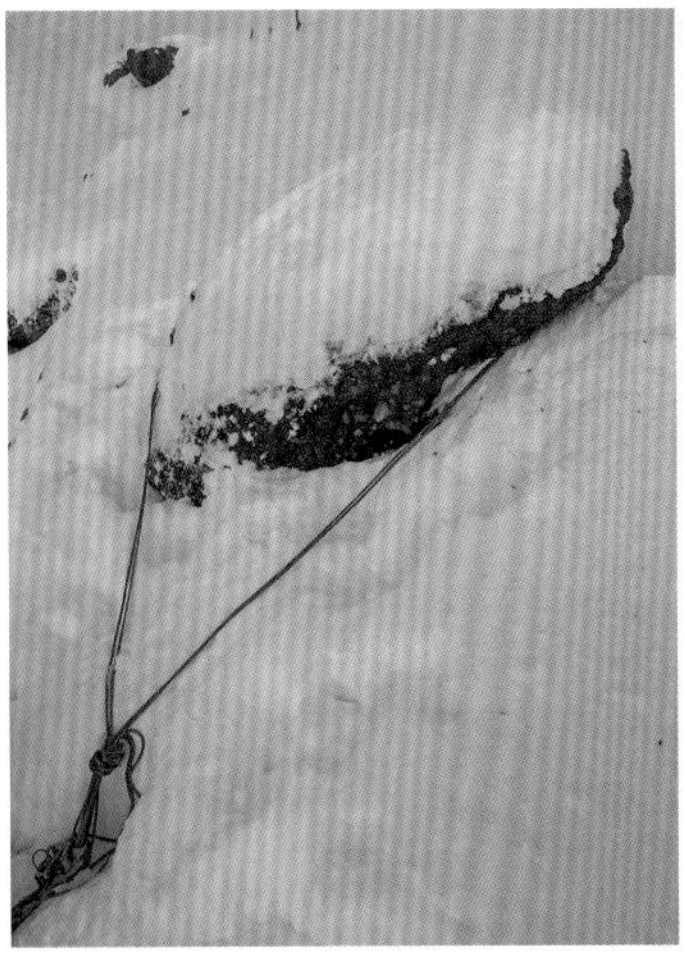

支点とする岩が大きかったり離れていたりするときは、メインロープをスリング代わりに使うとよい

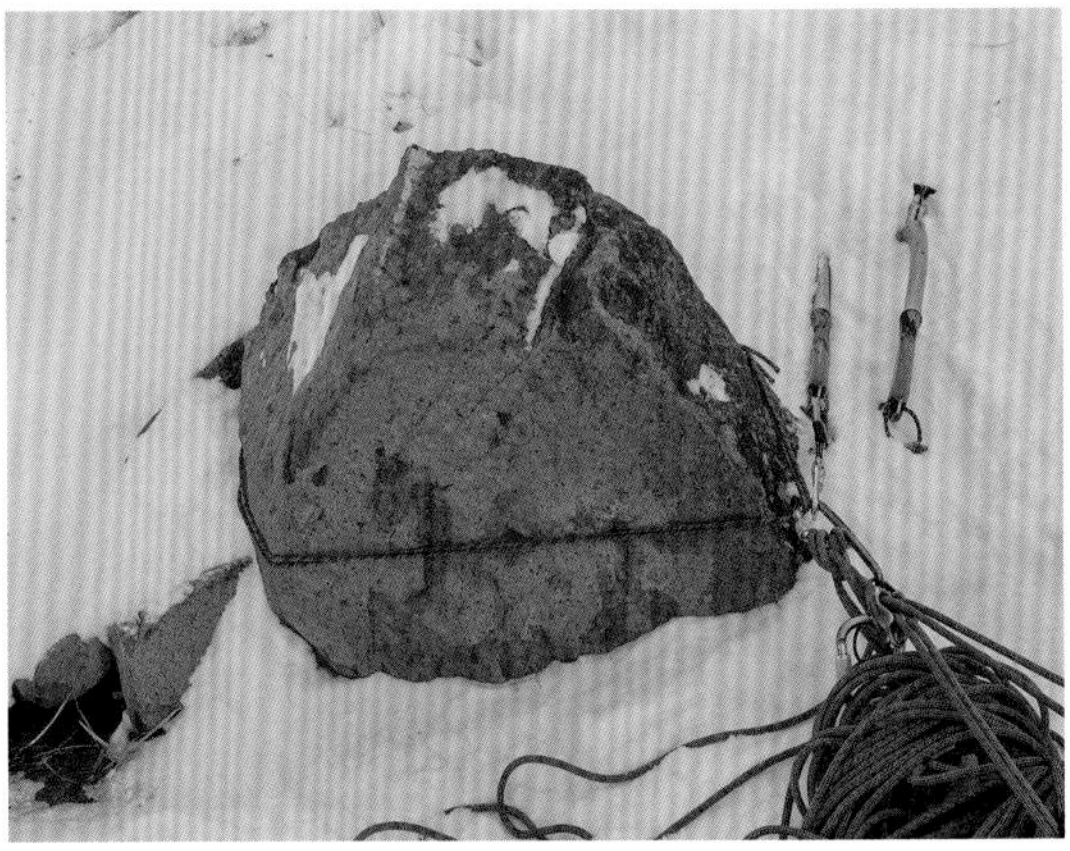

大きな岩にスリングを回してアンカーとした例。岩は利用しやすいが、使う前に、動いたり壊れたりしないかチェックすること

アイススクリューの完成度が高いため、アイスクライミングのプロテクションは、ほとんどスクリューだけで対応できる。そのほかの支点はスクリューが使えないときや、本数が足りないときのために覚えておくとよい。ピックとアイスフックは、素早く設置できるのが利点である。氷柱とアイスボラードは強いアンカーを作れる場合がある。

■アックスのピック　氷や堅雪に強く打ち込んで、素早く設置できる。ただし、強度はアイススクリューに劣る。

■アイスフック　アイススクリューが使えない場所などに素早く打ち込める補助的な支点。スクリューよりも信頼性は低い。

■氷柱　太さが15cm以上の氷柱は、スリングを巻けば信頼性の高いアンカーになりうる。

■アイスボラード　111㌻で解説したスノーボラードの氷版。海外の氷河などでよく使われるが、日本では使える場面が少ない。

■V字スレッド　比較的場所を選ばずセットでき、早く作成でき、ギアをほとんど残置せずに懸垂下降ができるというメリットがある。

■V字スレッドの作り方

設置する場所の氷の表面を軽く削り、ならす

アイススクリューを氷面に対して斜めにねじ込んでいく。スクリューは長めのものがいい

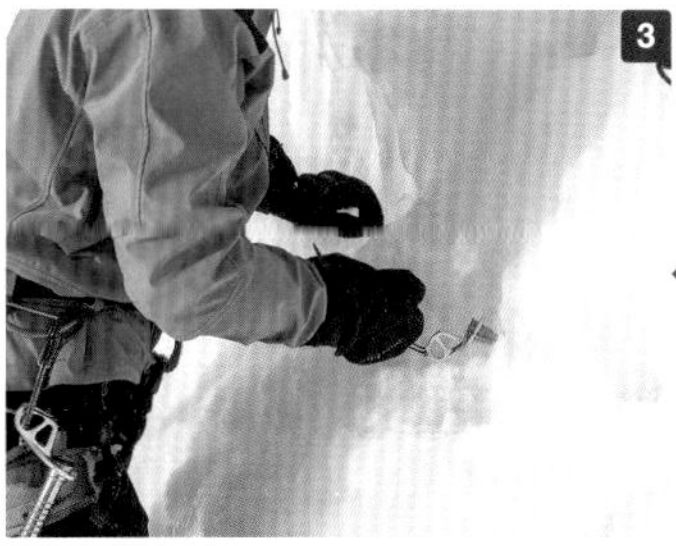

スクリューをいったん根元までねじ込む

ねじ込んだスクリューを半分くらい戻す

最初に入れたスクリューと直角になるような角度でもう1本スクリューを入れる

上から見たところ。このように直角のV字となるような角度で

2本目のスクリューをねじ込んでいく

2本目のスクリューを抜き、1本目のスクリューがあけた穴とつながっているか確認

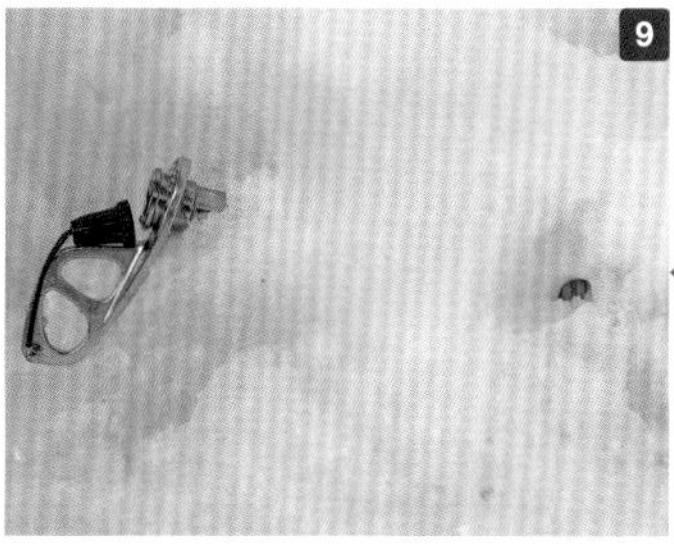

1本目のスクリューが穴から見えれば、つながっていることが確認できる

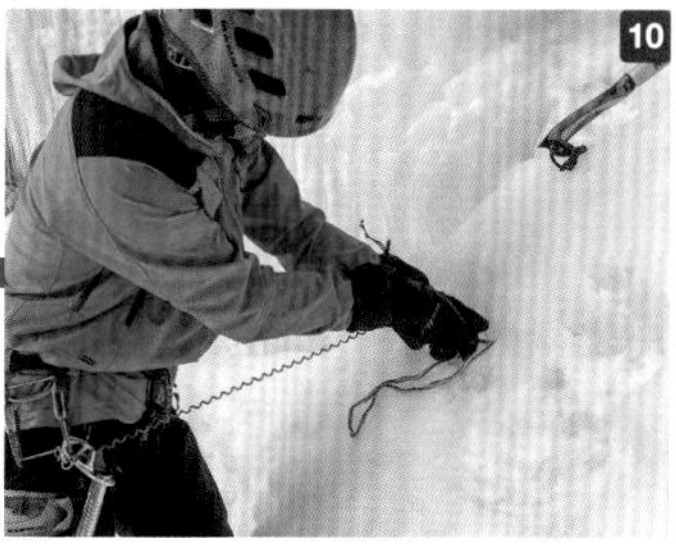

スクリューを外し、スリングをツールで押し込んでいく

反対側の穴からツールを差し込み、スリングを引っかけて引き出す

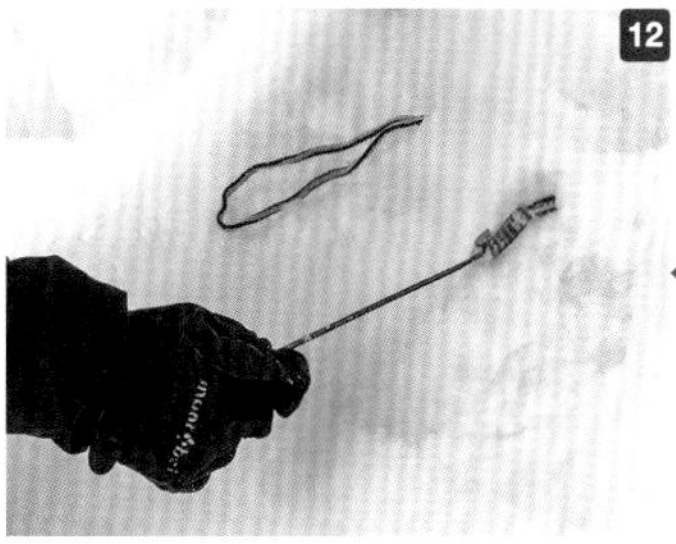

スリングが出てきたところ。これにカラビナやロープをかけて使用する

リードのテクニック

アイスクライミングの醍醐味

【リードの注意ポイント】

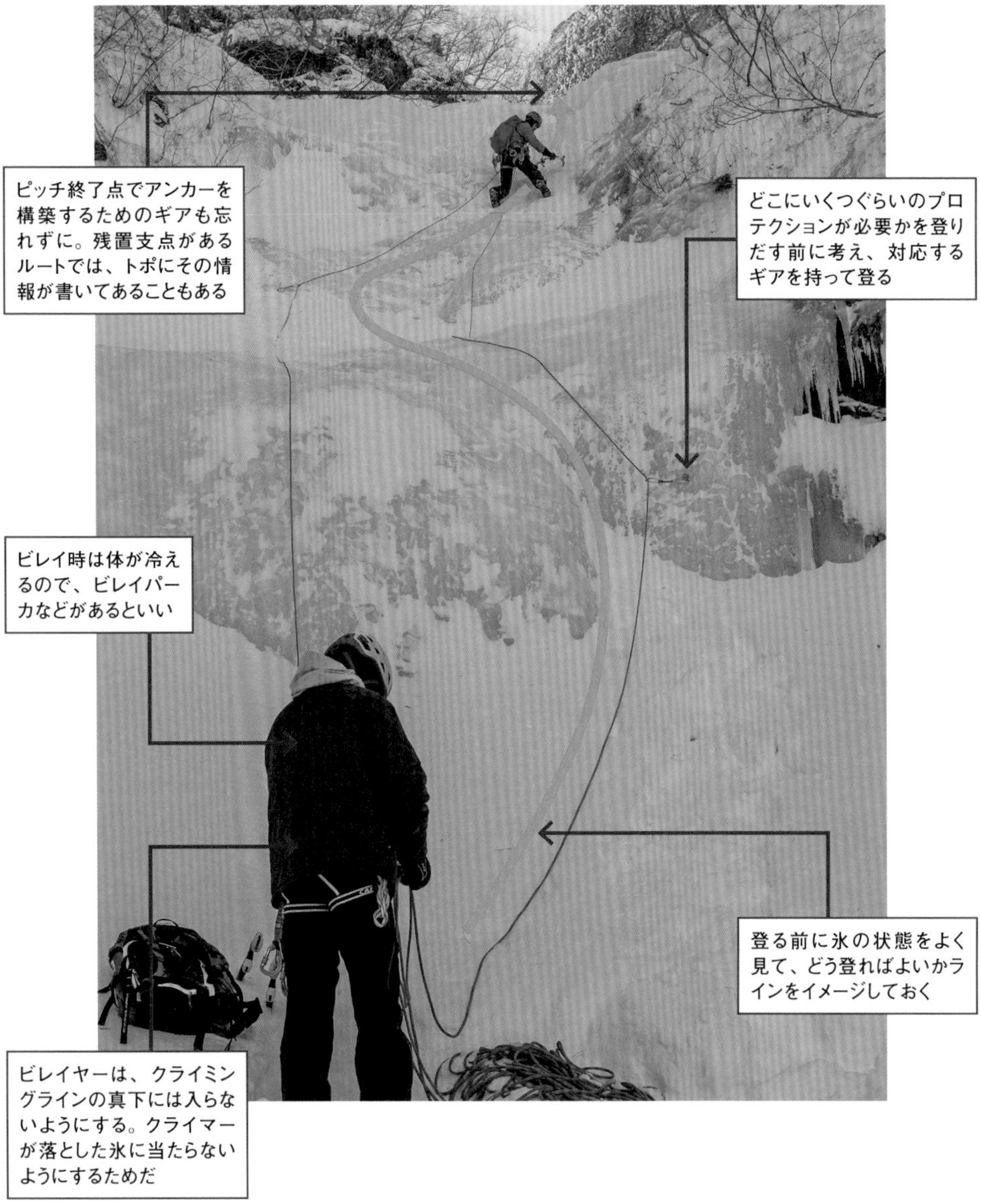
ピッチ終了点でアンカーを構築するためのギアも忘れずに。残置支点があるルートでは、トポにその情報が書いてあることもある
どこにいくつぐらいのプロテクションが必要かを登りだす前に考え、対応するギアを持って登る
ビレイ時は体が冷えるので、ビレイパーカなどがあるといい
登る前に氷の状態をよく見て、どう登ればよいかラインをイメージしておく
ビレイヤーは、クライミングラインの真下には入らないようにする。クライマーが落とした氷に当たらないようにするためだ

アイスクライミングのリードではたくさんのギアを身につけなければいけない。スクリューを10本以上持つこともあるし、クイックドローもスリングもカラビナも多く必要となる。身につけたギア類がどこにあるか、登りながら手を伸ばして必要なギアが取り出せるのかは、非常に重要なことである。

アイスクライミングでは腕を伸ばした体勢をとることが多いので、チェストハーネスなどのラックかハーネスのフロントのラックに、リード時に必要なギアがあると素早く取り出すことができて便利だ。また、厚いグローブをしていてもロープのクリップがやりやすいようにも工夫したい。アイスクライミングでは、登る前の準備で、ギアをどこにどのようにセットするかもポイントになるのである。

アイスクライミングのギアは今でも進化しており、今後もその進化にともなって、登り方の常識は変わってくる可能性があるだろう。

【 登る前のセット 】

アイススクリューは利き手側にかけておくと取り出しやすい
チェストハーネスを利用するとフォールしたときの安全性が高まる
必要な本数＋αのクイックドロー。アンカー構築用のギアも忘れずに
アイススクリューは長さ順・使う順に分けてラッキングしておくと便利

重心が高くなりがちなアイスクライミングでは、チェストハーネスを利用すると、フォールしたときに頭が下になりにくく、安心だ。また、チェストハーネスのギアラックは、腰のギアラックよりギアが取り出しやすい。さらに、ロープのクリップが素早くできるという利点もある

滝の抜け口に注意!

滝の落口など、傾斜が急にゆるくなる場所は、氷が砕けやすくバランスも悪いので意外と難しい。油断するとここでロングフォールすることもあるので充分注意しよう。

早く抜けようと焦って両腕をめいっぱい伸ばして登ろうとすると、足元が見えず、足を上げるのが難しくなる。コツは、両腕の間隔を広くとってアックスを打ち込むこと。ふところのスペースが空くので足を上げやすくなると同時に、バランスもとりやすくなる。

両手のアックスを、時計でいう10時か2時の位置に打ち込む

ふところにスペースができて、体を上げやすくなる

緩傾斜面に完全に上がったら、ダガーポジションなどで上がる

【 リードでのアイススクリューのセット 】

1 利き腕と逆の手を体の真上に打つ。ピックを確実に効かせよう

2 両足を広げて体勢を安定させる。三角バランスを意識して

3 アックスを何度か軽く打ち込み、スクリューの下穴をあける

4 スクリューは胸から腹の高さに入れるようにすると、力を入れやすい

3

4

■プロテクションの間隔

ルートの難易度によっても変わるが、プロテクションは3～4m間隔でセットするのが平均的だ。つまり、30mのスケールの氷壁であれば、7個から10個のプロテクションをセットすることになる。終了点で最低2個のスクリューを残しておかなくてはならないことを考えて、プロテクションの数を決めていこう

アイスクライミングの基礎技術が身についたら、いよいよスクリューをセットしながらリードで登ってみよう。

スクリューのセットには、まずは体を安定させるスタンスをとることが第一だ。スタンスの安定する位置は、できるだけ左右の足が同じ高さで、肩幅より少し広めくらいの場所である。

利き手でスクリューを入れたほうが力を入れやすいので、右利きの人は、左手のアックスをできるだけ高い位置にしっかり打ち込み、腕を伸ばして、グリップを握った前腕以外はリラックスさせる。スクリューを入れる場所は、胸からおなかまでの高さで、体に近くプッシュできるところがよい。氷は表面がフラットで、中に空気の層がない場所を選ぶようにしたい。

スクリューを入れる前に、アックスのピックで少し刻みを作っておくとスクリューの最初の回転がしっかり食い込んでくれる。だいたい3回転くらい押し込みながら回したら、ハンドルを起こしてクルクルと回すだけでスクリューが氷に入っていく。できるだけ根元まで氷に入れたいの

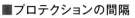

スクリューが食い込んだら、ハンドルを起こしてねじ込んでいく

スクリューをセットしたら、クイックドローを先にロープにクリップ

そのクイックドローをスクリューにクリップしてセット完了

さらに上をめざして登っていく

■プロテクションセットのよくない例

プロテクションはできるだけ高い位置にきめたくなるものだが、アイススクリューはあまり高すぎると力が入らず、スクリューセットに手間取って、かえって消耗してしまう。高さは胸から腹あたりで、できるだけ体の近くにセットするようにしよう

で、ハンガーが氷に干渉するようならばピックで削り、氷面をフラットにしてあげよう。

　スクリューのセットが完了したら、クイックドローをセットする。そのとき、はじめにクイックドローのカラビナをロープ側にかけて、次にスクリュー側のハンガーにカラビナをかけるようにするとスムーズだ。そうすると手袋をカラビナにはさまないでクリップできるし、ロープをたぐり寄せる必要もない。これにはチェストハーネスを併用するとやりやすい。墜落した際にも体がひっくり返らずにすむだろう。

　アイスクライミングでは、墜落はできるかぎり避けたいものだ。アイゼンを履いているため、落ちた際にアイゼンを氷に引っかけて足首を骨折するおそれがあるからだ。セットしたスクリューが足元を過ぎた時点から、落ちたときのケガのリスクは高くなっていく。そのため、プロテクションの間隔には常に注意しながら登らなければいけない。特に滝の抜け口は、打ち込んだ氷が崩れやすく、体のバランスも崩しやすいので、その前にスクリューは必ずセットしておこう。

難しい氷のこなし方

現代アイスクライミングの到達点

オーバーハングした岩壁から垂れ下がった無数の巨大なツララ。アックスやアイゼンをきめられる箇所は限られ、プロテクションをセットするのも難しい。最上級に困難な条件だ

現代のアイスクライミング技術は、バーティカルアイスをさらに超え、オーバーハングをも突破できるようになった。自然の氷ではなかなかないが、人工氷瀑では体験しやすい

アイスクライミングの魅力のひとつに、いろいろな形状の氷壁や多様な氷の質を体験できることがある。

たとえば八ヶ岳の南沢大滝でも、シーズン（年）によって、滝の形や大きさは変わるし、氷の質も厳冬期と3月や4月とでは異なる。午前中は硬くてもろかった氷が、午後暖かくなるとピックがよく刺さることも珍しいことではない。

オーバーハングした壁にかかった氷柱、岩に張り付いたベルグラ、クラゲのような形をした氷などは、見ているだけでも楽しいが、登るにはそれなりの技術が必要となる。

■バーティカルアイス

傾斜が90度に近い氷壁をバーティカルアイスという。実際は85度くらいの傾斜でも、アックスにぶら下がると上半身がのけぞって、垂直以上に感じるだろう。できるだけ腕を伸ばして、上腕の筋力をセーブして登るようにしよう。かつてはこの傾斜だと、アックスにフィフィなどでテンションをかけて、両手を自由にし

岩壁に張った薄い氷をベルグラと呼ぶ。アックスの先端を引っかけて登るようなデリケートなクライミングを強いられる。プロテクションをとれる場所もかなり限られる

細い氷柱の集合体で、垂直以上の部分が多く出てくる典型的な氷柱。ハングムーブが連続し、奮闘的でパワーのいるクライミングとなる。ルートが長いと登りきるのは非常に難しい

傾斜90度前後の氷はバーティカルアイスと呼ばれ、WI5以上のグレードが与えられることが多い。アイスクライミングでは上体が反らし気味になるため、体感は垂直以上に感じる

てプロテクションをセットしていた。現在ではギアの発達によって、ノーテンションでプロテクションをセットできるようになった。

■オーバーハング

オーバーハングした岩場に氷がかかり、下部の部分が崩れて上部が発達して膨らんでくると、オーバーハングの氷壁ができあがる。また、岩壁から氷に移る部分でも、オーバーハングになることが多い。バーティカルと同じように腕に負担がかからないように心がけ、足の位置を考え、ステミングなどで、できるだけ体がのけぞらない体勢になるようにする。自然の氷壁ではあまり登る機会はないが、人工氷壁では自由に作ることができ、トップロープでフィギュア4などの練習も楽しめる。

■ツララ・氷柱

氷が柱のように発達した形状である。柱が細いほど難しく、アックスを打ち込むときに体が回転しないようにバランスをとる必要がある。たとえば左手のアックスで引きつけるときには、右足を高く上げて、左足はカウンターバランスとして伸ばして、軽くアイゼンを引っかけておくなどして登る。アックスもアイゼンも、氷を割らないよう、キツツキのようにチョンチョンと氷に穴をあけて、そっと打ち込むようにする。

■シャンデリア

氷が発達する段階で、氷の飛沫が飛んでそれが急激に冷えて凍ると、シャンデリアのような形状になる。見た目にはきれいだが、登るには苦労させられる。アックスを刺してもグサグサなため、氷が切れてしまう。よく見て氷のポケット状の部分にピックを引っかけるようにするとよい。アイゼンの爪は長めにセットするか、デュアルポイントが効果的である。アイススクリューは、22cmなどの長めのものが数本あると安心だ。

■ベルグラ

岩に水が流れて、その表面が凍った状態をベルグラという。スクリューがしっかり入る20cm以上の厚さがあれば問題ないが、薄い氷では大変恐ろしい思いをする。アックスを打ち込むと岩にピックがぶつかることもあり、プロテクションもセットできずにランナウトしたり、アイスピトンやボルトをプロテクションにすることもある。草付の箇所があれば、そこにアックスを打ち込んだほうが安心できるだろう。

アルパインクライミング用語集

＊ロープの結び方を表わす用語は本文32～35ページ、クライミング、ジャミングの基本ムーブを表わす用語は本文38～41ページ、44～45ページ、岩場の地形を表わす用語は本文76～77ページを参照。一般登山でも使用する用語は省略した。

【あ行】

アイススクリュー　アイスクライミングの主要なプロテクションで、氷にねじ込んで使う。単にスクリューともいう。

アイスハンマー　ヘッド部分にハンマーがついたアックス。現在はパーツ交換によるものが多く、ハンマー専用の製品は少ない。

アイスフック　アックスのピックのような形状で、氷に打ち込んで使うプロテクション。アイスピトンともいう。

アイスボラード　水滴を逆さにした形の溝を氷に刻み、メインロープを回してアンカーにするもの。日本では利用する機会が少ない。

アイゼン登攀　アイゼンを装着したまま、岩壁や氷雪壁を登るクライミング。

アックス　アイスアックスの略。主にクライミング用途のピッケルのことをこう呼ぶ。

アッズ　→ブレード

アッセンダー　固定ロープを登るための器具。カムによって前方にはスライドし後方には動かないため、荷重しながら登ることができる。

アバラコフ　→V字スレッド

アブミ　エイドクライミングに使う、3～5段の足場がついた簡易ハシゴ。エイダーともいう。

アプローチシューズ　ルートの取付まで履いて歩くために作られた靴。ローカットで滑りにくいソールを備えたものが多い。

アメリカンエイド　1960年代以降のアメリカでビッグウォールを登るために発達した、エイドクライミングの技術と考え方。

アルパインアイス　氷河や万年雪が低温や圧力の影響を受けて凍ったもの。日本では標高の高い場所にあるアイスルートを指すことがある。

アルパインクライマー　アルパインクライミングを中心に実践するクライマー。アルパインだけしか行なわない意味ではない。

アルパインクライミング　山岳地域の岩壁、氷雪壁を登るクライミング。本来はヨーロッパアルプスで発達した、岩と氷雪の入り混じった壁を登攀して山頂をめざす行為を指す。日本ではフリークライミングの対義語として、山岳地域の岩場を登るものはすべてアルパインクライミングというように誤用されている。

アルパインスタイル　アルパインクライミングの方法で登ること。包囲法（極地法）のように固定キャンプを設けずに、ベースを出発して以後はビバークをくり返しながら登る。

アンカー　確保支点または下降支点。絶対に抜けてはならない支点である。

アンカーポイント　アンカーを構成するひとつひとつの支点。ボルトなどの人工支点の場合もあれば、樹木などの場合もある。

一般ルート　山頂に至る最も容易なルート。または岩壁のなかで最も容易なルート。

ウォーターアイス　水が凍ってできた氷壁や氷瀑。

エイダー　→アブミ

エイドクライミング　フリークライミングでは越えられない部分を、人工的な手段で登ること。

SLCD　スプリング・ローデッド・カミング・デバイスの略。複数のカムを組み合わせて、スプリングで開閉するようにした機構のプロテクションギア。

遠征　海外登山や登攀のこと。大人数の登山隊で海外をめざした時代の古い言い方。

オープンスリング　輪になった状態で、中間部を縫い付けていないスリング。

オポジション　ナッツなどを2方向への荷重に対応させたセット方法。

【か行】

ガイドコンテ　→タイトロープ

重ね打ち　ピトンの厚さに対してリスが広い場合に、2枚以上を重ねて打つこと。

肩がらみ　ビレイヤーの肩から背中にロープを回して制動をかけて行なうビレイ技術。

カム　クラックにはさみ込んで使うプロテクションギアのひとつ。荷重がかかるとクラックを押し広げる方向に作用して止まる。SLCD。

仮固定　懸垂下降やビレイの途中で、一時的にロープを止めること。特にレスキューでは重要な技術。

ギアクリップ　ハーネスに取り付けて使う、カラビナに似た形のラック。アイススクリューなどを複数かけられる。

キーロック　カラビナのゲートの様式で、開閉部の先端に刻みのないもの。

キンク　ロープのよじれ。キンクしたロープは絡まり合い、ダンゴ状になりやすい。

クイックドロー　スリングの両端に1個ずつカラビナを取り付けたもの。俗称でヌンチャクともいう。

クライミングジム　屋内に人工壁を設置した施設。日本国内には500軒以上のジムがある。

クライムダウン　岩場を手足で下降すること。

グラウンドフォール　地面まで墜落すること。致命的な事故になることが多い。

クリップ　カラビナにロープを通すこと。

グリップ　①ロープを握り込んで、流れを一時的に止めること。②グリップビレイ。③アックスなどの持ち手。

グリップビレイ　支点にセットしたカラビナにロープを通して折り返し、それを握り込んでビレイする方法。

クロニクル　クライミングの記録のことで、雑誌やインターネットなどのメディアに発表される。クライミング文化を形づくる重要な要素である。

ゲレンデ　クライミングの練習をする岩場。スポーツクライミングのルートが中心ではない、古くからある岩場を指すことが多い。

氷除去用フック　スクリューの中に詰まった氷を取り除くツール。V字スレッドにスリングを通すのにも使う。

腰がらみ　ビレイヤーの腰にロープを回して制動をかけて行なうビレイ技術。

固定分散支点　複数の支点をスリングで連結し、結び目が動かないように結んだもの。流動分散よりも支点にかかる衝撃が少ない。

コードレット　ロープで作られたスリングのこと。5～6㎜径のケブラーコードで作られることが多い。

コンティニュアス　①ロープを結んで互いに確保しながらマルチピッチのルートを登ること。②ロープを結んで瞬時に確保できる体勢をとりながら同時に行動すること。

コンティニュアスクライミング　互いにロープを結んで、連続したピッチを登っていくクライミング。マルチピッチと同じ。

【さ行】

三角バランス　ダブルアックスのとき、アックス1本と両足とで二等辺三角形の位置関係をつくってバランスをとること。

残置支点　以前登ったクライマーが設置して、回収せずに残した支点。

三点支持　3点のホールドによって岩場に立ち、両手足のうち一度に1点だけを動かしながら移動するクライミングの基本技術。主に傾斜の緩い岩場で行なわれる。三点確保ともいう。

自己確保　→セルフビレイ

自己脱出　ロープに宙吊りになったときに、ロープを登り返してテラスや終了点へ脱出すること。またその技術。

支点確保　確保支点に直接、ビレイデバイスなどをセットしてビレイすること。

ジャンピング　ボルトアンカーを設置するための穴をあけること。また、その道具。

ジャンル　クライミングの分野、種類のこと。スタイルとは別の概念である。

衝撃荷重　→墜落荷重

ショルダーハーネス　→チェストハーネス

人工支点　自然物以外の支点で、ピトン、ボルトなどが代表的。

人工登攀　→エイドクライミング

人工氷壁　人工的に作られた氷壁。自然には存在しない氷のオーバーハングなども作ることができる。

人工壁　ボードに樹脂製の人工ホールドを取り付けて、クライミングができるように作られた壁。

スイング　アックスを振ってピックを打ち込むこと。

すくいがけ　リングボルトのリングの裏（壁）側からカラビナをかけること。

スタイル　どのような手段、方法で登ったかを表わす言葉。たとえばフリークライミング、エイドクライミングはスタイルを表わし、ボルダリング、アルパインクライミングはジャンルを表わす言葉である。

スタカット　登攀と確保を互いに分担しながら、ひとりずつ登ること。訳語は隔時登攀。

スタティックロープ　ロープの伸び率が低く、墜落時の衝撃を吸収できないロープ。原則的にクライミングには使用できない。

スタンス　足場。フットホールド。

スタンディングアックスビレイ　雪上確保技術のひとつ。アックス（ピッケル）をアンカーとして、足でそれを踏みつけて押さえながら確保する。

ストレートシャフト　曲がっていない、まっすぐなアックスのシャフト。雪上歩行時のバランス保持やスノーアンカーとして使いやすい。

スノーアンカー　雪に刺すか埋め込んで支点にする用具。スノーバー、デッドマンなど。

スノーボラード　堅雪に雨粒型の円筒を掘り、メインロープを回してアンカーにしたもの。

スポーツクライミング　人工壁で行なうクライミングのこと。もともとは、岩場のクライミングでもこの言葉は使われており、墜落してもほとんど抜けない強固なボルトプロテクションで登ることだけを特化させたクライミングのことを指す。

スリッパ　クライミングシューズの形式で、足を入れるだけで履けるもの。

正対姿勢　壁に正面を向いたクライミング姿勢。傾斜のゆるい壁を登るのに向いており、垂直以上の壁では疲れやすい。

セカンド　→フォロー

雪壁　急な雪の斜面で、一般的に両足だけでは登れないもの。

雪稜　雪におおわれた急峻な稜線で、冬季登攀のルートが多い。スノーリッジ。

セルフビレイ　クライマーが自分自身で確保手段をとること。具体的には、確保支点と自分とをスリングやメインロープで連結する。

全身用ハーネス　腰と胸の両方に装着するパラシュート型のハーネス。子ども用が多い。

前進用ボルト　エイドクライミングで登るためのボルト。確保用にするだけの強度がないもの。

ソウンスリング　テープスリングを縫い付けて輪にした製品。自製スリングよりも強い。

【た行】

タイインポイント　ハーネスのウエストベルトとレッグループの連結部の2カ所を指す。ロープを通して結び、荷重がかかる部分。

タイオフ　ピトンの軸、ボルトアンカー、立ち木、ブッシュなどへのスリングの結び方。ガースヒッチやクローブヒッチを使う。

タイトロープ　雪山でのコンティニュアス確保のひとつ。ロープを結んで常にピンと張った状態で行動し、バランスを崩したときはロープを引いたり張ったりして確保する。俗にガイドコンテとも呼ばれる。

ダイナミックロープ　ロープ自体が伸びることで衝撃を吸収するロープ。クライミングで使用するロープは基本的にこれ。

ダイニーマ　高強度ポリエチレン系繊維。ナイロン繊維よりも強くて軽く、水や紫外線に強い。スペクトラも同様の素材。

縦爪　通常のアイゼンの横に平たい前爪に対し、アックスのピックのように縦に鋭い形の前爪のこと。氷への刺さりがよい。

チェストハーネス　胸部に装着するハーネス。原則的に単体では使用しない。

中間支点　ルート途中にセットする支点。カラビナを連結し、そこにメインロープを通しながら登る。プロテクション。

墜落荷重　クライマーが墜落したときに生ずる荷重。特に最大荷重の大きさをいう。

墜落係数　墜落距離を繰り出されたロープの長さで割った数値で、墜落の衝撃の大きさを表わす。F＝墜落距離÷ロープの長さ。

ツルベ式　マルチピッチで、リードとフォローを交互に交替しながら登る方式。登攀時間が短縮できる。

デュアルポイント　アイゼンの前爪が2本のもの。縦爪と横爪がある。

テンション　登攀中にロープ、プロテクション、アブミなど、人工物に体重を預けるいっさいの行為。テンションした瞬間から、その行為はフリークライミングではないとみなされる。

冬季登攀　積雪期のクライミング。雪稜、岩稜、ルンゼ、氷雪壁など、さまざまな対象を登る。

登高器　→アッセンダー

トップ　→リード

止め結び　主ロープに1回巻いて通す末端処理の結び方。オーバーハンドノット。

ドライツーリング　アイスクライミングの用具で岩を登ること。独特のテクニックとフリークライミング能力を必要とする。

トラバース　岩場を真横に移動すること。

【な行】

ナイフエッジ　刃のように鋭く切り立ったリッジの通称。岩稜、雪稜、どちらの場合もいう。

ナッツ　金属片にワイヤーがついたプロテクション。クラックにはさみ込んで使う。

軟鉄ピトン　ブレードが変形しながらクラックに入っていく方式の軟らかいピトン。

荷上げ　マルチピッチのルートで、下のテラスから上のテラスへ荷物を引き上げること。

ニュートン　ギアの強度を表わすのに使われる力の単位。1kN（キロニュートン）は約100kgに相当する

ヌンチャク　→クイックドロー

【は行】

ハーケン　→ピトン

バーティカルアイス　傾斜が90度前後の氷壁。V級以上のグレードが与えられることが多い。

バイザー　氷雪が顔に当たらないように保護する透明のプレート。ヘルメットに取り付けて使う。

バックアップ　メインのシステムが壊れたときに備える予備のシステム。確保支点へのもう1点の支点連結、懸垂下降のときに結ぶフリクションヒッチなど。

パラレル　クラックが平行に開いた状態をいう。カムをセットしやすい。

バリエーションルート　頂上や終了点に至るための、一般ルート以外のルートをいう。

ハンガー　カラビナをかける穴のあいた金属部分。ボルトやアイススクリューにみられる。

ハンガーボルト　ハンガーがついたボルト。ハンガーを回収できるタイプもある。

反転　支点にカラビナをかけて、上下を一度ひっくり返すこと。支点にテコの力がかかるのを防止するために行なう。

ハンドル　アイススクリューのハンガーを手で回せるようにした持ち手のこと。

ハンドルアックス　リーシュがなくても持ちやすいようにグリップ部分の形が工夫されたアックス。

ヒールフック　ハングの上などにかかとを引っかけ、そこに乗り込んで登る技術。

ピオレトラクション　アックスのピックを打ち込みながら登ること。

ピック　アックスのヘッドの一端にあり、アッズやハンマーとは反対側の尖った部分。

ビッグウォールクライミング　1000mスケールの巨大な岩壁を登るクライミング。通常、壁の上でビバークを繰り返しながら登る。

ピッケル　アイスアックスと同義。日本ではクライミング用途以外のアックスをピッケルと呼ぶことが多い。

ピッチ　ルート上で、確保支点から次の確保支点までの1区間。

ピトン　リス（岩の細い割れ目）に打ち込んで支点とするプロテクションギア。さまざまな材質と厚さ、長さのものがある。ハーケン。

ピトンスカー　ピトンを抜いた跡の穴。マイクロカムが効く場合がある。

ビレイループ　ハーネスのタイインポイントに通して縫い付けられているループ部分。ビレイや懸垂下降のときは、ここにビレイデバイスをセットする。

フィギュア4　軸となる腕に反対側の足のひざ裏を乗せ、体重を預けて乗り込んでいって遠いホールドをとらえるムーブ。競技アイスクライミングでは必須の技術。

V字スレッド　2本のアイススクリューを互いに直角にねじ込んで穴をあけ、そこにスリングを通してアンカーにするもの。アバラコフともいう。

フィックスロープ　ロープを支点に結ぶなどして固定すること。ユマーリングで登るときなどに使う。固定ロープ。

フィフィ　エイドクライミングに使うカギ状の金具。スリングを結んでハーネスにつけておき、アブミに乗ったら支点にフィフィをかけてレストする。

ブーツアックスビレイ　雪面に刺したアックスと登山靴の両方にロープを回し、摩擦力で制動をかけるビレイ方法。

フォールライン　クライマーが墜落したときに通る位置。このラインを避けたところでビレイするのがよい。

フォロワー　フォローで登る人。セカンド。

フォロー　リードが登ったあとから、ロープの末端に結ばれて登ること。2番手ならセカンド、最後に登るものをラストともいう。

フッキング　ドライツーリングで、ピックを岩角に引っかける使い方。

フットワーク　クライミングの際の足使いのこと。フットワークがよいことは、クライミングが上達するうえで重要なポイント。

フラットソールシューズ　靴底にソールパターンのない靴。現在のクライミングシューズはほぼすべてフラットソールである。

フラットフッティング　主にアイゼン歩行の際、すべての爪を雪面に接地させること。アイゼン歩行の基本とされる。

フリー　フリークライミングのスタイルで登ること。岩の登攀ではプロテクションやメインロープに体重を預けない。氷ではプロテクションやロープに加えて、リーシュにテンションしないことをも指している。

フリークライミング　プロテクション（中間支点）やアブミなどの人工的手段に頼らずに、クライマーの手足だけで登ること。エイドクライミングの対義語。

フリーソロ　ロープでの確保をいっさいせずに登ること。

フリクション　摩擦。靴底のゴムと岩との摩擦、手のひらとホールドとの摩擦、アックスのピックと岩との摩擦などを指していう。

フリクションヒッチ　メインロープに結び付けて手で結び目を前後に動かし、手を離して荷重すると停止する結び方。

プリプロテクション　事前にプロテクションがセットされ、ロープをクリップだけしながらリードすること。

ブルーアイス　温度が低く、しっかりと凍った硬い氷。緑色がかったものもある。

フレアー　外側に広く開いた形状のクラック。

ブレード　①ピトンの刃。②アックスのヘッドの一端にある刃状の部分。アッズ。

プロテクション　ルート上に設けられる各種の支点、または支点を設置するのに使うギアそのものをさす。中間支点、中間確保支点。

フロントポインティング　アイゼンの前爪を氷雪面に蹴り込んで登る技術。

ベルグラ　岩に水が流れ、その表面が凍って薄い氷が張ったもの。アイスクライミングではアックスやスクリューがしっかり入らず、大変恐ろしい思いをする。

ベントシャフト　アックスのバナナ型に曲がったシャフト。氷に打ち込みやすく、岩にも引っかけやすい。カーブシャフト。

ポケット　岩壁にあいた穴。指が1～2本入る小さなものや、手全体が入る大きなものまである。

補助ロープ　メインロープ以外のロープ。荷上げ、ユマーリング、下降専用のロープ。

ボルダリング　ロープやエイド器具をいっさい使わずに登ること。フリーソロと同じだが、飛び降りても問題ない高さで行なわれるものをこう呼ぶ。

ボルト　岩に小さな穴をあけて金属製のアンカーを埋設し、そこにハンガーやリングを取り付けて使用する人工支点。

ボルトアンカー　埋め込みボルトのうち、岩にあけた穴に固定する部分。

ボルトキット　ボルトを打つのに使う、ホルダー、キリ（ドリル）などのセット。日本製のものはジャンピングセットともいう。

ボルトナット　工業用ボルトをクラックにはさみ込んでプロテクションとしたもの。現在のナッツの原型といわれている。

【ま行】

巻き込み　アブミに乗り、ひざを折り曲げてその上に腰掛けるようにした姿勢。垂直を超えた傾斜での最も一般的なレスト姿勢。

マスターポイント　アンカーの要となるポイント。複数の支点を連結してまとめたカラビナなどになることが多い。

末端処理　メインの結び目がゆるまないように、すぐ接した部分でもう一度結ぶこと。

マルチアイス　アイスクライミングのマルチピッチルート。

マルチピッチ　2ピッチ以上の連続した登攀。

ミックスクライミング　岩と氷雪が混じった壁を登るクライミング。

ムーブ　クライミングの動作のこと。なかでも特別な動作の組み合わせで難所を越えていくような動きをいう。

モノポイント　アイゼンの前爪が1本のもの。通常は縦爪。

モンキーハング　アイスクライミングで両腕のアックスにぶら下がり、両足を上げてしゃがんだフォーム。

【や行】

UIAA　国際山岳連盟。クライミング用具の安全基準を策定している。

ユマーリング　登高器を使って固定ロープを登ること。またはその技術。ユマールという商品名のアッセンダーからきている。

【ら行】

ランナー　支点とロープとの距離を調整するために結んだスリング。

ランニングビレイ　→プロテクション、中間支点、中間確保支点。

ランペ　斜上していくバンド状地形。

リーシュ　アックスにつけたバンド。アックスにテンションするか、アックスを落とさないために使う。

リード　ロープの先頭で、ルート上にプロテクションをセットしながら登ること。

リス　岩の割れ目（クラック）のうち、ピトンを打ち込むような細いサイズのもの。

リストループ　アブミの最上部に取り付けたループスリング。手首を通してぶら下がり、腕力をセーブすることができる。

流動分散支点　複数の支点をスリングで連結し、結び目が動いて一定範囲の荷重方向に対応できるようにしたもの。

リングボルト　径8㎜のアンカーに細いリングがついた日本独自のボルト。1個で墜落を支える強度はなく、アブミをかけて登るエイドクライミング用とされている。

レスト　ルート中で休むこと。両足で安定して立ち、腕を休める姿勢をとること。

レストポイント　ルート上でレストの姿勢をとって、体を休められる場所。

ロープスリング　ロープを結んで作ったスリング。

ロワーダウン　ロープにぶら下がったまま、ビレイヤーの操作により下降させること。

【わ行】

ワイドクラック　フィストよりも幅が広く、体が入るくらいのサイズのクラック。

ワイヤーゲート　カラビナ開閉部の様式で、ワイヤーでできたもの。

アルパインクライミングのグレード

ピッチグレード

■岩

UIAA（RCCⅡ）	デシマル
Ⅰ	5.1
Ⅱ	5.2
Ⅲ−	5.3
Ⅲ	
Ⅲ+	5.4
Ⅳ−	
Ⅳ	5.5
Ⅳ+	
Ⅴ−	5.6
Ⅴ	5.7
Ⅴ+	5.8
Ⅵ−	5.9
Ⅵ	5.10a
Ⅵ+	5.10b
Ⅶ−	5.10c
Ⅶ	5.10d
Ⅶ+	5.11a
	5.11b
Ⅷ−	5.11c
Ⅷ	5.11d
	5.12a
Ⅷ+	5.12b
Ⅸ−	5.12c
Ⅸ	5.12d
Ⅸ+	5.13a
Ⅹ−	5.13b
	5.13c
Ⅹ	5.13d
Ⅹ+	5.14a
Ⅺ−	5.14b
	5.14c
Ⅺ	5.14d
Ⅺ+	5.15a
	5.15b
	5.15c
	5.15d

■ミックス

M1	傾斜がゆるく、専用のアイスツールは必要ない
M2	
M3	
M4	部分的に垂直
M5	垂直部分が続く
M6	垂直以上の傾斜が出てくる
M7	垂直以上が一定距離続く
M8	ルーフに近い傾斜が出てくる
M9	ホールドの乏しい垂壁〜ルーフ
M10	10mまでのルーフか30mクラスのハング
M11	15mまでのルーフか50mクラスのハング（2020年現在国内最難）
M12	
M13	
M14	
M15	
M16	2020年現在世界最難

■アイス

	代表的なルート	基準	欧米の表記
Ⅰ		三点確保が必要	WI1
Ⅱ		傾斜50度以下	WI2
Ⅲ−		傾斜50〜70度	WI3
Ⅲ			
Ⅲ+			
Ⅳ−	八ヶ岳・ジョウゴ沢F2	傾斜50〜70度。部分的にそれ以上	WI4
Ⅳ	八ヶ岳・裏同心ルンゼF5		
Ⅳ+	八ヶ岳・ジョウゴ沢大滝		
Ⅴ−	八ヶ岳・ジョウゴ沢ナイアガラの滝	傾斜70〜90度	WI5
Ⅴ	八ヶ岳・南沢大滝		
Ⅴ+	八ヶ岳・大同心大滝		
Ⅵ−	八ヶ岳・摩利支天沢大滝	傾斜90度前後。氷質が悪いものはグレードが上がる	WI6
Ⅵ	米子不動・正露丸		
Ⅵ+	二口渓谷・二刀流		
Ⅶ		オーバーハング、もしくはプロテクションがとれない極悪の氷質。国内では適用例なし	WI7
Ⅷ	世界ではWI13まで記録されているが未確定		WI8

■エイドクライミング

	日本の体系（RCCⅡ）	アメリカの体系
A0	ピトンなどをホールドとする（アブミは使わない）	残置物やセットしたギアをホールドとする
A1	支点が確実で動作も安定	すべてのプロテクションが安定しており、フォールの危険はほとんどない。1ピッチ所要時間=1〜2時間
A2	支点と動作のいずれかが不安定	確実なプロテクションの上に、体重しか支えないプロテクションが1〜2個現われる。1ピッチ所要時間=1〜3時間
A3	支点・動作ともに不安定	体重しか支えないプロテクションが3〜5個連続する。10〜15m墜落の可能性がある。1ピッチ所要時間=2〜3時間
A4	A3の条件に加えて、極度にピトンの使用が制限されるか、オーバーハングが大きい場合	体重しか支えないプロテクションが6〜8個連続する。15〜25m墜落の可能性がある。1ピッチ所要時間=3時間以上
A5	設定なし	体重しか支えないプロテクションが9個以上連続する。25m以上の墜落の可能性がある。1ピッチ所要時間=4時間以上

ルートグレード

■日本のグレード（RCCⅡ）

	代表的なルート
1級	前穂高北尾根
2級	剱岳八ツ峰六峰Cフェース・剱稜会ルート
3級下	八ヶ岳・大同心南稜
3級	北岳バットレス・第4尾根主稜
3級上	谷川岳一ノ倉沢・烏帽子沢奥壁南稜
4級下	明星山P6南壁左岩稜
4級	穂高屏風岩・東稜
4級上	甲斐駒ヶ岳赤石沢Aフランケ赤蜘蛛
5級下	明星山P6南壁フリースピリッツ
5級	唐沢岳幕岩正面壁・山嶺第一ルート
5級上	穂高屏風岩・トリプルジョーカー
6級下	穂高屏風岩・パラノイア
6級	奥鐘山西壁・広島ルート
6級上	奥鐘山西壁・左OCCルート

■日本の冬季グレード（白山書房）

	代表的なルート
1級下	八ヶ岳・阿弥陀岳北稜
1級	八ヶ岳・赤岳西壁主稜
1級上	八ヶ岳・石尊稜
2級下	八ヶ岳・中山尾根
2級	谷川岳・東尾根
2級上	前穂高北尾根
3級下	谷川岳一ノ倉沢・一二ノ沢中間稜
3級	穂高ジャンダルム飛騨尾根
3級上	八ヶ岳・大同心雲稜ルート
4級下	谷川岳一ノ倉沢・烏帽子沢南稜
4級	北岳バットレス・第4尾根
4級上	剱岳・チンネ左稜線
5級下	穂高滝谷・第4尾根
5級	唐沢岳幕岩・中央ルンゼ
5級上	剱岳源次郎尾根Ⅰ峰中谷〜成城大ルート
6級下	谷川岳一ノ倉沢・大氷柱
6級	剱岳八ツ峰主稜
6級上	黒部別山トサカ尾根ゴールデンピラー

■アメリカのグレード

	基準
Ⅰ	主にショートルート
Ⅱ	主にショートルート
Ⅲ	所要半日
Ⅳ	所要1日
Ⅴ	所要2〜3日
Ⅵ	早いパーティでも2日以上
Ⅶ	所要10日以上。地理的位置や悪天候も加味される。トランゴやバフィンなど

■海外のグレード

アルプス	UIAA	基準
F		やさしい
PD	Ⅰ	やや困難（アイゼン・ピッケル技術が必要）
AD	Ⅱ	ある程度困難（50度前後の登高あり）
D	Ⅲ	困難（60度程度の登高あり）
TD	Ⅳ〜Ⅴ	非常に困難
ED	Ⅴ〜Ⅵ	極度に困難
ABO	Ⅵ〜	忌まわしいほどに困難

著者　保科雅則［ほしな・まさのり］

編集	森山憲一
写真	森山憲一
	新井和也
	保科雅則
	高柳 傑
	門田ギハード
	井上大助
写真協力	ロストアロー
	アルテリア
	モチヅキ
取材協力	河合宗寛
	清水英昭
	クライミングスペース レッジ
本文イラスト	江崎善晴
カバーイラスト	東海林巨樹
カバーイラスト協力	ロストアロー
ブックデザイン	赤松由香里（MdN Design）
本文 DTP	阪本英樹（エルグ）
校正	戸羽一郎

*乱丁、落丁などの不良品は送料小社負担でお取り替えいたします。

ヤマケイ登山学校
アルパインクライミング

2021年1月5日　初版第1刷発行

発行人　川崎深雪

発行所　株式会社 山と溪谷社
〒101-0051
東京都千代田区神田神保町1丁目105番地
https://www.yamakei.co.jp/

印刷・製本　図書印刷株式会社

■ 乱丁・落丁のお問合せ先
山と溪谷社自動応答サービス ☎03-6837-5018
受付時間／10:00-12:00、13:00-17:30（土日、祝日を除く）

■ 内容に関するお問合せ先
山と溪谷社 ☎03-6744-1900（代表）

■ 書店・取次様からのお問合せ先
山と溪谷社受注センター
☎03-6744-1919　FAX 03-6744-1927

*定価はカバーに表示してあります。

ISBN978-4-635-04424-0